U0636597

跟着文化游名城——

老北京记忆

刘啸 编著

当代世界出版社
THE CONTEMPORARY WORLD PRESS

图书在版编目（CIP）数据

老北京记忆 / 刘啸著 . -- 北京：当代世界出版社，2016.11
（带着文化游名城）
ISBN 978-7-5090-1175-1

Ⅰ.①老… Ⅱ.①刘… Ⅲ.①文化史 – 北京 – 通俗读物 Ⅳ.①K291-49

中国版本图书馆 CIP 数据核字（2016）第 289832 号

老北京记忆

作　　者：	刘啸	
出版发行：	当代世界出版社	
地　　址：	北京市复兴路 4 号（100860）	
网　　址：	http://www.worldpress.org.cn	
编务电话：	（010）83908456	
发行电话：	（010）83908410（传真）	
	（010）83908408	
	（010）83908409	
	（010）83908423（邮购）	
经　　销：	新华书店	
印　　刷：	北京晨旭印刷厂	
开　　本：	710mm×1000mm　1/16	
印　　张：	18.5	
字　　数：	260 千字	
版　　次：	2017 年 3 月第 1 版	
印　　次：	2018 年 2 月第 3 次	
书　　号：	ISBN 978-7-5090-1175-1	
定　　价：	39.80 元	

前　言

　　北京是一座有着3000多年建城史和800多年建都史的历史文化名城，它与西安、洛阳、南京并称为"中国四大古都"，它拥有7项世界级遗产，是世界上拥有文化遗产项目最多的城市，因此北京是您选择旅游文化名城最合适不过的城市了。

　　那么您真正地了解过北京吗？您了解它的历史文化吗？《带着文化游名城——老北京记忆》可以带您一一领略，在这本书里您可以更加深入地了解北京的历史，体会最具特色的老北京韵味。

　　历史上关于北京这一地方最早的记录源于北京西南地区。后来燕灭蓟，并将都城迁在蓟，被后人统称为燕京或燕都，这就是北京最早的雏形。

　　秦、汉、魏晋南北朝及隋唐时期，因整个政权更替变迁的"主战场"都在西安、洛阳、开封一带的中原地区，因此北京并没有成为那几个朝代的主要城市，但随着蒙古族建立元朝，北京也发生了翻天覆地的变化。公元1271年忽必烈建立了元朝，并定都北京（史称元大都），如今我们所看到的北京城正是在元大都的基础上建造而成。具有鲜明北京特色的"胡同"，其得名就源于蒙古语。可以说北京的文化就是当年元朝文化的一个缩影。

　　元朝灭亡之后，朱元璋开创的大明帝国将其都城定在了南京，北京城再次"暗淡"了下来，但历史就像少女的心情——总让人琢磨不透。朱棣于公元1402年发动"靖难之变"，夺取了明王朝的政权，随后将"新明朝"的都城由南京迁到了北京，北京城再次"热闹"了起来。"靖难之变"不仅仅是明王朝新的开始，也是北京城新的开始，这次都城的变迁，不仅是地域上的变化，也是文化上的交流与融合！您知道吗？如今闻名于全世界的北京烤鸭，其前身就是南京的板鸭；如今北京城的雅号紫禁城，其前身则是南京的明故宫，等等这些，您都可以通过《带着文化游名城——老北京记忆》这本书找到相应的解读。

李自成起义打破了明王朝的大一统，爱新觉罗氏的入主中原粉碎了李自成的皇帝梦，从此北京城迎来了它的一位新主人——清朝。北京城是在清朝时期最终建成的，如今北京城的一草一木、一山一水无处不透着当年大清王朝的气息。当您来到故宫，想知道当年皇帝是由哪个门出入的吗？当您看到故宫里有很多乌鸦的时候，感到过奇怪吗？这些即便以前您不知道，不要紧，翻开此书，会让您一一了解。

辛亥革命枪声的响起，让中国彻底地告别了封建统治，民国时期的军阀混战，让这座历史老城饱受战乱无情的折磨。但北京城是勇敢的，是坚强的，它挺了过来，并且在1949年的10月1日，成为了新中国的首都！

这儿就是北京，这儿有着纯粹的京腔京味儿，这儿还有着您更多不知道的东西。《带着文化游名城——老北京记忆》将会带领您更加深入地了解北京，了解它的历史、了解它的文化、了解它的美！

《带着文化游名城——老北京记忆》一书按照北京独有的特色分为九章，分别是"北京城的变迁与城门楼""北京的皇家园林""北京的陵墓寺庙""北京的王府故居""北京的名山胜水""北京的民居胡同""北京的民俗特色""北京的街桥地名""北京的美食小吃"。

在每章下又细分，如"北京的皇家园林"下分故宫、天坛、北海公园等景点；在每 个景点下又细分出含有趣闻文化的故事，像"故宫的设计出自何人之手""故宫里真的没有厕所吗""天坛里真的有'鬼门关'这一地方吗"等。不仅如此，本书还配上精美的插图，让读者更直观地理解北京。

本书可以让您在如今快速的生活节奏下，将思绪穿越回几百年前，将脚步走遍北京城的各个角落。人未至，心已远，拿起本书，让心灵去旅行吧！

目 录

老北京记忆

带着文化游名城

2

北京的皇家园林

老北京记忆

带着文化游名城

4

北京的陵墓寺庙

北京的王府故居

北京的名山胜水

北京的民居胡同

老北京的胡同文化   164

北京的民俗特色

老北京人的婚丧嫁娶   180

老北京记忆

带着文化游名城——

8

❧ 北京的街桥地名 ❧

北京的美食小吃

◦❧ 附 录 ❧◦

开 篇

出行前的准备

北京，首都，多少个朝代的都城。

这里曾是自豪的天子脚下，这里依然有着浓郁的老北京味道。

曾经只能通过荧屏看到的景象，如今即将展现在您的眼前。

这久远的历史，这沉淀的幽香，您是打算走马观花地扫一眼呢？还是跟着导游跳跃性地浏览一番？抑或带着文化游名城，将这一次相遇演化为一场您与老北京的久别重逢？

您是否了解北京独特的历史？您是否知道北京独有的特色？您是否了解北京最佳的旅游季节？您是否知道北京少数民族的分布及其各自的风俗？您是否了解北京人一些常用的方言？

了解了这些，您将不再是一个没有故事的过客。

北京的历史

北京是中华人民共和国的首都，是中国政治、文化、国际交往和科技创新的中心。其地处华北平原的东北边缘，紧靠燕山，毗邻天津市和河北省。如今北京城分为东城区、西城区、朝阳区、海淀区、丰台区、石景山区、门头沟区、房山区、大兴区、通州区、顺义区、昌平区、平谷区、怀柔区、密云区、延庆区等16个市区。根据人口普查，到2015年末，常住北京城的人口已有2170.5万之多。那么您了解北京城的由来吗？

其实，北京早在西周时期就已经出现了。周王分封天下的时候，将召公封于今天的北京房山地区，在当时称为燕；又将尧的后代分封于今天的北京西南地区，当时称为蓟。后来燕灭了蓟，便统称为燕京或燕都。

秦朝时设北京为蓟县，为广阳郡郡治。西汉时期，汉高祖将秦朝时的蓟县划入燕国辖地，在汉昭帝时期又恢复了广阳郡蓟县的称号，但当时属于幽州治所所在地。东汉光武帝改制时，置幽州刺史部于蓟县。永元八年复为广阳郡驻所。西晋时，朝廷又将广阳郡改称为燕国，并将幽州的治所迁到范阳（约在今北京市和河北省保定市北部）。十六国后赵时，幽州治所又迁回蓟县，并将燕国改为燕郡。隋朝时期，又改幽州为涿郡。唐初武德年间，又将涿郡复改为幽州。五代初年，军阀刘仁恭在此建立了政权，称燕王。后来此政权被后唐所灭。

宋朝时，宋曾与辽国在高梁河（约今北京市海淀区）发生了一场战斗，最后宋军大败，从此幽州成了辽国的区域。公元938年，辽国在北京地区建立了陪都，号称南京幽都府。元朝统一全国后，将都城定于北京，史称元大都。元朝灭亡后，明朝起初的都城在南京，后来朱棣发动靖难之变后，又将都城迁回北京。明末清初，北京城又一度作为清朝的都城，中华人民共和国成立，确定北京为首都，历经建设形成了如今的北京城。

北京独有的特色

北京特色众多，有些俨然已经成为了北京的"符号"。这些"符号"主要可以分为建筑符号、古迹符号、地标符号和美食符号。

建筑符号中，自然又以四合院和胡同为代表；古迹符号有明十三陵和潭柘寺；地标符号有长城和天安门；美食符号自然少不了全聚德烤鸭和都一处的烧麦。

让我们再进一步来了解一下这些北京的"符号"。

北京的建筑符号

◎ **北京的胡同**

胡同是北京独有的特色，因此这里也就形成了北京独有的一种文化——胡同文化。胡同一词的叫法，最早出现于元代，在蒙古语中叫"忽洞格儿"。因蒙古族地区水源相对缺乏，在蒙古族建立元朝后，这里的居民在自己居住的场所前几乎都会挖一口水井，而这些"井"成为了当时人们居住的代名词。一排排民间的街道被称为"忽洞格儿"，"忽洞格儿"在蒙古语中就是井的意思。后来人们就把"忽洞"谐音为"胡同"，由此一来"胡同"一词一直沿用到今天。

◎ **北京的四合院**

四合院是北京典型的民居，同时也是最能代表北京的一大特色。所谓合院，即是一个院子四面都建有房屋，四合房屋，中心为院，这就是合院。北京的四合院不单纯是一种民居住所，它更多的是彰显老北京独有的一种文化。从四合院中不仅可以看出中国正统的封建思想，更能体会到老北京那独特的韵味。

北京的古迹符号

明十三陵是世界文化遗产、全国重点文物保护单位、国家重点风景名胜区、国家AAAAA级旅游景区。明十三陵中共有十三座皇帝陵墓、七座妃子墓、一座太监墓。来北京旅游一定要去明十三陵，这里已经不单纯是皇家陵墓，更多的是向游客们呈现中国历史上那段不可遗忘的历史——大明王朝的兴衰成败。

◎ 潭柘寺

潭柘寺始建于西晋，距今已有1700年的历史，整个建筑群充分体现了中国古建筑的美学原理。其建筑大体可分为中路、东路、西路三部分。中路的主要建筑有牌楼、石桥、山门、天王殿、大雄宝殿等，大雄宝殿是中路的主体建筑，殿内的重檐大脊，两端有大型琉璃鸱吻，相传为元代遗物；东路有方丈院、延清阁、流杯亭、行宫院等，其中的流杯亭是沿袭古代"曲水流觞"的习俗而建造的缀景建筑；西路有观音殿和石鱼等，元世祖忽必烈的女儿妙严公主曾长期在观音殿参拜礼佛，并留下后人称诵的"拜砖"遗迹。潭柘寺内每年不论什么季节都会有众多的游客来此烧香拜佛，在这里不仅可以感受到佛家文化的深厚底蕴，更能领略到北京这座繁华都市中的一种内在的美。

北京的地标符号

◎ 长城

长城是世界闻名的奇迹之一。它像一条蜿蜒盘旋的巨龙盘踞在中国北方辽阔的土地上；它是中国劳动人民智慧的结晶，是中国古代文化的象征。长城始建于秦始皇时期，经过历代的增补修建，如今我们见到的长城大多都是明长城，尤其是地处北京地区的八达岭长城是明长城中保存最好的一段，因此长城也成为了北京的一种地标符号。

◎ 天安门

天安门广场位于北京城中心，是北京的象征之一，是当今世界上最宏大的城市中心广场和最著名的旅游胜地之一，有中国第一风景名胜之誉。在广场的最北端，雄踞着金碧辉煌的天安门城楼。天安门前，鲜艳的五星红旗迎风招展，高高飘扬。巍峨的人民英雄纪念碑，耸立于广场中央。碑南是庄严肃穆的毛主席纪念堂，再往南则是高大典雅的正阳门城楼与箭楼（俗称大前门）。这些宏伟的古今建筑群，自北而南坐落在一条中轴线上，十分令人瞩目。再加上广场西侧的人民大会堂、东侧的中国国家博物馆的有力衬托，整个广场构成了一幅气势磅礴、无比壮观的动人画卷。

北京的美食符号

◎ **全聚德烤鸭**

全聚德，中华著名老字号，创建于清朝同治三年（公元1864年），历经几代人的创业拼搏获得了长足发展，如今已经成为了北京美食的一种"符号"。来北京旅游一定要到全聚德吃一次这里的烤鸭。当然在吃全聚德烤鸭时也有很多的讲究，其中最需要注意的是，吃全聚德烤鸭最好在春、秋、冬三季，因为春、冬二季鸭肉比较肥嫩，而秋天天高气爽，无论是温度还是湿度，都利于制做烤鸭。

◎ **都一处的烧麦**

都一处是北京老字号店之一，开业于清乾隆三年（公元1738年），起初都一处并不是经营烧麦的，而是一家经营烧饼、炸豆腐的小店铺。不过因乾隆皇帝光临过的缘故，这里成为了京城一家有名的店铺。后来经过几代的人经营，都一处的烧麦成为了北京著名小吃之一。

北京最佳的旅游季节

9至11月的秋季是游北京的最佳季节，此时的北京秋高气爽，枫叶渐红，银杏铺路，景色是一年中最美丽的。尤其是10月下旬至11月上旬，红叶层林尽染，有幸还能赶上香山的"红叶节"，不过那时的北京也是游人如潮。

北京的4月虽然多有风沙天气，但中旬过后，满城植物开始发芽开花，整个北京都充满着朝气与活力，一簇簇杏红梨白将京城打扮得亮丽光彩。

北京的冬季是冷冷的，却也是一个旅游观光的好时机。冬季北京的旅行社、饭店和众多景点都实行淡季价格，而且冬天的北京也别有韵味。北京的庙会都是集中在冬季的正月里举办，规模盛大，热闹非凡。冬季来北京游玩，还可以在北海滑冰，上西山观雪，吃一锅热腾腾的涮羊肉，乐趣横生。

来北京常听到的方言

中国通行的普通话是以北京话为基础语音，把北京话去掉京味儿，以北方话为基础方言，就成了普通话。

但这并不是说北京话就等于普通话——北京话是北京方言，它只活动在老北京人这个圈子里，和其他地方的方言一样也是一种方言。

北京建都数百年，人来人往，留下了各地方言，如蒙语、满语、古汉语，再加上文化作品如元曲、传奇、《红楼梦》《儿女英雄传》中的土语，融汇成如今的北京方言。因此，想要理解北京方言，还是有一定难度的。

现在，我们先来认识一些简单常用的北京方言。

砸窑——把好吃的放在一旁，先吃别的。

局器——仗义，大方，豪爽。

果儿——是女人的意思。

土鳖——形容没见过世面不开眼的人。

点卯——到那儿报到或看一眼，打个照面儿的意思。

言语——即说话的意思。

翻车——即翻脸的意思。

炸了庙——惊愕、急眼的意思。

练家子——练武术的人。

瞎了——即倒霉了、完了的意思。

这程子——这一段时间的意思。

拉了胯——服软的意思。

半不啰啰——半截儿，事情做到一半，尚未完成。

大拿——能做主管事的人。

抹不丢地——难为情，面子上不光彩。有时也说成抹咕丢的。

颠儿了——撒腿跑了。

嘎杂子——心计坏、怪主意多的人。

蚕啰——剩饭剩菜烩在一起。

崴泥——把事情做砸了、坏事。

北京城的变迁与城门楼

老北京的城墙与城门楼见证了北京城昔日的历史。

城门楼下悠远的驼铃声、城墙边上的鸽哨燕鸣，都是老北京人最深处的记忆。

随着时光流逝，北京的高楼大厦渐渐拔地而起，而北京的老城墙、城门楼却在渐次消失。北京城如今保存下来的城门楼，仅存"一对半"——"一对"是正阳门城楼和箭楼，"半"是德胜门箭楼；而城墙，只剩下了不到400米。

那么您对历史上的北京城了解多少呢？您知道历史上的北京城共有多少个称谓吗？您知道北京曾几次更名为北平吗？您了解北京城门楼"内九外七皇城四"的说法吗？……

让我们一起来看看北京城的变迁。

历史上的北京城

历史上的北京城有多少个称谓

北京作为中国古都之一，距今已有3000多年的建城史，800多年的建都史。它聚集了人类文化的精华和瑰宝，是我国的政治、文化中心。

北京在不同的朝代有着不同的称谓，据不完全统计，北京在历史上先后有60多个称谓，可能是世界上称谓最多的城市。

早在70万年前，北京地区就生活着猿人——最早的"北京人"。三皇五帝之时，黄帝的第三代，颛顼幽陵祭祖（幽陵即今天北京的总称），到了帝尧时期正式建立幽都，即古代的北京。大约公元前1122年，武王伐纣后，周天子封帝尧的后代于蓟，封召公于北燕。之后燕吞并了蓟，并以蓟为都城，建立了燕国。当时燕国的范围包括今天整个北京地区和河北的北部以及辽宁一带。因都城在蓟，所以从西周到春秋时期，北京城被称为蓟城。

公元前221年，秦灭六国后在北京地区设蓟县，为广阳郡的治所；西汉时期北京属幽州；隋朝时改幽州为涿郡；唐朝又恢复了幽州之称；宋朝时一直沿用幽州这一称谓；辽国南下之后，占领了当时的北京，并将幽州改为幽都府，建都南京，称燕京；金灭辽后，改称为中都；元朝统一全国后，北京城又被称为元大都；朱元璋灭元建明后，改元大都为北平；朱棣发动"靖难之变"迁都北京后，又将北平改为北京；清朝时沿用明朝的称谓也称北京；辛亥革命后又将北京改称为北平；新中国成立后又恢复了北京这一称谓。

这就是北京在历史上大体的称谓变迁。其实，北京城的称谓远远不止这些，还有春阳、京门、长安、京华等称谓。

涿鹿之战中的涿鹿是今天的北京城吗

涿鹿之战是中国远古时代一场著名的战役，战争的双方是黄帝联合炎帝与东夷部落首领蚩尤，作战的地点在涿鹿，战争的目的是夺取适合游牧和农耕的中原地带，战争的结果是黄帝和炎帝取得胜利。涿鹿之战对中华民族的发展起到了举足轻重的

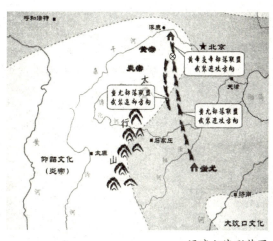

涿鹿之战形势图

作用。这场战争对华夏民族由野蛮时代向文明时代迈进起到了推动的作用。那么这么重要的一场战役，所发生的地点——涿鹿是今天的北京地区吗？

据历史学家们的考究，涿鹿之战后黄帝和炎帝在涿鹿建立起了部邑，但当时并没有具体的称谓。根据《史记·五帝本纪》的记载，北京地区真正有名称是在颛顼帝时，当时的北京称为"幽陵"。当时"幽陵"在涿鹿的南方，后来经过历朝历代的改名和变迁，当时的"幽陵"成为了今天的北京，而涿鹿则成为如今的河北张家口。所以涿鹿之战的涿鹿具体的位置应该是今天的河北张家口涿鹿县境内，并非北京。

周朝时期的蓟城在今天北京城哪个地方

西周建国后，周天子将商朝的后裔分封到蓟地，商朝的后裔在此建城为蓟城；到了东周时期蓟国被燕国所灭，燕国以蓟城为新的都城。郦道元的《水经注》中也有相关的记载："昔周武王封尧后于蓟，今城内西北隅有蓟丘，因丘以名邑也，犹鲁之曲阜，齐之营丘矣。"那么蓟城到底是如今北京城的某个地方还是如今的北京城呢？

蓟城纪念柱

新中国成立以来，考古学家为了探索当初蓟城的具体位置，先后历经了数十年的考古探索，为蓟城的所在地提供了大量的资料。在20世纪50年代，考古学家在蓟丘以南4公里左右（如今的广安门南700米处），发现了春秋战国遗址，并从遗址中挖掘出了饕餮纹半瓦当，而这正是当时燕国建造都城常用的建筑结构。1956年在永定河引水施工现场，人们意外发现100口陶井，后来经过考古专家的推断这些陶井属于春秋战国时期燕国的陶井，随着考古学家进一步的发掘，发现这样的陶井在陶然亭、白云观、姚家井、广安门内白纸坊和南顺城街、和平门外海王村等处都有分布，更为密集的地方是在内城西南角经宣武门至和平门一带。由此可见，当时燕国的蓟城并不是如今的整个北京城，而是在北京城的西南地区。

燕人指的就是北京人吗？

《三国演义》中张飞常说："俺乃燕人张翼德"，那么张飞所说的燕人指的是北京人吗？根据《三国志》记载，张飞为涿郡人氏。

涿郡属于今天的河北。东汉末年，河北的涿郡属于幽州，幽州的治所则是蓟（如今北京西南地区）。而在战国时期，河北属于燕国，所以张飞才自称为燕人。因此，燕人多指河北人而并非北京人。其实，最早的北京人是土生土长的北京猿人，距今已有70万年至20万年的历史；如今的北京人还或多或少地保留了北京猿人的特征，如身材粗短、前额低平、眉骨粗大、颧骨高突等。

辽代时的南京是今天的北京吗

我们都知道如今的南京和北京是地处南北的两座不同城市。但是在"五代"辽国时期有个城市叫南京，那么辽代时这个南京指的是今天的南京还是北京呢？

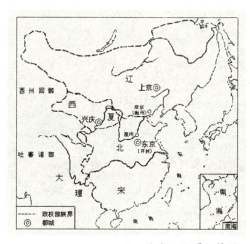

辽、北宋、西夏形势图

辽国是由北方的一个游牧民族契丹族所建立。公元907年，辽太祖耶律阿保机统一了契丹各族称汗。公元947年，辽太宗耶律德光在开封定都，并改国号为"辽"。但后来辽国被后汉所击败，都城由开封迁移到上京（今内蒙古巴林左旗林东镇南郊）。辽国在迁都之后，施行了五京制，除了都城上京临潢府，还建立了四座陪都，包括西京大同府、南京析津府、中京大定府和东京辽阳府。其中的南京析津府的位置，就是今天的北京城所在地。因此辽代时期的南京指的就是今天的北京，而不是南京。

公元1123年，金占领上京后，南京成为辽国的代都城，当时的南京城是今天北京广安门一带，是辽国五个京都中规模最大、经济最繁华的都城。

北京历史上曾几次更名为"北平"

"北平"可以说是北京历史上最为人熟知的一个别称了，尤其是在民国时期，已然妇孺皆知。不过您可知道北京在历史上最早于何时有"北平"之名？又有几次更名为"北平"呢？

老北京地图局部

"北平"一词，最早源于战国时燕国所置的右北平郡。西汉时北京属广阳国，东汉复为广阳郡，均与右北平隔着渔阳郡。

西晋时期，右北平郡更名为北平郡。

唐朝时，北平郡更名为平州，公元714年至公元743年，北京为幽州治所，辖大约今天京津两市，置范阳节度使。至此"北平"第一次消失。

元朝定都北京，改名为大都。朱元璋于公元1367年建立明朝，次年派大将徐达领兵北伐攻占大都。由于明朝定都应天（南京），大都光复后不再是中国的都城，遂改称为北平府。北京第二次改称"北平"。

明太祖在位时，北平是燕王朱棣的封地。后来朱棣发动"靖难之变"夺取皇位，成为明成祖。明成祖登基后（永乐元年，公元1402年），改北平府为北京，并于永乐十八年迁都北京。于是，应天降为陪都，因在京师北京的南边，故称为"南京"，此为两京制。至此，"北京"出现，"北平"再度消失。此后清王朝也继续使用"北京"一名。

1928年，蒋介石的国民政府北伐，北洋政府倒台，国民政府定都南京，北京第三次改名为"北平"。

1937年"七·七"事变后，北平被日军占领，并在这里成立了伪中华民国临时政府，将"北平"改名为"北京"。1945年抗日战争胜利后，国民党蒋介石政府第四次把"北京"重新更名为"北平"。

新中国成立后，于1949年9月27日召开了中国人民政治协商会议第一届全体会议，会议通过了《关于中华人民共和国国都、纪年、国歌、国旗的决议》，决定定都北平，并将"北平"重新改名为"北京"。至此，"北平"便永远地退出了中国历史的舞台。

在北京历史上的这几次更名中，关于日伪政府将"北平"更名为"北京"一事可不算在内，因为这在当时并未获得中国政府和广大人民的承认。

为什么说金代中都的修建开辟了北京城的修建先河

现在北京城的格局基本保留了明清时期北京城的格局，然而历史上为北京城修建打下基础的，并不是明清，也不是元朝，而是金代。

金灭辽后定都中都（今北京），金朝在修建北京城时，是按照北宋都城东京（今开封）的格局而设计的。金朝的中都城分为大城、皇城和宫城三重，三城规划完整，布局周密，辉煌壮丽。它的规划布局，上承宋东京，下启元大都，开创了北京都城建筑布局的先河。

金朝的建立者完颜阿骨打属女真族，女真族在很早的时候就受到汉文化的影响，因此金朝在修建中都时，给中都城的四门取名为施仁门、彰义门、端礼门、崇智门，寓仁、义、礼、智之意。

另外，金朝在修建中都城时十分注重排水系统的修建，后来经过考古学家们的考古发现，金朝中都城的排水系统比以后历朝的排水系统都要完善。此外，金朝修建的中都城不仅修建城池宫殿，而且大兴离宫园囿。中都皇家园囿的分布，有大宁宫，还有东苑；有南苑，内修建春宫，宫外环水，金章宗曾14次去苑中游幸；有西苑，金帝曾在苑内阅武；有北苑等。可谓景色秀丽、佳胜万千。

著名的燕京八景，最初也是出现在金代。当时的燕京八景为：太液秋风、琼岛春阴、道陵夕照、蓟门飞雨、西山积雪、玉泉垂虹、居庸叠翠和卢沟晓月。

可以说金朝中都城的修建是女真族文化和汉族文化融合的产物，同样也为北京城能够成为如今繁华的世界大都市开创了先河。

忽必烈为什么会选择北京为元朝的都城呢

北京故宫

元朝是中国历史上疆域最广的朝代。根据《元史·地理志》记载："北逾阴山，西极流沙，东尽辽东，南越海表"，"东、南所至不下汉、唐，而西北则过之"，可知当时元朝的疆域包括蒙古全境和俄罗斯西伯利亚以及泰国、缅甸北部等地，其领域的面积是现在中国的两倍之大。既然元朝的疆域都深入欧洲和东南亚一带，为何忽必烈在定都时会选在北京？

首先，元朝的都城元大都是在辽金的基础上建立的，忽必烈意识到北京位于东西南北的交汇点上，不管是出兵南下还是北上，都可以缩短战争的供给线，可进一步加强中央集权的统治，因此定都北京。

其次，元朝内部的统治也并不太平，虽然元朝的疆域很大，但实际上都是由蒙古族内部各个部族的可汗所有。忽必烈在建立元朝时，其他的可汗国实际上已经独立存在，他们直接受忽必烈的管制，虽然在法律上是属于元朝，但实际上他们各自为政。因为忽必烈的父亲拖雷的领地治所是在今天的北京地区，因此忽必烈也就定都在北京。

此外，还有一种说法，元朝在选择都城的时候，是由天文学家、风水学家刘秉忠和郭守敬师徒二人根据风水选择北京的。刘、郭二人认为北京城是一个风水极佳的地方，这里依山傍水是"卧龙"之地。

在元大都的基础上修建北京城的是朱元璋吗

公元1368年8月，由朱元璋领导的农民起义军攻陷了元朝的都城——北京，同年朱元璋称帝，建立了明朝。但是明朝建立时并没有定都北京，所以在元大都的基础上修建北京城的并不是朱元璋。那么到底是谁重新修建的北京城呢？

实际上修建北京城的是朱元璋的第四子朱棣，也就是后来的明成祖。洪武三年（公元1370年）朱棣被封为燕王，管辖地就在今天的北京，朱棣被分封到北京后，就开始在元大都的基础上修建北京城。公元1399年，朱棣发动"靖难之变"后，于公元1402年夺取皇位，并于公元1406年开始筹划迁都北京，并在燕王府的基础上历经一年的时间营建西宫，公元1409年又在昌平天寿山建造了寿陵。从公元1416年开始，仿效南京城开始重修北京，于1420年建成了紫禁城的宫殿、太庙、太社稷、钟楼等。公元1421年迁都北京后，又在北京城的南郊修建了天地坛和山川先农坛。

可以说，如今北京城的整个格局和著名的建筑群，都是在朱棣时期形成并修建的，朱棣为北京城的建设做出了巨大的贡献。

朱棣为何要迁都北京

明朝建立后，起初的都城定在南京。但后来经过"靖难之变"朱棣夺取了政权，并将国都由南京迁往北京，到底是什么原因让朱棣迁都北京呢？

朱棣迁都北京的说法有很多，主要原因有以下几点：

朱棣像

北京城的变迁与城门楼

首先，从政治方面考虑。自明朝建立以来，元朝的后裔一直想要重新夺回政权，因此不断出兵骚扰明朝的北部地区。朱棣为了巩固自己的统治，由此决定将都城从南京迁往北京。

其次，朱棣也是一位重情之人。朱棣在未称帝之前北京就是他的发迹之地，从他的封号"燕王"也可以看出这一点。在他获得皇权之后，不忘自己发迹之地，于是决定迁都北京；另一方面，朱棣在攻打南京时，南京城遭受了战火的践踏，皇宫内城可能遭受到了不可修复的毁灭，因此朱棣才迁都北京。

还有一个原因，北京地处中原地带，是连接东北、西南、西北的中心处，是十分重要的战略要地。

清代时的北京为何被称为一南一北"双城"制

清代的政治中心是紫禁城，紫禁城的宏伟壮观是无与伦比的，那么既然已经有了如此气派的政治中心，又何来一南一北"双城"制一说呢？

这要从燕王朱棣发动"靖难之变"说起。朱棣即位之后，首先迁都北平，并把北平改称北京。明北京城的营建，从永乐四年（公元1406年）

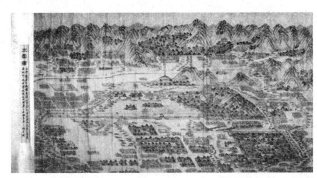

三山五园外三营地理全图

开始，到永乐十八年（公元1420年）才基本上竣工，前后延续了十五年之久，可以说已经修建得非常完善了。当公元1644年清军入关时，统治者几乎完全沿用了明朝的北京城，没有什么变动，就连紫禁城在内，也只是对建筑物做了一些重修和局部的、小范围的改建、增建工作。

与此同时，为了满足统治者的享受，大规模地开发了北京西北郊的园林风景区，营建了规模空前、华丽非凡的离宫建筑群。这就是通常所称的西北郊"三山五园"，即玉泉山静明园、香山静宜园、万寿山清漪园（颐和园）和畅春园、圆明园。清代皇帝在这里观览山水，处理朝政，成为与北京城中紫禁城并重的另一个政治中心。清代发生的许多重大历史事件都与这一带的园林有密切关系。

所以有人称清代北京是一南一北的"双城"制，并不是没有道理的。

新中国的首都为何选在北京

北京作为中华人民共和国的首都，到现在已有60多年的历史，但当时新中国在选择首都的时候除了北京外，像南京、西安、洛阳等也是作为首都的热选城市，那么是什么原因选定北京为新中国的首都呢？

首先，北京自金朝到清朝一直是建都之地，这里有着宝贵的文化物质和非物质遗产，也是近代新文化思潮的发源地。这种新文化思想的发展对中国革命的发展起到了推动性的作用。最早的文化思想发展以戊戌变法为起源，虽然最后失败，却代表着对封建制度的一次空前的批判思潮。接着就是新文化运动与五四运动，这两次运动为中国革命在精神上注入了新的活力，为中国共产党的诞生奠定了思想上的基础。

其次，毛泽东在1948年的西柏坡会议上就明确地提出，以后革命的各项制度和各级政府都要体现出"人民"二字。既然蒋介石在南京建立了反人民政府，那么毛泽东则选择把人民政府建立在北京，以体现出两种截然不同的政权体系。

第三，从国际地理位置来看，北京离当时社会主义盟友苏联比较近，而且三面环山，南部有水，地理位置极佳。而古城西安、洛阳等因中原地区经济形势趋于落后，而且这些地方都位于黄河流域内，水患多发，所以不适合选为首都。

因此，新中国在选择首都时最终定为北京。

历代建都北京有哪些风水依据

北京是一座历史悠久的城市，更被多个王朝定为都城，从春秋的蓟国，到战国的燕国，再到金、元、明、清，以及现在的新中国，都选择建都在北京。古人动土定居推崇风水，何况是建都这样的大事。如此看来，北京定是一块不可多得的风水宝地了，那么，北京如此被地质地理学家和风水大师青睐又有哪些依据呢？

北京大学教授于希贤认为，北京西部是太行山脉，西北是燕山山脉，东北有山海关，这些山脉大都在千米以上；东有渤海，南有黄河，中间是河北平原。形成背有靠山屏障、前有水系明堂的最佳格局。从战略意义上讲，北京可以凭居庸关、山海关北控漠北，虎视江淮。

苏轼有诗云："燕山如长蛇，千里限夷汉。首冲西山麓，尾挂东海岸。"

朱熹精通堪舆，他曾向皇帝荐言："冀州好风水，云中之山，来龙也；岱岳，青龙也；华山，白虎也；嵩山，案也；淮南诸山，案外山也。"

金人认为，燕都地处雄要，北依山险，南压中原，若坐堂隍，俯视庭宇。北京在地理位置上的确独特，它为中原北方门户，是中国的"龙眼"所在。它面平陆，负重山，南通江淮，北连朔漠，可称得上是"财货骈集，天险地利"，为汴（开封）、洛（洛阳）、关中（西安）、江左（南京一带）所不及。

元代定都时，巴图鲁建议："幽燕之地，龙盘虎踞，形势雄伟，南控江淮，北连朔漠。且天子必居中以受四方朝觐，大王果欲经营天下，驻华之所，非燕不可。"忽必烈也认为北京"地扼襟喉趋朔漠，天留锁钥枕雄关"。

明初，朱元璋攻下大都，本想建都北京，但因忌讳元朝的亡国之气，才改在南京。但后来朱棣夺取王位，发现还是北京的风水最好，所以于1604年定都北京。徐达在刘伯温的授意下以射箭定都在老北京人的传说中是件很有神秘色彩的事。

清军入关取代明朝，毅然以北京为都，统治200多年。

对于新中国的定都经过，曾经有这样一个故事。据说当时毛泽东曾向时任东北局城市工作部的部长王稼祥咨询，他说："我想听听你的意见，我们的政府定都何处呢？历朝皇帝把京城不是定在西安就是开封，还有就是南京或北平。我们的首都定在哪里最为合适呢？"王稼祥思考片刻后回答："能否定在北平？"

毛泽东问他理由，王稼祥就分析说："南京虽是虎踞龙盘，地理险要，但是只要翻开历史就会知道，凡建都金陵的王朝都难以长命。西安太偏西，现在中国的疆域不是秦汉隋唐时代了，那时长城就是边境线，现在长城横卧于中国的腹地，地理位置上已不再具有中心的特点。特别从经济的角度看，东部沿海和江南具有明显的优势，是经济中心，这样一来，选西安为都也不适合。黄河沿岸的开封、洛阳等古都，因中原经济落后，而且这种局面不是短期内能够改观的，加之交通以及黄河的水患等问题，也失去了作为京都的地位。首都最理想的地点是北平。北平位于沿海地区，属于经济发达圈内，而且扼守连结东北与关内的咽喉地带，战略地位十分重要，可谓今日中国的命脉之所在。同时，它靠近苏蒙，无战争之忧，虽然离海近，但渤海是中国内海，有辽宁、山东两个半岛拱卫，战略上十分安全，一旦国际上有事，不至立即使京师震动。此外，北平是明清两代五百年帝都，从人民群众的心理上，也乐意接受。考虑到这些有利条件，我的意见，我们政府的首都应选在北平。"

对王稼祥的这一番话，毛泽东深以为然。

我国的版图像一只公鸡，毛泽东词曰："雄鸡一唱天下白，万方乐奏有于阗"。北京的位置恰好就在"鸡"的咽喉部位。

北京的中轴线指的是什么

　　现在所谓北京城的中轴线实际上是指明清时期北京城的中轴线。中轴线在建立之初所蕴含的本意是凸显封建帝王的中心统治地位。所谓的中轴线是指贯穿城市南北，平分城市的分割线。北京城的中轴线从城南

北京中轴线

的永定门起，止于城北的钟楼，其长有8公里。从永定门开始依次为：永定门、前门、正阳门、中华门、天安门、端门、午门、紫禁城、神武门、景山、地安门、后门楼、鼓楼和钟楼。

　　整个北京城以此轴线为中心，形成了"左祖右社""前朝后市"的布局。但关于北京城的中轴线还有一段久远的历史。最早在北京城划分中轴线是在金代，当时的中轴线是一条贯穿内外城门的皇帝专用道路。后来到了元朝，中轴线才正式形成，其位置是今旧鼓楼大街的中心线及其向南的延伸线，越过太液池东岸的宫城中央。到了明代，统治者将中轴线向东平移了150米，最终形成了现在北京城中轴线的格局。

老北京的城门楼

北京城到底有多少座城门楼

老北京的城门和城墙见证了北京城久远的历史，那么北京城到底有多少座城门呢？

关于北京的城门有"内九外七，皇七禁城四"的说法，这种说法具体形象地告诉了我们北京城共有二十七座城门。

其中的"内九"指的是：正阳门（前门）、宣武

永定门楼南侧

门、崇文门、阜成门、朝阳门、西直门、东直门、德胜门、安定门。

"外七"指的是：永定门、左安门、右安门、广渠门、广安门、东便门、西便门。

"皇七"指的是：天安门、地安门、东安门、西安门，大明门（大清门）、长安左门、长安右门；

而"禁城四"指的是紫禁城的四个门：午门、神武门、东华门和西华门。

蓟门是北京城的一座城门楼吗

北京城是有名的古都之城，在历朝历代都有着不同的称谓，如蓟城、蓟州、蓟县、蓟门、蓟北等，但不论北京被称作哪一个名称，都没有一座城门叫"蓟门"。尽管在很多的古诗词中都出现过蓟门，但这个"蓟门"泛指的是北京这个地方，并非城内的某一城门。即便是有名的京西八景之一的蓟门烟树，也不是北京城的一座城门，更不是古蓟门的遗址，而是元代古城的旧址。既然这样，那么蓟门烟树曾是清乾隆皇帝亲自立碑题字的，这又是怎么一回事呢？

乾隆是一位喜欢吟诗作赋、寻幽访胜的皇帝。相传有一次，乾隆帝在一首古诗中看到"蓟门"这个词，并对其产生了浓厚的兴趣。他就问大臣们古诗中所写的"蓟门"到底在哪？大臣们一时也想不出"蓟门"在哪，但又不敢说不知道，就敷衍而笼统地说："古之'蓟门'，在古城。"乾隆帝听后，非常认真地说："一定要找到这个古城。"不过北京城的古城很多，到底哪一个才是乾隆要找的古城呢？大臣又开始说："若去延庆的古城需二百里，去房山的古城需一百里，去石景山的古城只需五十里，不妨皇上由近到远地寻找。"说来也巧，乾隆皇帝果然在石景山处找到了一座古城，并在古城外看到了一座城门，他十分得意，以为这就是古诗中所写的"蓟门"，还在此处立一石碑，在石碑上题写"蓟门烟树"四个大字。从此，蓟门有了一个准地儿，还是皇家钦点的地方。

但实际上，这座古城并非古蓟城，古城的城门更不是古蓟门，而是元大都城西面城墙，靠北端的一个门，即肃清门的遗址。

老北京城真的是按照八臂哪吒画像修建的吗

老北京城一直被说成是八臂哪吒城，其实这只是对北京城一种形象的说法。北京城的整体格局和造型，在一定程度上是受到明清时期的规划影响。而明清时期的北京城是在元大都的基础上修建而成。对于老北京城是否真的是按照八臂哪吒的画像修建的，还有一段有趣的传说。

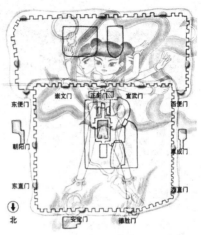

北京城与八臂哪吒

明成祖朱棣称帝迁都北京后，决定重新修建北京城。在动工修建之前，有位大臣对朱棣说："民间传说，北京城原来是一片幽海，有一条恶龙在此看守，想要修建北京城必须先要把这条恶龙降服。"于是，朱棣命手下的两位军师——刘伯温和姚广孝去完成此事。

刘伯温和姚广孝在领到圣旨后，一起察看了北京城的整个地形。因两人都想在修建北京城时拿到头功，所以他们最后决定各自负责一个方向，于是刘伯温对姚广孝说："咱们分开住，你住在西城，我住在东城，十天之后再碰面，到时候我们拿出自己的设计图来，看看我们俩想的是否一样。"姚广孝同意了这个建议。就此俩人一个住在了西城，一个住在了东城，两人都对自己负责的地方的地形进行察看。说来也奇怪，每当二人在勘察地形时，都会听到一个小孩说："照着我画呀，照着我画呀。"更奇怪的是，两人每天晚上睡觉时都会梦到一个头上梳着小抓髻，露着半截腿，光着脚丫子，穿着红裤子红袄的小孩。这小孩的小红袄很像一件荷叶边的披肩，肩膀两边有浮镶着的软绸子边，风一吹真像有几只臂膀似的。俩人一想这不就是八臂哪吒嘛！于是两人都按照八臂哪吒的样子画出了修建北京城的图纸。

第十天的时候，两人碰面了，各自拿出了自己的图纸给对方看，结果两人同时哈哈大笑，原来两人所画的图纸一模一样，都是按照八臂哪吒的样子设计而成。那么这八臂哪吒的样子都是北京城的哪些地方呢？

正阳门是哪吒的头；瓮城东西开门是哪吒的耳朵；门里的两眼井是

哪吒的眼睛；崇文门、东便门、朝阳门、东直门是哪吒的左四臂；宣武门、西便门、阜成门、西直门是哪吒的右四臂；北边的安定门、德胜门是哪吒的两只脚；皇城正门——天安门是五脏口，从天安门到正阳门中间那条长长的平道就是哪吒的食道了；而北京的胡同就变成了哪吒的大小肋骨了。

老北京的城门一共有几部分

来北京旅游，不得不了解一下北京的城门。关于北京的城门有一句俗语——内九外七皇城四，九门八点一口钟。那么老北京城的城门到底是什么样子的呢？

说起城门也许很多人都在荧幕中见过，实际上老北京的城门并不像影视剧塑造的那样一个大门洞。城门首先是一扇门，这毋

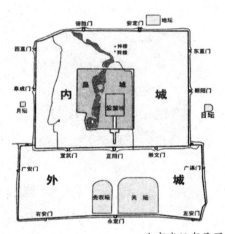

北京城门布局图

庸置疑，但毕竟这是城门，不是普通的宅院门和房屋门。老北京的城门除了有通道之用外，更重要的是在发生战争时它能起到抵御功能。由此可见，老北京的城门其实是由一组具有防御功能的建筑所组成的，它主要包括城楼、瓮城、箭楼、闸楼等。

城楼建筑在城台上面。城楼的下面与城墙连成一体的部分是城台，城台要比相邻的城墙稍微高一些、宽一些，在城台的中间开的门是"城门楼"。城门楼是城门最后的一道防线。

瓮城则是建在城楼前的一座小碉堡。瓮城的墙体和城楼的墙体相连，瓮城多建为方形、长方形和半圆形等几种不同的形状。瓮城主要是把防御线向外延伸并起到保护城楼的作用。

箭楼建在瓮城的正中间，分为四面，其中一面正对着城楼，其他三面每层上都有向外发射弓箭的箭窗。箭楼下的城台要比瓮城的城墙稍高稍宽，并与瓮城连在一起，在防御外敌时起到射箭的作用。

闸楼也是建在瓮城之上，或者在左，或者在右，也可能左右都有。它的形状就好比是小一号的箭楼。闸楼也是三面辟有箭窗，下面辟有门户。但是，闸楼下面不设门扇，而是设有由闸楼控制的可以吊起或放下的"千斤闸"。

这些建筑建造在一起就形成了一扇完整的城门，而在北京的皇城城门和内城的城门主要是体现皇家至高无上的权力的，所以内城城门只建了城门楼，而外城的城门主要是起防御作用，因此城门的修建要更像城门。

老北京的城墙为何没有西北角

北京城有着悠久的历史，而见证这座古城历史的则是那些富有"生命"的古城墙。但令人意想不到的是，北京城这样一座具有历史文化气息的古城的城墙却没有西北角，这不得不说是一种奇观。那么为何北京城的城墙会没有西北角呢？关于这个问题，真的是仁者见仁智者见智，社会上各种观点和说法也是众说纷纭。

说法一：著名的地理学家侯仁之教授曾解释说："当初修建北京城时，把北京城设计成为矩形，当时皇帝为了突显至高无上的统治中心地位，让修建人员把矩形的对角线交在故宫的金銮殿上。但是由于受到当时施工技术的限制，最终对角线并没有交汇于金銮殿上。修建北京城的人为了避免杀身之祸只好去了一角，而去的这一角就是西北角，这形成了北京城没有西北角的现象。"当然这只是一家之言。

说法二：这是一种民间传说。据说明朝在重修北京城的时候，起初西北角和其他三个角一样也是直角。但不知因何缘故，一天北京城的西北角突然断裂，之后明清几代皇帝都试图修复，但遗憾的是屡修屡塌，最后出于无奈只好将其修成斜角。

说法三：一些社会学家从传统的观念上全新解释了这一现象，他们认为我国自古以来就认为西北方向是一个缺口。西汉刘安的《地形训》就认为，大地的八个方向由八座大山支撑着天体，其中西北方向的那座山就叫不周山。在《天文训》中也讲到，风来自八个方向，而西北方向吹来的风被称为不周风。东汉的鲁班解释"不周"为不交之意，也就是说西北两个方向是不交汇的，既然不交汇自然会出现一个缺口。按此解释，北京城的西北角有缺口也就不足为奇了。

老北京人所说的"九门走九车"到底指的是什么

明成祖迁都北京后，在重修北京城时，共开设了九门，也就是常说的"内九"。这九座门在当时分别起到不同的作用，也就是所谓的"九门走九车"，那么这九门到底走的是哪些车呢？

正阳门，在元代时称丽正门，也就是如今人们俗称的"前门"。正阳门因是皇帝出行专用的门，因此又有"国门"之称。所以说正阳门走的是"龙车"。皇帝每年农历的冬至日和仲春亥日都会走正阳门前往天坛祭天和前往先农坛进行春耕。皇帝这两次出行走的必须是正阳门。1949年北平解放后，人民解放军举行的入城仪式走的也是正阳门。

崇文门，元代时称文明门。清朝时清政府还在崇文门内设税关。崇文门走的是酒车，因为当时河北的涿州是盛产美酒的地方，这些酒从涿州地区运往京城自然走的是南路。运酒的车先经过外城的左安门，再经过崇文门上税后运入京城。清朝时期卖酒的酒铺都会在门前挂上一招牌，上面写着"南路烧酒"，以此证明自己卖的酒是已经上过税的了。据说和珅当年就是靠掌管崇文门的税收发迹的。

朝阳门，在元代时又称齐化门。朝阳门主要是负责运输米粮之用，所以在朝阳门的瓮城门洞刻有一束谷穗的图形。因为当时交通不像现在这么发达，一些从南方运送来的粮食必须先走通惠河，通过水路运到北京城东边的通州后，再装车从通州运往京城。运送粮食的马车出通州后，进城走的就是朝阳门。粮食运入朝阳门后，就暂时存放在附近的粮仓内。如今的朝阳门内还有"海运仓""太平仓"等地名。

东直门，元代时称元崇门。东直门在过去一直有最贫之门的说法，因过去的东直门外设有很多的砖窑，因此一些京城内常用的砖都是通过东直门运到内城里的。除此之外，从南方运来的木材走的也是东直门，所以，东直门走的是砖车和木车。

德胜门，元朝时称健德门。德胜门多为出兵征战之门，所以德胜门走的是"兵车"。按照星宿，北方为玄武，玄武主刀兵，因此出兵打仗的时候必须走北门，而德胜门在这"九门"中属于正北门，所以每次出兵打仗时，都会走德胜门。之所以叫德胜门，其中也寓意着每次出兵都会取得胜利。清朝时期，在德胜门东边的城墙上会安装一门大炮，不过这大炮不是用来打仗的，而是用来报时的。每天到了午时，德胜门和宣武门都会同时放炮，城内的百姓会听炮对时。但老北京人却常说"宣武午炮"，而不说"德胜午炮"，这估计是因为每当午时宣武炮响之时都会有犯人被处死，所以"宣武午炮"要比"德胜午炮"更为有名。

安定门，元朝时称安贞门。此门是朝廷出兵作战后的收兵之门。因此安定门走的也是"兵车"。不同于德胜门的是，德胜门是"出兵之门"，而安定门则是"收兵之门"。每次凯旋之后，军队都会由安定门进入京城，当然即便是这场战争失败了，也会从安定门进入京城。安定门另一个作用，就是将故宫内的粪便运到城外，所以安定门也走粪车。

西直门，元朝时称和义门。西直门与东直门东西呼应，因此老北京人常说，西直门是东直门的"姐们儿门"。清朝时期，因京城内的井水苦涩发干，皇亲国戚们都不喝城内的水，专门喝位于城西玉泉山上的泉水。当时运水的车基本上都要经过西直门，所以西直门走的是水车。

阜成门，元朝时称平则门。阜成门走的是煤车，因为当时京城西边的门头沟一带设有很多的煤窑，从门头沟运入京城的煤炭，走的都是阜成门。

宣武门，元朝时称顺承门。因菜市口刑场就在宣武门内，所以押运囚犯的囚车要经过宣武门，因此宣武门走的是囚车。

前门楼真的有九丈九高吗

正阳门

"前门楼子九丈九，四门三桥五牌楼"；"前门楼子九丈九，九个胡同九棵柳"；"前门楼子九丈九，王口花炮响上头"这些老北京民间歌谣都能体现出北京城的前门楼很高很大，那么前门楼真的有歌谣中所说的"九丈九"那么高吗？

前门只是一个俗称，其真正的名称是正阳门，原名是丽正门。明成祖朱棣迁都北京后，将元大都向南平移了800米，将元大都的丽正门迁建在今天的正阳门的位置，但城门的名字依然叫丽正门，在明英宗年间才将丽正门改为正阳门。正阳门从修建之初到现在历经几百年，经过不断的修复，其具体的高度过去一直没有一个准确的说法，有的说正阳门有41米，有的说有42米，还有的有说40.36米。新中国成立后对正阳门进行修缮时，北京市古代建筑研究所的相关人员对正阳门进行了一次准确的测量，其城楼通高（从室外地平线到门楼正脊上皮）是43.65米，正阳门箭楼通高35.37米。

如果按照明清时的计量单位换算，1丈=9尺，1尺=31.1厘米，那么9丈9大约就有45米，这超过了正阳门的实际高度。那么为什么很多歌谣中会出现"前门楼子九丈九"这个说法呢，其实"九"自古以来就是象征吉祥、无穷的数字，正阳门不仅是北京城所有城门中最高的城门，也是紫禁城的正门，因此常说"前门楼子九丈九"。

崇文门上为何会挂着一口大钟

老北京有句俗话："内九外七皇城四，九门八点一口钟。"其中前一句说的是老北京城的几座城门，而后一句说的是"内九门"中八门挂的是点（一种铁制响器，挂起来敲用以报时），而只有崇文门挂的是钟。这到底是怎么一回事呢？

崇文门上挂钟在老北京民间有两种传说，这两种传说都与龙有关。其一，传说龙的九子之一叫"蒲牢"，这"蒲牢"善吼，在明朝时"蒲牢"经常在北京城的东南方向乱吼乱叫，严重地影响了城内百姓的生活，于是朝廷就派姚广孝前去制伏"蒲牢"。姚广孝先铸了一口大钟，然后施法将"蒲牢"镇压在钟里，因为姚广孝知道"蒲牢"的特长，所以就把京城东南侧崇文门上的点摘了下来，挂上了镇压着"蒲牢"的钟，让它定时吼叫，发挥报时的作用。

还有一个传说，当年龙王在北京偷运水时，被刘伯温和高亮破坏了。龙王一怒之下水淹了北京城。后来，刘伯温降服了龙王，并把他锁在了崇文门内，刘伯温临走时告诉龙王，想要出

崇文门老照片

来，除非听到崇文门上打点的声音。老百姓们为了不再遭受水灾，就偷偷地将崇文门上的点换成了钟。这样一来，龙王再也不可能听到打点的声音，也就不会有出头之日，北京城也就不会再有水灾。

宣武门为何又被称为"死门"

宣武门是京师九门之一，在元朝时叫顺承门，在明朝时改名为宣武门。宣武大炮是当时宣武门最有名的标志，因宣武门外的菜市口是当时的刑场，所以从宣武门带出的囚犯都会被行刑，所以宣武门有了"死门"这个称谓。

明清时期，尤其是在清朝，犯人经过刑部的审核后，都会用囚车经宣武门押送到菜市口问斩。因此在宣武门的城门洞上刻有"后悔迟"三个字。这可真是"后悔迟"，都要问斩了，再后悔哪还来得及。其实，在菜市口并没有一块规定的刑场，一般都是在菜市口路北的商户门口，设下监斩官的坐案，到了午时监斩官下令将犯人问斩。当然，在菜市口被问斩的人，也不全是罪大恶极之人，其中宋末元初的宋朝丞相文天祥，因誓死不肯归顺元朝，被问斩于

宣武门老照片

菜市口。在临终时，他愤然地对监斩官说："我能为宋朝办的事，都已经做完了！"说完后慷慨就义。还有清朝时期的戊戌六君子之一的谭嗣同，同样也在菜市口喊出了"有心杀贼，无力回天，死得其所，快哉快哉"的豪迈遗言，更是为这刑场增添了一股肃杀之气。

被称为"生门"的是哪座城门

被称为"生门"的是"九门"中的安定门，其蕴含着安国定邦之意。明清时期，皇帝每年农历的夏至日都会经过此门去地坛拜祭地神，

以求一年的风调雨顺。安定门
最为特别的是，其他八门的瓮
城内都筑有关帝庙，而唯独这
安定门内建的是真武庙。

安定门老照片

　　既然安定门这么独具风
格，明清时期的安定门主要是
用来做什么的呢？按照过去老
北京人的说法，安定门是朝廷
出兵凯旋之时必走的门，还有
一种说法，当时清朝所有的精兵部队全都驻扎在安定门，所以每次收兵
时要走这里。实际上，安定门也不全是为了收兵之用，从皇城内往外运
送粪便的车，都经过安定门，这是因为当时京城的粪场在地坛附近，从
皇城出来到地坛最近的路就是经过安定门，所以后来有了安定门走粪车
的说法。

　　安定门还是一座多灾多难的城门。明清两朝，安定门前后两次遭受
火灾。明正统六年（公元1441年）安定门失火，当年明政府重修此门；
清道光六年（公元1826年）安定门再次失火，清政府同样进行了修缮。
在清咸丰十年（公元1860年）英法联军侵占北京城时，占领安定门，将
英法两国的国旗悬挂于安定门之上，并不允许中国人出入此门。

"德胜祈雪"的典故与德胜门有关系吗

　　德胜门曾是朝廷出兵时必走的门，这意味着出兵之后能够旗开得
胜。德胜门是京城通往塞北的重要门户，因此又有"军门"的称号，
在历史上享有军事要塞的声誉。如今的德胜门已不复当年的样式，仅剩
一座箭楼。除此之外，德胜门能够与京师其他八门一样闻名，还要得益
于"德胜祈雪"这个典故。

"德胜祈雪"的典故的确是发生在德胜门。据说，在清乾隆四十三年（公元1778年），整个北京城遭受了百年不遇的大旱，城内的百姓都携全家逃离京城。年末，乾隆皇帝在北行查看明十三陵后，回宫时经过德胜

德胜门箭楼

门，突然天降大雪。乾隆皇帝当时大悦，将銮车停在德胜门前，下车御书祈雪诗三百首，并谕刻石立之，以慰天公。这块"德胜石碣祈雪碑"当时就立在德胜门瓮城中"同兴德煤栈"的西侧。至此"德胜石碣祈雪碑"与"阜成梅花""崇文铁龟"等镇门之物一样誉满京城。

1980年，北京市政府对德胜门仅存的箭楼进行了大规模的修复，1992年将德胜门内的真武庙改建为钱币博物馆。如今，来北京旅游的人登上德胜门的箭楼后，往南可以看到元代御河海子桥（今德胜门桥），以及当年运输皇粮的水运码头（今积水潭）；向北可以欣赏到护城河的垂柳碧波和关厢景物等美景。

午夜的出租车到了地安门为何不敢按喇叭

在北京开出租的人都知道，深夜来到地安门时一定不要按喇叭。这到底是怎么一回事呢？难不成是地安门那儿有"鬼"？其实，这与老北京民间的一个关于地安门的故事有关。

相传，以前地安门是皇家出兵的城门，每年都会有很多男人从此门走后就再也没有回来。曾经一对生活在北京城内的夫妻，原本过着和睦快乐的生活，但因战争需要，丈夫被朝廷编入军队中，并要马上赶往前线。按照当时的规矩，家中有丈夫出征时，妻子都会为丈夫缝制一双

绣花鞋，以喻平安。然而，这次出征来得太突然，妻子来不及缝制绣花鞋。临行前，丈夫对妻子说："我一定会平安回来的。"妻子也对丈夫说："我会一直等你的。"

然而，在这场战争中，这位丈夫不幸阵亡。丈夫的魂魄经过奈何桥要喝孟婆汤时，他对阎王说："我不能就这样走了，家中的妻子还在等我呢！"就这样丈夫的魂魄又回到了人间，可惜的是他不敢白天出来，只有到了午夜时才能出来，但此时地安门的城门早已紧闭。于是，他的魂魄每天晚上都会来到地安门，希望自己有机会能够进去。

家中的妻子在丈夫出征后缝制了一双绣花鞋，每天都会跑到地安门等待丈夫归来，这一等就是几十年，直到妻子老死的那一天丈夫也没有回来。当地府的人要带走妻子时，妻子同样对他们说："我不能就这样走，我还要等待我的丈夫回来呢！"于是，妻子的魂魄每天晚上都会拿着绣花鞋在地安门内等待丈夫归来，可是城门紧闭，她根本看不到城门外的丈夫，就这样，这对夫妻隔门相望了几千年。

地安门老照片

所以，今天在北京开出租车的司机们形成了一条不成文的规定，午夜到了地安门时一定不要按喇叭，以免打扰了这对苦命的夫妻。

"西红门的萝卜"与慈禧太后有什么关系

在老北京城里一直流传着这样一句俏皮话："西红门的萝卜叫城门"。这句俏皮话说是什么意思呢？在明清时期，每天晚上到了六七点钟出入紫禁城的大门都会关闭，如果没有朝廷亲自签发的腰牌是不能出入的。那么，在俗语中的"红萝卜"又不是腰牌，为何能叫开城门呢？

说起"西红门的萝卜叫城门"，这与慈禧太后有着莫大的关系。相传一年冬天，慈禧太后去南苑打猎赏雪回宫的途中经过西红门时，感到身体疲累、口干舌燥，想要吃些梨来缓解饥渴。这时，西红门的行宫管事端给慈禧太后一盘名为"心里美"的萝卜。慈禧一尝，觉得"心里美"萝卜脆甜可口，于是下旨将西红门的萝卜定为贡品，凡是西红门上贡来的萝卜不管是在什么时间，都必须为之打开城门。打那时起，就有了"西红门的萝卜叫城门"这一俗语了。

天安门门前的石狮子上为何有伤痕

天安门是如今北京城主要的"符号"之一，来北京旅游的朋友没有一个不会不去天安门。但细心的朋友在游览天安门时，会发现天安门前的那两只石狮子上有伤痕。那么，到底是谁打伤了那两只石狮子呢？

这还得从明末说起，明朝末年，由李自成率领的农民起义军从陕西出发，一路势如破竹，在公元1644年攻到了北京城。当李自成占领北京城后，来到了天安门前（当时叫承天门）时，发现承天门前的这一对石狮子雕刻栩栩如生，其中东边的这只石狮子右爪踩着一个绣球，头略向东歪，眼向西看；西边这个，左爪踩着一个小狮子，头略向西歪，可眼睛向东看。

天安门前石狮子

大家拥簇着李自成走近这对石狮子时，突然有一名士兵大喊道："闯王小心，东边的那只石狮子动了一下！"李自成喝道："石狮子怎么可能会动！"其实，李自成早就发现这石狮子后面有问题，他边说边催马挺枪，一枪刺到了石狮子的腹部，这时只见一个黑影直奔西边的石狮子身后，李自成又向西边的这座石狮子猛刺一枪。此时李自成的部下也围了上来，从西边的石狮子后，抓出一个人来。众将士一看原来是明朝大将李国祯。打那时起天安门前的这对石狮子留下了两道伤痕。到了清朝，曾经有大臣向皇帝提出，要重新换一对新的石狮子放在天安门，但皇帝制止了，并说这样可以用来时刻警示自己前朝是如何灭亡的。

民间还流传着一种说法，说天安门石狮子身上的伤痕是八国联军侵华时留下的。

天安门的华表有何寓意

今天来北京旅游的人，在游览天安门时会发现在天安门的前后都设有一对汉白玉的柱子，这个柱子就是华表。那么矗立在天安门的这两对华表有何寓意呢？

天安门外的那对华表在过去叫"望君归"，是呼唤皇帝出宫之后，能够早日回宫处理朝政；天安门内的那对华表又叫"望君出"，是希望皇帝不要每天都在皇宫里，要适时地出宫体验民情。这与华表最早出现时有着异曲同工之妙。

华表

华表相传最早在尧舜时就出现了。尧、舜为了纳谏，在一些交通要道上树立一个木柱，让人们在上面书写谏言。当时的华表叫"诽谤木"。到了汉代，"诽谤木"发展成为一种通衢大道的标志，因为这些标志从远处看上去很像一朵花，所以改名为"华表"。当时的华表多立在邮亭处，是为了不让送信的人迷失方向。

北京城的变迁与城门楼

后来，华表发展成为一种立在桥头或者陵墓前的小型装饰建筑物。在《清明上河图》中，汴梁虹桥两端就画有两对高大的华表。明朝在修建承天门（今天安门）时，就在承天门内外各修建了一对华表，既起到了装饰作用，又发挥了"望君归"和"望君出"的作用。

　　如今，天安门内外的两对华表是用汉白玉雕刻而成的。华表柱身呈八角型，上面刻画着云龙图案，柱上横贯着一块美丽的云板，好似插入云际。蹲坐在华表顶端的神兽，名字叫"犼"（音：hǒu），更是栩栩如生。

北京的皇家园林

北京的皇家园林在中国园林史上占有重要一席。

其突出特点是规模浩大、面积广阔、建设恢宏、风格多姿、金碧辉煌，尽显帝王气派。

这一章节主要为您介绍故宫、地坛、天坛、日坛、月坛、先农坛以及北海公园的相关历史和传闻。您将稀罕故宫里随处可见的"九"；您将知道故宫里为何没有厕所；您将目睹神秘的古代帝王祭天、祭地、祭日、祭月之坛；您将诧异九五之尊竟然也要农耕……

接下来，将会给您呈现极细微的发现，或许也会是极意外的惊叹。

世界最大的皇室宫殿——故宫

故宫的设计到底出自何人之手

北京故宫是世界上规模最大、保存最完好的古代皇宫建筑群。它气势恢宏，文化底蕴浓厚，吸引了许多中外游人来参观游览。那么，这座皇宫是谁设计建造的呢？

许多人都认为，故宫是蒯祥设计的。蒯祥是明朝有名的木匠，他技艺高超，匠心独运。相传在建造故宫三大殿时，缅甸国向明王朝进贡了一根巨木，永乐皇帝下令将其制成大殿的门槛。一个木匠不留心锯短了一尺多，吓得脸色煞白，赶快找蒯祥补救。蒯祥看了之后，叫那个木匠索性再锯短一尺多，然后在门槛的两端雕琢了两个龙头，两端各镶一颗珠子，用活络榫头装卸。后

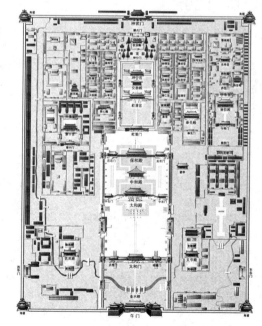

故宫全景图

来皇帝见了十分高兴，大加赞赏。这就是蒯祥发明的"金刚腿"。时人

称他为"蒯鲁班"。

但也有人提出异议，认为参加建造南京宫殿的蒯祥不应该是故宫的设计者，真正的设计者是名不见经传的蔡信。因为永乐十五年故宫开始进行大规模修建时，蒯祥才从南京去往北京，任职故宫的施工主持人。而在此之前，蔡信已经主持设计、规划和建造了。但这只是个人的意见，民间通常还是认为故宫的设计者是蒯祥蒯鲁班。

蒯祥生于木匠世家，他的父亲蒯富，就是很有名的木匠。他子承父业，终有大成，明宪宗成化十二年卒，享年84岁。

故宫里一共住过几位皇帝

故宫建于永乐四年，建成于永乐十八年。自明成祖迁都北京之后，一共入住过25位皇帝。他们分别是：

明成祖朱棣，在位22年（永乐），迁都北京；

明仁宗朱高炽，在位1年（洪熙）；

明宣宗朱瞻基，在位10年（宣德）；

明英宗朱祁镇，在位14年（正统）；

明代宗朱祁钰，在位8年（景泰）；

明英宗朱祁镇，在位8年（天顺）；

明宪宗朱见深，在位23年（成化）；

明孝宗朱佑樘，在位18年（弘治）；

明武宗朱厚照，在位16年（正德）；

明世宗朱厚熜，在位45年（嘉靖）；

明穆宗朱载垕，在位6年（隆庆）；

明神宗朱翊钧，在位48年（万历）；

明光宗朱常洛，在位1年（泰昌）；

明熹宗朱由校，在位7年（天启）；

明思宗朱由检，在位17年（崇祯）；

大顺李自成，在位1年（永昌）；

清世祖爱新觉罗·福临，在位18年（顺治）；

清圣祖爱新觉罗·玄烨，在位61年（康熙）；

清世宗爱新觉罗·胤禛，在位13年（雍正）；

清高宗爱新觉罗·弘历，在位60年（乾隆）；

清仁宗爱新觉罗·颙琰，在位25年（嘉庆）；

清宣宗爱新觉罗·旻宁，在位30年（道光）；

清文宗爱新觉罗·奕詝，在位11年（咸丰）；

清穆宗爱新觉罗·载淳，在位13年（同治）；

清德宗爱新觉罗·载湉，在位34年（光绪）；

爱新觉罗·溥仪，在位3年（宣统）。

故宫为何又被称为紫禁城

故宫又叫"紫禁城"，1925年才被国民政府改为"故宫"。那么，它之前为何叫"紫禁城"呢？

原来，"紫禁城"这个名字与古代的天文学有关。古人认为，紫微星位于天的中心，是天帝的居所，天帝的天宫就称为紫宫。而皇帝就是天子，所以皇帝的宫殿也该是紫宫。而同时，因为皇宫里住的都是皇室成员，出于安全考虑，宫墙都修得很高，墙外还有几十米宽的护城河，除了宫女、太监和护卫，闲杂人等是不得随意出入宫殿的，严禁侵扰。因为它既是紫宫，又是禁地，所以称之为紫禁城。

紫禁城建筑为什么多用黄色和红色

站在景山之巅俯视整个紫禁城，宫殿屋顶宛如一片金色海洋。走进紫禁城，最突出的色调便是红墙黄瓦，极为醒目。

那么，紫禁城的建筑为什么多用红黄二色呢？原来，在我国古代阴阳五行中，金、木、水、火、土分别代表西、东、北、南、中五个方位。土居于中央，代表黄色，象征尊贵的皇权，皇帝认为自己的宫殿居于世界的中心，可以掌控四方，因此就更加注重黄色了，连衣着和用具也要使用黄色。于是黄色便成了皇帝的专属，以维持皇帝的唯我独尊的地位，别人用了就是大逆不道。

故宫建筑群

如辛亥革命后，逊帝溥仪仍然居住在紫禁城内，过着有名无实的帝王生活。一天他看见二弟溥杰的袖口、衣里是黄色时，立刻沉下脸来训斥道："这是明黄，不该你使的！"

紫禁城的墩台、殿柱、宫墙、门窗等，则大都使用红色。紫禁城建筑之所以大量使用红色，是因为自古以来，红色属火，象征着吉祥、喜庆、美满和幸福。

当然，也有个别宫殿不使用红、黄色，如文渊阁。它的屋顶铺的是黑色琉璃瓦，因为黑色属水，水能克火，而文渊阁是藏《四库全书》的地方，为防起火，这也是皇帝的愿望。

故宫为何有九千九百九十九间半房屋

故宫宫殿繁多，鳞次栉比，人们都说，它有九千九百九十九间半房屋。但至于为什么会是九千九百九十九间半，众说纷纭。

有人说，因为当时明朝的旧都南京明宫有一万间房屋，朱棣迁都之后，觉得自己的功劳不及他的父亲朱元璋，所以就下令故宫的房屋不能超过一万间，于是设计师们就盖了九千九百九十九间。也有人说，因为天帝住的天宫是一万间，人间的皇帝不能超过天帝，所以就少盖了半间。

还有人用《周易》来解释，说易经讲的是九九之数，除去九五之尊的概念之外，还有个"不满"的概念，即"亢龙有悔"。如果满了，接下来就会衰落。而九千九百九十九正是极限，所以又盖了半间，表示未满之意。

还有的人则以奇偶数来解释这半间。因为这半间指的是文渊阁楼下西头的那一小间。文渊阁是我国第一部《四库全书》的藏书阁，书最怕火，为防火，就取"天一生水，地六成之"，以水克火之意，文渊阁在建造上一反紫禁城房屋多以奇数为间的惯例，采用了偶数为间6间。但又为了布局上的美观，西头一间就建造得格外小，看上去仿佛只有半间，其实也是一间。

而且实际上，故宫的房屋也没有九千九百九十九间，据实地测算，只有八千七百余间。

皇帝出入故宫时走哪个门

午门是紫禁城的正门，位于南北中轴线上，居中向阳，位当子午，所以叫午门。皇帝出入故宫走的就是午门。

平常我们看电视时，经常会听到里面说，"推出午门斩首"，这是不符合事实的。因为午门是明清皇宫大门，极其尊严洁净，死刑犯人只会押往柴市（今西四）或菜市口等刑场处决。只有当大臣们触犯了皇帝的时候，才会被课以"逆鳞"之罪，推到午门外面打板子，就是所谓的"廷杖"。明代的大臣特别喜欢死谏，而皇帝就特别喜欢打他们的板子。据史书记载，明正德十四年，皇帝朱厚照因为大臣阻挠他选美人，就下令廷杖，结果一下子打死了11人。后来的嘉靖皇帝更是一次性打死了17人。可能根据这些历史，民间才会有"推出午门斩首"的说法。

午门又叫"五凤楼"，下面有五个门洞，可是从正面看，似乎是三个，实际上正面还有左右两个掖门，开在东西城台里侧，一个面

午门

向西，一个面向东。这两个门洞分别向东、向西伸进地台之中，再向北拐，从城台北面出去。因此从午门的背面看，就有五个门洞了，所以有"明三暗五"之说。当中的正门平时只有皇帝才能出入。皇帝大婚时，皇后也可从中门进宫。文武大臣出入东侧门，宗室王公出入西侧门。左右掖门平时不开，皇帝在太和殿举行大典时，文武百官才由两掖门出入。

另外，每逢科考，殿试结束宣布结果后，皇帝钦点的状元、榜眼、探花也可从中门出宫。午门正中门楼左右的两座阙亭，内设钟鼓。何时鸣钟，何时击鼓，都有规定。皇帝祭祀坛庙出午门鸣钟；皇帝祭祀太庙时击鼓；皇帝升殿举行大典时则钟鼓齐鸣。

故宫的门钉为何都是"九"个

因为九为至阳之数，乃数字之极，最能体现帝王的尊贵，所以故宫门上的门钉均以九为基数。其中午门、神武门和西华门均是九九纵横八十一颗，为阳数；唯有东华门是八九七十二颗，是阴数。这其中有个不小的缘故。

明末时候，起义军领袖李自成攻入紫禁城，明思宗仓皇逃到煤山自

缡。逃走的时候，就是从东华门走的。因此后来的清朝皇室认为东华门不吉利，就决定把此门定为皇家出灵柩门，俗称"鬼门"，因此就少打一排门钉，弄成了阴数。

故宫的门钉

故宫的前三殿为何不种树

故宫的三大殿是太和殿、中和殿和保和殿。令人奇怪的是偌大的三个宫殿，周围一棵树也没有，这到底是怎么回事呢？

有人说，因为故宫的院子是方形的，种树的话，就像是"困"字，不吉利。这说法其实不能成立。因为照此逻辑，院子里有人，更像"囚"字。有人说是怕种树不安全，会有人借着树枝爬进来谋刺皇上，而且树木高大的话，容易引发火灾。这种说法也不靠谱，因为这样说来，养心殿、御花园中古松苍柏高大茂密就无法解释了。

其实，最根本的原因是由于太和殿、中和殿和保和殿这前三大殿是皇帝举行盛典的地方，从位置上说居整个外宫建筑的中心，也是当时北京城的中心。为了突出宫殿的威严气势，格局布置上就采用了其院内不植树的方法，从皇城正门天安门起，经端门、午门、太和门，这之间的一系列庭院内都无树木（现在端门前后的树是辛亥革命

三大殿俯瞰图

以后种植的）。当时人们去朝见天子，进入天安门，经过漫长御道，在层层起伏变化的建筑空间进入太和门，然后看到宽阔的广场与高耸在三重台基上的巍峨大殿，会感到一股无形的精神压力。而它，正是来自至高无上的皇权。如果种上树，绿荫宜人，再加上蝉鸣鸟叫，这种效果就会大打折扣了。

故宫的后三宫是何人所住

故宫的后三宫分别是乾清宫、坤宁宫和交泰殿。

乾清宫是明清两代皇帝在紫禁城中居住和处理日常政事的地方。它是后三宫之首，位于乾清门内。"乾"是"天"的意思，"清"是"清亮"的意思，象征透彻的天空，不浑不浊，无小人乱政，比喻国家安定；同时也象征皇帝的作为如天一样坦荡荡。

后三宫俯瞰图

坤宁宫在交泰殿后面，是皇后住的地方，始建于明朝永乐十八年，正德九年、万历二十四年两次毁于火，万历三十三年重建。清沿明制于顺治二年重修，十二年仿盛京沈阳清宁宫再次重修。嘉庆二年乾清宫失火，延烧此殿前檐，嘉庆三年重修。乾为天，坤为地，乾清宫代表阳性，坤宁宫代表阴性，以表示阴阳结合，天地合璧之意。

交泰殿则位于乾清宫和坤宁宫之间，殿名取自《易经》，含"天地交合、康泰美满"之意。约为明嘉靖年间建，顺治十二年、康熙八年重修，嘉庆二年乾清宫失火，殃及交泰殿，是年重建。

交泰殿为皇后千秋节受庆贺礼的地方，是皇后生日时接受庆贺礼的地方。清朝于此殿贮清二十五宝玺，每方玉玺都有专门的用途。每年正月，由钦天监选择吉日吉时，设案开封陈宝，皇帝来此拈香行礼。清世祖顺治皇帝有鉴于明代宦官专权的教训，就规定宦官不得干预朝政，在交泰殿立了一块"内宫不许干预政事"的铁牌。交泰殿每年春季祀先蚕，皇后先一日在此查阅采桑的用具。

太和殿为什么是故宫里级别最高的宫殿

太和殿俗称金銮殿，为北京故宫三大殿南面第一座，是明清两代北京城内最高的建筑，也是开间最多、进深最大和屋顶最高的大殿，堪称中华第一殿。因为它是举行大典的地方，如皇帝登基即位、皇帝大婚、册立皇后、命将出征等，此外每年万寿节、元旦、冬至三大节，皇帝在此接受文武官员的朝贺，并向王公大臣赐宴。有时候还要在太和殿举行新进士的殿试。因为重大事件都在此处理，所以它的级别最高。

太和殿修建于明永乐十八年（公元1420年），当时叫奉天殿，明嘉靖四十一年（公元1562年）改名为皇极殿，到清顺治二年（公元1645年）才改名为太和殿。太和殿自修建完成后，屡次遭受焚毁，如今我们所看到的太和殿是清康熙三十四年（公元1695年）重修后的样子。作为整个紫禁城中级别最高的宫殿，它上承重檐庑殿顶，下坐三层汉白玉台阶，采用金龙和玺彩画，屋顶仙人走兽多

太和殿

达11件，开间11间，均采用最高形制。太和殿的匾额"建极绥猷"，是当年乾隆皇帝亲笔所写。现在我们看到的匾额是一块复制品，真正的那块匾额已经在袁世凯称帝时被他换掉了。

慈禧太后为何长住在储秀宫

众所周知，慈禧太后把持着晚清政局几十年，可以说大清国命运全攥在她手里。但为什么她不去住别的大宫殿，而是一直居住在储秀宫呢？

这其中是含着慈禧很重的心机的。因为慈禧最开始只是个嫔，咸丰帝只宠幸了她很短的一段时间，直到

储秀宫内景

生了儿子以后，她才上升为妃。后来咸丰帝在热河驾崩，她儿子继位，为同治帝，慈禧这才得到和东太后慈安同等的地位。她发动"辛酉政变"，把八位顾命大臣的权力夺走，然后独揽大权，垂帘听政。虽然后来她有了更为尊贵好听的称号，但她心里明白，自己最能拿得出手的本钱，就是给咸丰帝生了个儿子，继承了大统，而这个儿子是在储秀宫后殿生的。那是她的通天金字招牌，是抓权的真正政治资本，住在储秀宫是为了做给大臣们看的。一者，可以表示对先帝咸丰的眷恋，念念不忘先皇帝对自己的雨露之恩，以显示自身的美德；二者，自己对同治帝有养育劬劳之苦，以显示自己的功劳。这样一来，一手就抓住两个皇帝，对内可以折服六宫，对外可以号召臣下，使人们都对她心服。出于这几种政治上的考虑，所以她乐于住在储秀宫。不过，晚年她也住过乐寿

堂，因为那是乾隆以前当太上皇的时候住的，她处处自比乾隆，加上她此时的位置已经根深蒂固，无人可以撼动了，所以就在此短暂住过一段时间。

雍正帝为什么把寝宫搬到了养心殿

从明成祖朱棣迁都北京后，便将寝宫设在紫禁城的乾清宫。自明永乐帝至清康熙帝先后有16位皇帝都住在乾清宫内，康熙帝后，雍正帝将寝宫由乾清宫搬入了养心殿。这样，从雍正帝到最后一位皇帝宣统帝，清朝最后的八位皇帝都住在养心殿。那么，为何雍正帝会将寝宫由乾清宫搬入养心殿呢？

养心殿内

原来康熙帝在位61年，基本上都是居住在乾清宫。公元1722年，康熙帝驾崩后，雍正帝继位。雍正帝感到康熙帝在位61年，功德显赫，不忍心住父亲当年住过的乾清宫。他先以乾清宫东房为守丧的地方，后来又决定到养心殿为其父亲守丧。在守丧期满后，雍正帝再也没有将寝宫搬回乾清宫，从此就把养心殿改为自己的寝宫。

在民间还流传这样一种说法，据说雍正帝为了能够早日登上皇位，将康熙帝秘密谋害，并篡改了康熙帝留下的遗诏。当然这只是民间的一种传说，大可不必相信。

故宫里真的有"冷宫"吗

故宫里三宫六院，宫殿很多，但没有一个叫"冷宫"的，那么我们常在电视上看到的，将某个妃子打入冷宫，指的是什么宫呢？

查遍所见明清史料，紫禁城无"冷宫"匾额，说明冷宫并不是某一处宫室的正式命名。因此所谓冷宫，应该就是指紫禁城里任何关押那些妃嫔的地方。根据一些文献记载，明清时代被作为"冷宫"的地方有好几处。明末天启皇帝时，成妃李氏得罪了太监魏忠贤，被由长春宫赶到御花园西面的乾西，一住四年。被关押在此地的有定妃、恪嫔等人。这个"冷宫"在紫禁城内之西。

光绪皇帝的珍妃被慈禧落井之前，据说关在景祺阁北边北三所（现坍毁），这地方就在今天珍妃井西边的山门里。因为这个消息出自一名太监之口，如果该传闻属实，则此地也算是一处"冷宫"。

清代皇帝的"婚房"在故宫的哪个殿里

据记载，清代皇帝大婚时的婚房是在坤宁宫的东端，一共两间。房间内壁饰以红漆，顶棚高悬双喜宫灯。洞房有东西二门，西门里和东门外的木影壁内外，都有金漆双喜大字，有出门见喜之意。洞房西北角设龙凤喜床，床上的帐子和被子都是江南进贡的精品织绣，上面都绣有一百个神态各异的顽童，称作"百子帐"和"百子被"。皇帝大婚时要先在这里住两天，之后再另住其他宫殿。

坤宁宫的龙凤喜床

但如果是先结婚后当皇帝的，就不能享受这样的待遇了。清代，只有年幼登基的康熙、同治和光绪三个皇帝用过这个婚房。

在故宫里为什么有很多乌鸦

现在，人们都把乌鸦视为不吉利的象征。但其实在宋代及以前，乌鸦被汉族人称为神鸦、孝乌，并没有认为它不吉利，这从古人的大量诗文里可以看出。从元朝开始，乌鸦才成为凄凉、穷困、接近死亡的象征。

而到了清朝乌鸦却又被尊崇起来。据说是因为满族某代祖先樊察，在被仇人追杀的途中躲在灌木丛里，有很多乌鸦飞来落在灌木上面。仇人追到这里，以为乌鸦下面肯定没人，所以就没有搜查，让樊察逃过一劫。大难不死的樊察回去以后，告诫子孙，不许射杀乌鸦，而且只要以后有自己吃的就不能让乌鸦挨饿。后来努尔哈赤的名声更大，所以这故事的主人公就转移到了努尔哈赤身上。此后历代清帝遵从祖训，就在故宫中饲养乌鸦，以此报答乌鸦的恩德。

故宫的内殿里为什么没有门槛

细心的人们在游览故宫时会发现，故宫内殿里的门是没有门槛的。这是为何呢？

原来在清末时候，宣统帝很小就登基即位了。辛亥革命后，溥仪被逼退位，但仍旧住在故宫里，随着慢慢长大，年轻的溥仪逐渐接受了西方的先进思想，他率先把清朝世代留传的辫子剪掉，并在故宫里安装了电话，还请来了外国老师教授自己洋文。

后来，有位晚清老臣送给溥仪一辆自行车，溥仪非常喜欢。溥仪学会骑车后，每天都骑着自行车在内廷里玩，可是故宫里门槛太多，每当骑到一道门时都要下来，太麻烦了。于是，他就下令将内廷里的门槛全部锯掉。所以，故宫内殿里面就没有门槛了。

故宫里真的没有厕所吗

在游览故宫时，有的人会发问道：怎么没有古代的厕所？难道以前皇宫里的人不去厕所吗？事实上，过去的故宫里是真的没有厕所，这是因为当时故宫内没有下水道，如果安置了厕所，整个故宫就会变得臭气熏天。

那么，居住在故宫里的皇帝、妃子、太监、宫女是如何进行方便的呢？原来，皇帝、妃子、太监宫女等人，大小便都有专用的便器。皇帝和妃子们用的便器被称为"官房"，主要是木制、瓷制和锡制的。他们方便时就在自己寝宫里，之后会有太监或宫女收拾干净。

而太监和宫女用的便器叫便盆。这些便盆放在"净房"里，"净房"分布在皇宫的各个角落。太监和宫女在此处进行大小便。最后，由太监们定期将粪便运出宫外。

自从溥仪被赶出紫禁城后，这些便溺器具被清理了出去，另存他处，只剩下了空屋子，而这些屋子与其他屋子并没有什么不一样，人们自然不会知道它的用处了，所以人们才产生故宫没有厕所的疑问。

北京的皇家园林

53

中国现存规模最大的帝王祭地之坛——地坛

地坛的出现来源于一场政治事件吗

　　地坛最早称为方泽坛，嘉靖十三年（公元1534年）重新修葺后改叫地坛，是明世宗以后明清两朝帝王每年夏至祭祀"皇地祇神"，即土地神的场所，是中国现存规模最大的帝王祭地之坛，也是古都北京五坛中的第二大坛，总面积37.4公顷。1925年，当时的京兆尹，类似于现在的市长——薛笃弼，在征得当时内务部同意后，将地坛改名为"京兆公园"，同时增加了一些体育器材，建成了北京第一个体育场。1928年，京兆公园改名为市民公园，之后由于一些原因导致公园逐渐荒废。北平和平解放以后，政府在1957年4月把这个

地坛

废弃的园子重新修整并开辟为公园，园内现存有方泽坛、皇祇室、宰牲亭、斋宫、神库等古建筑。

　　地坛修建之前的一百五十多年时间里，明代帝王们一直遵循着天与

地一起祭祀的宗教典礼，一起祭祀本来只需要一个祭坛就足够了，那北京为什么会有天坛、地坛等五坛呢？其实，地坛的出现与其说是一场纯粹的礼仪制度变革，倒不如说是一场蓄谋已久的政治事件。

原来，明世宗嘉靖皇帝是前任皇帝明武宗正德皇帝的堂弟，因为正德皇帝暴毙且没有皇子，才被强拉过来，硬生生逼迫着接替自己堂兄当的皇帝。不仅如此，朝臣强迫嘉靖皇帝认自己的伯伯当爹，也就是让嘉靖以"兄终弟及"的方式继承皇位，这让重礼节、有主见的嘉靖皇帝很是生气。嘉靖皇帝希望自己的生母随自己一起住进皇宫，且追封自己的亲生父亲为皇帝的方式继承大位，而这一想法又遭到大臣们的强烈反对。这场皇帝与大臣们之间的轰轰烈烈的斗争，史称"大礼议"之争，最后因为大臣张璁引经据典，使用《周礼》等古籍批驳了群臣的观点，最终使皇帝取得了胜利。而这件事也让皇帝尝到了通过改变礼仪制度的方式，达到为自己树立威信、巩固统治的甜头。于是嘉靖皇帝找准机会，表明祭祀当中的"天地合祭"有违古代礼制，需要分开祭祀的意愿。到了嘉靖九年，皇帝恢复了明太祖前期"天地分祭"的礼仪制度，进而建造了专门祭地的方泽坛，后经修葺，最终成为现在的地坛。

所以，地坛的出现根本就不是一场礼仪制度的变革，而是蓄谋已久的政治事件。

其实，天与地之前之所以合在一起祭祀，也是因为当年朱元璋认为天代表父亲，地代表母亲，父亲与母亲应该在一起生活，所以不能把天与地分开。看来，这天与地到底是应该分还是应该合，全在于统治者的一句话。

地坛的设计思想是什么

地坛作为皇家祭祀"皇地祇神"的场所，其设计不仅要体现出皇家的威严气派，更要体现出"天人合一"的终极思想。可以说，不论是地坛修建的位置、规模大小、设计样式，乃至哪里一砖哪里一瓦，都无不体现着古代的阴阳学说与古人对自然的敬畏之心。

方泽坛是地坛的主体建筑，是皇家盛大的祭祀礼仪之地。坛周围有一圈水渠，象征中国古典地理中中国地处"泽中方丘"的思想。

同时，古人还认为阴阳是存在于世间万物中的一对对立面，而地坛作为祭祀土地神的场所，其设计思想就是将抽象的问题具体化，从而达到祭坛形式与功能的统一。所以，地坛设计思想的理论依据

地坛鸟瞰图

主要有三条：首先，"坛厘南北，以从阴阳之位"。以北向属阴，所以祭地于京城北郊，布局坐南向北，由北向南行礼。其次，"制别方圆，以则阴阳之像"。依据"天圆地方"的说法，地坛总平面和方泽坛平面均采用正方形。再次，根据《周礼》"东方谓之青，南方谓之赤，西方谓之白，北方谓之黑，天谓之玄，地谓之黄"的要求以黄颜色来象征地，因此，方泽坛和皇祇室均采用黄琉璃构件。

不仅如此，地坛还需要表达大地观念与领地观念。刚才所说的"天圆地方""地谓之黄"都属于大地观念。而领地观念则体现在方泽坛上层铺成四正四隅八个正方形上，表示"普天之下，莫非王土，率土之滨，莫非王臣"。而在祭祀时，除了在坛上层设皇帝祖先牌位以外，下层还要设代表天下名山大川的四从坛，表示以皇权为中心的大一统观念。这属于领地观念。地坛最重要的设计思想即在于此。

地坛里有哪些特别的数字

或许我们从宏观的角度一眼便可以看出地坛"天圆地方""天地玄黄""天南地北"的设计理念，但是如果你可以细数地坛的台阶级数、坛面的长度与墁石的数量，这些特别的数字会更加使你惊奇于地坛的设计之精妙与无所不在的阴阳思想。

根据阴阳学说"天为阳，地为阴"的说法，方泽坛坛面的石块数量也均为阴数，即双数。比如方泽坛上层坛面的中心是由36块较大的方形石块铺成，纵横各有六块，因为《周易》中以六表示阴爻，所以方泽坛正中铺纵横各六路石块；围绕着中心点，上台砌有8圈石块，最内者36块，最外者92块，每圈递增8块；下台同样砌有8圈石块，最内者200块，最外者156块，亦是每圈递增8块；上层共有548个石块，下层共有1024个石块，两层平台用8级台阶相连。

以上这些特别的数字都是设计者依据阴阳学说精心设计的。

地坛建筑色彩为何只有黄、红、灰、白四种

地坛建筑在色彩运用方面也颇具匠心，方泽坛只用了黄、红、灰、白四种颜色，便完成了象征、对比、过渡，形成了协调的艺术整体，起到了营造气氛的作用。祭台侧面贴黄色琉璃面砖，既标明其皇家建筑规格，又是地坻的象征。在中国古代建筑中，除了九龙壁之外，很少见到"天玄地黄"这种做法。在黄瓦与红墙之间以灰色过渡，又是我国古代宫廷建筑常见的手法之一。整个建筑以白色为主色，伴以强烈的红白对比，给人以深刻的印象。红墙庄重、热烈，汉白玉高雅、洁净；红色强调粗重有力，白色如轻纱白云，富有变幻的光影和宜人的质感；红色在视觉上近在眼前，象征尘世，而白色则有透视深远的效果。远方苍松翠柏的映衬又使祭坛的轮廓十分鲜明，更增添了它神秘、神圣的色彩。

地坛里为何种植很多柏树

"北京为世界上古树最多之都会，尤多辽、金、元、明以来之古柏。盘根错节，苍翠弥天，斧斤所赦，历劫不磨。满京城洋洋大观的古树，的确是京城的一大特色。"这句话是中国近代国画大师徐悲鸿对北京古柏的赞美，而地坛公园的168株古树当中，便有许多这样的古柏分布在斋宫的周围，且大部分古柏的树龄已经超过300年，而其中的独臂将军柏、大将军柏等更是吸引了众多的中外游客与之合抱合

地坛公园的柏树

影。其中的独臂将军柏干围3.16米，因屡遭创伤，独存一臂却屹立不倒、挺拔葱翠而闻名；大将军柏干围5.15米，需要三人以上合抱才可以抱住。那么，是什么原因使古代帝王那么喜欢在皇家祭坛的旁边种植柏树呢？

那是因为，种植柏树不光可以起到绿化的作用，更是为了去迎合中国古人的礼仪制度。孔子曰："岁寒而知松柏之后凋。"柏树以它长青的针叶与长寿的生命与皇家祭坛相得益彰，可以完美表达统治者对"江山永固，万代千秋"的寄托。另外，《周礼》中也明确规定要在庙坛旁植树，起到"尊而识之，使民望即见敬之"的作用，甚至连种植的树木的品种都是有特别规定的。想想看，这些饱经沧桑、蔽日荫天的高大树木与庙宇的神圣森严的氛围是不是相得益彰呢？

斋宫种植的树是专供皇帝乘凉用的吗

地坛的斋宫是皇帝祭地时吃饭和睡觉的地方，始建于明嘉靖九年

（公元1530年），并于清雍正八年（公元1730年）重建，清代皇帝包括顺治、康熙、雍正、乾隆、嘉庆都在这里斋宿过。斋宫的主体建筑坐西面东，由南、北、西三殿组成。

明清皇帝祭地的时间是在每年的夏至，为了表示对"皇地祇神"的虔诚与敬畏，必须在祭祀的前三天开始斋戒，前两天在紫禁城，第三天住在坛内的斋宫。由于夏至的北京酷暑难耐，再加上祭祀的礼仪极其繁琐，礼服也华丽厚重，所以在乾隆十八年（公元1743年）祭祀时，一位执事人员竟然在皇帝祭祀时中暑而死，由此，祭祀礼仪才改为皇帝在宫中斋戒三日后直接到地坛行祭礼，并在斋宫周围新植树木。

由此可见，斋宫种植的树木并不是专供皇帝乘凉用的，而是为了预防在祭祀过程中可能会出现的工作人员中暑等意外的。

地坛里的"北斗七星"在哪里

地坛是古代帝王祭祀土地神的地方，在这样一个以"土地"为祭祀主题的庙坛之中，究竟在哪里会隐藏着"北斗七星"呢？

原来，在地坛西门有座牌楼，高大雄伟，正面中心有"地坛"二字，背面有"广厚街"字样。它在明代刚刚建成时称为"泰折街"牌坊，雍正年间改为"广厚街"牌坊。老的牌坊由于一些原因没有被保存下来，我们现在所见的这座牌楼是1990年按照乾隆年间牌楼的式样重新修建的。

其实，这座牌楼就是"北斗七星"的起点，再加上内、外坛门，终点及御道的三个拐点，恰恰构成了完整的北斗七星的形状。

北斗七星在中国道教文化里有着符号性的作用。地坛的设计者将天上的北斗七星与地上的地坛联系起来，可见设计者用心之精妙。

世界上最大的古代祭天建筑群之一——天坛

天坛真是按周易学而建设的吗

天坛位于北京市区南部，永定门大街东侧，是中国现存最大的古代祭祀性建筑群，是华夏文明的积淀之一。天坛从选位、规划、建筑的设计

天坛鸟瞰图

以及祭祀礼仪和祭祀乐舞，无不依据中国古代《周易》阴阳、五行等学说，把古人对"天"的认识和"天人关系"表现得入木三分。各朝各代均建坛祭天，而北京天坛是完整保存下来的仅有一例。天坛建筑处处展示中国古代特有的寓意、象征的艺术表现手法。圜丘的尺度和构件的数量集中并反复使用"九"这个数字，以象征"天"和强调与"天"的联系。

天坛祈年殿以圆形、蓝色象征天，殿内大柱及开间又分别寓意一年的四季、二十四节气、十二个月和一天的十二个时辰以及象征天上的星座——恒星等。处处"象天法地"是古代"明堂"（中国古代帝王专用的一种礼制建筑）式建筑仅存的一例，是中国古文化的载体。天坛在以

易学为主导的前提下，集古代哲学、历史、数学、力学、美学、生态学于一体，在建筑设计和营造上集明清建筑技术、艺术之大成。其中祈年殿、皇穹宇是木制构件、圆形平面、形体巨大、工艺精制、构思巧妙的殿宇，是中国古建筑中罕见的实例。而同时又有大面积树林和丰富的植被，创造了"天人协和"的生态环境，是研究古代建筑艺术和生态环境的实物，极具科学价值，是皇家祭坛建筑群中杰出的范例。祈年殿体态雄伟、构架精巧、内部空间层层升高向中心聚拢，外部台基屋檐圆形层层收缩上举，既造成强烈的向上动感，又使人感到端庄、稳重。色彩对比强烈，而不失协调得体，使人步入坛内如踏祥云登临天界。天坛从总体到局部均是古代建筑的佳作，是工艺精品，极具艺术价值。天坛是物化了的古代哲学思想，有着极高的历史价值、科学价值和独特的艺术价值，更有着深刻的文化内涵。

天坛与祈年殿是同一地方吗

天坛始建于永乐十八年，清乾隆、光绪时曾经重建，为明清两代帝王祭天祈福之地。天坛共有圜丘、祈谷两坛，有坛墙两重，形成内外坛，坛墙南方北圆，象征天圆地方。主要建筑在内坛，圜丘坛在南、祈谷坛在北，二坛同在一条南北轴线上，中间有墙相隔。圜丘坛内主要建筑有圜丘坛、皇穹宇等；祈谷坛内主要建筑有祈年殿、皇乾殿、祈年门等。著名的祈年殿在最北方，这是天坛内最宏伟、最华丽的建筑，也是想象中离天最近的地方。

祈年殿嘉靖二十四年改为三重顶圆殿，殿顶覆盖上青、中黄、下绿三色琉璃，寓意

祈年殿

北京的皇家园林

天、地、万物。清乾隆十六年改三色瓦为统一的蓝瓦金顶，定名"祈年殿"，是孟春时祈谷的专用建筑。祈年殿中间四根"龙井柱"象征着一年的春夏秋冬四季；中层十二根大柱比龙井柱略细，名为金柱，象征一年的十二个月；外层十二根柱子叫檐柱，象征一天的十二个时辰；中外两层柱子共二十四根，象征二十四节气。

根据此资料可知，祈年殿属于天坛的一部分，是在同一个地方。

天坛里真的有"鬼门关"这一地方吗

因为天坛是用来祭天祈福的，所以里面就修建了一个"牺牲所"，专门饲养祭祀牲畜；又有一个屠宰祭祀牲畜的地方，叫宰牲亭，这两组建筑，一个在天坛的西南角，一个在东北角。祭祀的时候，要把"牺牲所"的牲畜赶到宰牲亭去宰杀，就必须横穿通天路。但明清皇室都有一个规定：除了天上的飞鸟，任何地下的走兽，都不准从大路上通过，避免弄脏神路，否则玉帝就会降罪。为此，特地在大路下面开了一条东西隧洞，故称桥。这个隧洞是专门赶运牲畜的过道，叫"进牲门"。从进牲门过去的牲畜，不出半天时间，就全部死掉，无一生还的。因此，人们又把它叫作"鬼门关"。鬼门关里黑洞洞的，因为这里杀了太多的牛羊，所以古人迷信般传闻这里闹鬼，没人敢从这里过。

后来人们又传说，天上的张天师下来捉鬼了。因为张天师也是个神仙，王母娘娘生日这天，众神仙都去祝寿。大家觥筹交错，忽然张天师失手打烂了一只玉杯，玉帝大怒，就把他贬到天坛来捉鬼了。

天坛的"七星石"为什么会有八块

七星石位于天坛七十二长廊东南的场地中，是按照北斗七星的方位排列的七块巨石。在它们的东北隅还有一块小石，共是八块石。为什么明明名字叫"七星石"，却有八块石头呢？这种名不副实让人不免感觉奇怪。

七星石

其实，七星石是明嘉靖年间的镇石，迄今已470余年。据说明成祖朱棣迁都北京之后，想寻找一个祭天场所，一天夜里，他梦见天门大开，北斗七星落于此地，于是就在此修建了天坛。到了明嘉靖九年，有一道士说天坛这里太空旷，不利于皇位和皇寿，就按照北斗七星的传说设置七石镇在这里。

七星石应该是七块，为什么会是八块呢？对于这个问题，人们有各种解释。其中一种解释是说，这第八块石头是满族人入关以后加上去的。满人认为七块石头代表中原的七座大山，然后就把象征东北长白山、满族人自己老家的石头给带来了，加到这里代表自己家乡的山山水水。但也有人说，七星石其实在明代的时候就有八块了，并非清朝人后加的。但是为什么七星石会出现八块石头？这恰恰说明了中国古人对于星象观测的准确度之高。

古人通过观察北斗七星，发现在它勺子的位置有两颗星，这两颗星连接起来的延长线，延长五六倍后就可以看到北极星。它们组成了一个像水舀子似的物体。我们还可以看到北斗七星上边的一颗小星，这颗星叫"辅星"，比较暗，现在的天文学里管它叫"大熊座八十号星"。中国古人看它离开阳星不远，于是就把它叫做"辅"。因此当初在设计七星石的时候，就搁了八块。这说明古人对天象观测非常准确，这样一颗晦暗的辅星，古人都没有把它落下，由此也可以看出中国古代文化的精深之处。

北京的皇家园林

天坛里真的有会"说话"的石头吗

在天坛圜丘正北的皇穹宇有非常奇特的回音现象，好似石头自己在说话，游客们去了都会体验一下。还有传闻说，假如站在皇穹宇殿前的第十八块石头上说话，便能听到各种奇怪的对话声，这些声音各自不同，有的委婉，有的坚决，有的如泣如诉，有的铿锵有力。

据说当年修建天坛时，发生了很多离奇古怪的事，比如今天打好的地基，明天就被破坏；上午才雕刻好的石栏，下午就会出现很多划痕。人们对此都议论纷纷，猜测百出。有人认为这是上天以发怒的方式警告世人，这个地方不适合建造天坛。为了稳住人心，朱棣就命令大臣们赶快想出对策。

回音壁

谁知大臣们也是束手无策。后来一个云游僧人到了这里，让人按照他的要求，把天坛的丘坛建造成三层圆形，所用石料的数目都与"九"有关。上层的直径是九丈，中层便是十五丈，下层就成了二十一丈，三层直径之和为四十五丈，正好是"九"的倍数，在上坛的圆心还特意放置一块圆形大理石，云游僧人说那叫天心石，也叫"亿兆景从石"。人站在上面说话能够起到扩音的作用。皇帝站在这个位置举行祭天典礼，不必大声嘶喊，声音就会显得格外洪亮高亢。那时的人们以为只有真龙天子才能发出这样的声音，从而对皇上产生了更多的敬畏之心。

到了清朝乾隆十七年，朝廷对天坛进行了重修，把殿顶改作黄铜贴真金叶九层，而门楼、殿瓦、墙顶以及围墙的墙身和宫门左右的垛墙则全部换成了蓝色琉璃砖。这种设计是为了表示天象，而这种圆形围墙也被人们叫做"扇面墙"，远远望去，仿佛是一个闪烁着蓝光的琉璃筒。

众所周知，这座围墙还可以用来玩传声游戏，因此又被人们称作"传声墙"（也叫回音壁）。当两个人分别在东西配殿后面贴墙而立时，两人面向北面，一人贴着墙说话，另一人把耳朵贴在墙上仔细去听，无论那边说话人的声音多么小，对方都可以听得很真切，甚至还可以自行调节音量。这无疑又是天坛的一大奇景。

其实，这些奇怪的现象就是因为合理而巧妙地运用了声学原理，而非什么真龙天子显示"圣迹"，那只不过是封建社会里统治者们用来愚化百姓的手段罢了。

天坛的益母草有怎样的传说

话说在天坛还没有修建的时候，那里是一大片的庄稼地，住着很多农民。其中有一家姓张的住户，当家的死得早，只有母女两人相依为命。母亲年事已高，身体不好，又加上成天思念死去的丈夫，所以就得了重病。女儿见母亲生了病，四处求医，花光了家里仅剩下的一点儿积蓄，可母亲的病还是不见好转。情急之下，她想起小时候家人给她讲的故事，说北山上有灵药，不管什么病，吃了包管好，便决定到北山去找灵药。这年秋天，她收割完庄稼，就出发了。

她并不知道北山在哪儿，但一定是在北边，于是就向北走。走了许多天，终于看到山了，她正要进山时，来了一个白胡子老头儿。这老头儿是个神仙，就告诉她说，小姑娘，你从这儿上山，左拐七道弯，右拐八道弯，饿了吃松子，渴了喝清泉，瞧见地上天，灵药到手边。姑娘就按照老头儿的吩咐上了山。她左拐右拐，渴了就喝山泉，饿了就吃松子，走了很久，终于到了山顶。山顶上有一个小池子倒映着天上的白云。姑娘心想，这就是"地上天"了。可是灵药在哪里呢？正想着，来了两个小姑娘，一个穿着白色衣裳，一个穿着黄色衣裳，给了她一个袋子，说："这里面就

北京的皇家园林

是灵药，还有种子，赶快回去救你母亲吧。"姑娘接过袋子，飞奔下山了。

回到家之后，她把药熬好给母亲喝。果然药到病除，母亲很快就痊愈了。她把灵药的种子撒在外面的地上，好让其他人有病了也来采药用。邻居们看她千辛万苦地把草药找来，还分享给大家，都很高兴，称赞她孝顺，心肠好，就把这种草叫做"益母草"。

"花甲门"和"古稀门"是谁专用的门

天坛的祈年殿是古代皇帝祭天的地方。到了祭天的那一天，皇帝就要在丹陛桥北段的阶梯处下轿，然后步行过去，再从正门进入祈年殿，以示对上天的尊重。这是皇家规矩，连皇帝本人都得遵守，但有一个人却例外，他就是乾隆。

乾隆六十岁那年，因为体力下降，去祭天的时候为了缩短步行的距离，就在丹陛桥最北边祈年殿正门的西侧开了一个小门，此门叫"花甲门"。"花甲"者，60岁也。到了71岁的时候，连从"花甲门"进入他都嫌远了，于是在就在祈年殿的北侧又开了一个小门，叫"古稀门"。因为中国有句俗语，叫"人生七十古来稀"嘛。乾隆走过之后，就规定：后代子孙当皇帝时，年过60岁方可出入花甲门，年过70岁方可出入古稀门。

可惜的是，乾隆以后的皇帝都没能活过70岁。因此就只有他一人祭天时走了"花甲门"和"古稀门"，这也就相当于是他专用的了。

明清两代皇帝祭日、月之地——日坛和月坛

朝日坛与日坛是同一个地方吗

　　日坛，又名朝日坛，是同一地方，只是称呼不同。它位于北京朝阳门外东南，是明清两代帝王祭祀太阳的处所。原为明锦衣卫萧瑛的处所，明嘉靖九年（公元1530年）圈建。坛西向，白石砌成一层方台，坛面明代为红琉璃以象征太阳，清代改为方砖墁砌，四周有遗墙（矮围墙），清乾隆七年（公元1742年）改建于坛西北角。解放前古建大部分被毁，文物被盗，日坛变为一片废墟。2006年05月25日，日坛作为明清时期的古建筑，被国务院批准列入第六批全国重点文物保护单位名单。

清代皇帝祭日时的礼仪有哪些

　　祭日是古代皇帝的一项很重要的活动。每当农历春分，他都要率领文武百官去日坛祭日。封建社会结束后，这项活动自然被取缔了，我们也就无从看到那种盛况了。但从留下

日坛公园举行祭日典仪

的资料中还可以窥见一二。

祭日礼仪非常之繁杂，共分迎神、奠玉帛、初献、亚献、终献、答福胙、车馔、送神、送燎等九项议程，每一步都必须按照制度要求去严格执行，连皇帝本人都是小心翼翼的，生怕有半点差池。

古代皇帝祭日之地为何会有马骏墓

日坛乃是古代皇帝祭日之所，为何里面会有一个马骏墓呢？而这马骏又是何许人也，会被埋到这种地方呢？

马骏烈士（公元1895—1928年），回族，是周恩来、邓颖超在天津搞学生运动时的战友，吉林省共产党组织的创建人，中共天津市委早期领导人之一。民国十七年（公元1928年）因叛徒出卖，在北京被张作霖杀害。死后被葬在日坛公园内。1951年北京市政府隆重公祭并重修其墓。1987年再次重修，墓碑由邓颖超题写。同时马骏夫人杨秀蓉的遗骨移葬于东侧。墓为汉白玉石砌筑，台基四周环以白石护栏。1998年建成"马骏纪念室"，成为朝阳区第一个有规模的爱国主义教育基地。每年清明时节，来此祭奠的师生多达数万人。

明清两代皇帝是每年都要去月坛祭拜吗

月坛公园位于北京市西城区南礼士路西，月坛北街路南。月坛原名"夕月坛"，是北京五坛之一，建于明嘉靖九年（公元1530年），是明清两代帝王秋分日祭夜明神（月亮）和天

月坛内的伴月广场

上诸星宿神祇的地方。皇帝祭月在秋分亥时举行，主祭夜明神，配祀二十八宿，木火土金水五星及周天星辰。每逢丑、辰、未、戌年皇帝都要亲赴月坛行祭祀，其他年份"朝日则遣文臣，夕月则遣武官"代行。因此并不是皇帝每年都亲去月坛祭拜。

你听说过月坛咏月的传说吗

传说有一天晚上，皓月当空，朱元璋祖孙三代在月坛上赏月，见有此良辰美景，朱元璋就让儿孙们作诗助兴。太子先作诗道："昨夜严滩失钓钩，何人移上碧云头？虽然未得团圆相，也有清光遍九州。"长孙接着吟道："谁将玉指甲，掐破碧天痕。影落江湖里，蛟龙未敢吞。"朱元璋听了之后不禁怅然，因为他觉得"未得团圆"和"影落江湖"都不是吉兆。后来果然一语成谶，懿文太子死在朱元璋之前，建文帝也没有保住皇帝的宝座，被燕王朱棣逼下宝座，流落江湖，不知所终。

明清两代皇帝农耕的地方——先农坛

贵为天子的皇帝也要农耕吗

中国是农业文明社会，历朝历代的统治者都很重视农耕，甚至采取了很多"重农抑商"的政策；而且还专设了观耕台，每年的三月份，由皇帝亲自躬耕，作为天下之表率。

观耕台位于太岁殿东南。台南向，东、南、西三出阶各为八级，台呈方形，边长16米，高1.5米。此台始建于明嘉靖年间，最初为木结构，清乾隆十九年（公元1754年）台面改砌方砖。明、清时期，农历每年三月上亥日，皇帝都要率百官来先农坛，先祭拜先农神，然后到具服殿脱下礼服，换上龙袍，到耕台东面的亲耕田躬耕。

亲耕田共1.3亩，以两旁分为12畦，由三王九卿从耕。明制是皇帝右手扶犁、左手执鞭，往返犁4趟；清制改为往返犁3趟，然后从西阶登观耕台，观耕终了，由东阶退下。

所以说，在农业社会里，天子也是要农耕的。虽然只有很短的一会儿，耕了不到一亩田。

先农坛主要是由哪几个建筑构成的

先农，远古称帝社、王社，至汉时始称先农。先农坛起初叫籍田坛，唐垂拱年间改为先农坛。每年开春之时，皇帝率文武百官在此行籍田礼。

先农坛共有建筑群五组：庆成宫、太岁殿（含拜殿及其前面的焚帛炉）、神厨（包括宰牲亭）、神仓、具服殿。

另有坛台四座：观耕台、先农坛、天神坛、地祇坛。这些组群建筑与坛台基本都坐落于内坛墙里，仅庆成宫、天神坛、地祇坛位于内坛墙之外、

先农坛历史文化展演

外坛墙之内。另外，内坛观耕台前有一亩三分耕地，为皇帝行籍田礼时亲耕之地。

先农坛里为何有一座太岁殿

古时候的中国有句俗语，叫"不得在太岁头上动土"，把太岁说得很玄乎，言语之间很是敬畏，有的人还爱拿这个来吓唬人。而据现代科学研究，所谓太岁，其实是一种真菌，并不是什么神物。但因为古人不认识，所以把它就当成神来崇拜，还专门为它修建神殿来供养。

在先农坛里就有一座太岁殿。因为太岁神是传说中的值年之神，主管着人间万事万物的兴败祸福，所以每年皇上都会来此祭祀。逢到水涝丁旱的年份，还有大将出征和凯旋的时候，都要派遣官员来此祭祀。由此可见太岁神在古人心目中的重要性，连皇上都得祈福于他。因此在先农坛里建座太岁殿，也就是理所应当的事情了。

太岁殿

世界上现存建园时间最早的
皇家宫苑——北海公园

琼华岛上真建有信炮台吗

　　琼华岛位于北海太液池南部，简称琼岛，因岛上建有白塔，故又别称"白塔山"。岛高32.3米，周长913米。岛上建筑精美，高低错落有致，依山势分布，掩映于苍松翠柏之中。南面以永安寺为主体，有法轮殿、正党殿、普安殿及配殿廊庑、钟鼓楼等，黄瓦红墙，色彩绚丽。西面为悦心殿、庆霄楼、琳光殿及问古楼。岛的东侧林木成阴，鲜少建筑，景色幽静，别具一格。乾隆曾书"琼岛春阴"于一石碑上，立在绿阴深处，为"燕

琼华岛

京八景"之一。岛的北面山麓沿岸一排双层临水游廊，如彩带般把整个琼岛拦腰束起，回廊、山峰和白塔倒映水中，景色如画。东南面有石桥和岸边相连，与秀美的景山、故宫交相辉映，湖光山色，美不胜收。

在岛的顶端，设有信炮台。清初，有八旗军在岛上驻扎，站在信炮台上，俯瞰全城，一旦发现有警报，立马就可以发出信号。

北海白塔中为何会有舍利

北海白塔位于北海公园琼华岛上，建于清初顺治八年，是一座藏式喇嘛塔。据史料记载，它的建成是因为当时有西域喇嘛者，欲以佛教阴赞皇猷，所以奏请顺治帝，请求建塔立寺，保国佑民，得到了顺治的恩准，于是修建了白塔和永安寺。白塔高35.9米，上圆下方，为须弥山座式，塔顶设有宝盖、宝顶，并装饰有日、月及火焰花纹，以表示"佛法"像日、月那样光芒四射，普照大地。

但由于历史久远，几百年过去了，白塔各部位有了不同程度的受损。解放后，新中国政府对白塔进行了比以往任何一次都彻底的修复，除表面粉刷白垩外，还对塔身、相轮等做了加固处理。1976年唐山大地震时，波及北京，白塔的相轮石座被挤压破碎，导致相轮歪闪，华盖天盘上的日、月易位，火焰被甩落在塔身上。为此，1977年国家又进行了一次大规模的修缮。这次修缮时发现相轮中心的主心木已腐朽不堪，幸运的是在主心木上还意外地发现一个两层金质舍利盒，内装米粒般大小的舍利子十八颗，太极图形玛瑙盖四个（缺一个）。这些舍利子应该是一些得道高僧涅槃时留下的，被人秘密地藏在白塔中。经过这次修缮时的意外发现，才得以展现在世人面前。

善因殿的殿顶为何是上圆下方的双重檐

一般来讲，我们所见到的任何建筑，不管是皇室宫殿还是普通民房，都是一层屋檐，但为何位于北海公园白塔前面的善因殿却是上圆下方的双重檐呢？

善因殿

因为按照古人的理解，天圆地方，天在上，地在下，上圆下方以示"天圆地方"之意。所以上面就修了个圆的屋檐，下面修了方的屋檐。

九龙壁为何能幸存于战火之中

中国历史悠久，朝代很多，自然的，每一个朝代的更替，都伴随着战火，每一次战火都焚烧宫室文物不计其数，而为何九龙壁历经战火却幸存了下来呢？

原来，九龙壁通体都是非燃材料。如今我们去观赏的时候，发现它是一个"孤壁"，即周围光秃秃的，什么都没有。但据《清宫史》记载：嘉庆年间，"西天梵境之西，有琉璃墙（今九龙壁）如屏障，墙北为真谛门，门内为大圆镜智宝殿……殿北及左右屋宇四十三楹，皆贮藏经版之所也"。

从中可以知道，当时的九龙壁并不是孤零零的，而是伫立在一座金碧辉煌的大殿前面。遗憾的是，1900年八国联军入侵北京时，九龙壁北面的建筑被侵略军放火烧光了，只有九龙壁因为不能燃烧而保存了下来。

其实九龙壁并非全部是琉璃砖材料，上面有一条龙是木质的。据说当时在建造时出了一些麻烦，但迫于工期，一个心灵手巧的木匠就用木料做了一条龙，然后漆上油漆，跟琉璃龙一模一样，因此让所有修建九龙壁的工匠们躲过了一劫。

九龙壁上真的只雕刻了九条龙吗

　　北京共有两处九龙壁，一处在故宫皇极门前，一处在北海公园五龙亭以北，天王殿西侧。若就造作精工而论，则推北海九龙壁为最。位于北海的九龙壁，高5米，厚1.2米，长27米，金碧辉煌，颇为壮观。据史料记载，此九龙壁始建于辽，清乾隆二十一年重建。重建后的九龙壁，比之前更加雄浑壮丽，虽历二百年风雨侵袭，而颜色不变，因此才得以保存下来，成为现有的最有价值的文物之一。

北海九龙壁

　　九龙壁用黄、紫、白、蓝、红、绿、青七种颜色。南北两壁，每壁用长方琉璃砖200块拼组而成，二层40块，计五层。上面所雕刻的游龙，姿态各异，栩栩如生，大致可分为两类，跃身腾空者为升龙，俯身探海者为降龙。除壁前壁后各有九条蟠龙在戏珠外，壁的正脊、垂脊、筒瓦、陇垂等地方都雕有游龙，据统计共有635条龙。

北京的陵墓寺庙

坐落在北京城的明十三陵是中国乃至世界上现存规模最大、保存最完整、埋藏帝王最多的墓葬群。

散布于北京城的寺庙，则年代久远，风景怡人，不仅是香客信徒的好去处，也是游客了解佛教文化的好地方。这些寺庙以各自的方式存在着，为游客们涤清心灵，也为这座古老的城市默默祈福。

但关于北京的这些陵墓寺庙，您又了解多少呢？比如，您知道明朝共有16位皇帝，为何北京只有13座陵墓吗？您知道乾隆曾经盗过永陵墓吗？您知道北京为什么没有清朝皇帝的陵墓吗？您听说过香妃魂飘香界寺的传说吗？您听说过妙应寺白塔上铁箍的由来吗？您听说过曹雪芹与法海寺的传说吗？……

还等什么？赶快翻过这一页进入一个满是趣味和答案的世界吧！

北京的陵墓

明十三陵有哪十三座陵墓

　　明十三陵是自明成祖朱棣迁都北京后13位皇帝陵墓的总称，它坐落在北京昌平区境内的天寿山南麓，是迄今中国乃至全世界现存规模最大、保存最完善的皇帝陵墓群建筑。明十三陵地处东、西、北三面环山的盆地之中，陵墓前小河曲折蜿蜒，山清水秀，陵墓的总面积有120余平方公里。现在是北京西北郊区一处有名的旅游胜地。

明十三陵

　　十三陵的陵墓依次是长陵（成祖）、献陵（仁宗）、景陵（宣宗）、裕陵（英宗）、茂陵（宪宗）、泰陵（孝宗）、康陵（武宗）、永陵（世宗）、昭陵（穆宗）、定陵（神宗）、庆陵（光宗）、德陵（熹宗）、思陵（思宗）。明十三陵中除了以上十三位皇帝的陵墓之外，还有7座妃子墓和1座太监墓，共埋葬了13位皇帝、2位太子、30多位妃子和1位太监。

明朝共有16位皇帝，为何北京只有13座陵墓

明朝自公元1368年由朱元璋建立，到公元1644年崇祯帝自缢于景山，历经276年，前后共有16位皇帝，奇怪的是明朝既然一共有16位皇帝，为何在北京的明十三陵中只有13位皇帝的陵墓呢？

其实这也不足为奇，翻开有关明朝的历史我们会发现，开国皇帝朱元璋在建立明朝时，起初选定的都城是南京，朱元璋死后葬在南京的钟山之阳，史称"明孝陵"。明朝的第二代皇帝建文帝朱允炆，在其叔父朱棣发动"靖难之变"后逃离了南京，最后不知下落，所以他的陵墓更是无从查起。后来有关历史学家分析，朱允炆可能逃到了今天的云贵一带，也有可能死于那场战乱之中，但最终也没有一个准确的结论，至今仍是明朝历史的一大悬案。

明朝第七位皇帝代宗朱祁钰，是因明英宗朱祁镇在"土木堡事变"中被瓦剌所俘虏后，在大臣和太后的旨意下才登基称帝的。后来英宗被放了回来，在英宗心腹的策划之下，发动了"夺门之变"，又将皇位夺了回来，而代宗朱祁钰被处死。朱祁钰死后英宗不承认他是明朝的皇帝，所以以藩王的身份将其葬在北京西郊玉泉山北麓的金山口。

这样明朝虽然有16位皇帝，其中开国皇帝朱元璋的陵墓在南京，建文帝朱允炆下落不明，代宗朱祁钰葬于金山口，所以北京的明十三陵中便只有13座陵墓了。

明十三陵的选址与风水学有关系吗

明十三陵的地址在北京西北郊昌平区内的天寿山南麓。为什么明十三陵会坐落于此呢？这要从明成祖朱棣说起。

明成祖朱棣迁都北京后，就开始为自己选择修建陵墓的地方，因为他本人笃信风水，因此陵墓的选择可谓一波几折，历时颇久。相传，当

明十三陵内景

时朱棣也选择了很多地方，最后因种种原因才选择了天寿山。据说当年朱棣手下的一位风水大师，最初提议将陵墓修建在一个叫屠家营的地方。但朱棣考虑到自己姓朱，"朱"与"猪"同音，朱棣认为"猪"一旦进入屠宰场，除了被杀没有别的结果，所以朱棣马上否定了这个方案。后来又有人向朱棣提议，选在京西潭柘寺，说这里是千年古寺，必是一块风水宝地，朱棣起初也觉得潭柘寺这个地方不错，但当他亲自去潭柘寺查看一番后便决定不选在这里，缘由是他认为，潭柘寺虽然是千年古寺的所在地，但这里地形狭隘，山高谷深不利于子孙后代的发展。其后，又选择在怀柔的羊山脚下，这"羊"和"猪"总该相安无事吧，可是偏偏在这羊山附近有一处叫"狼儿峪"的村子，这"猪"天天睡在"狼"身边岂不是早晚会出事！后来也没有选在那里。还有一处则是门头沟的"燕家台"，但因为"燕家"与皇帝去世意境的"晏驾"谐音，所以也被否定。

最后朱棣看上了昌平的黄土山这个地方，他在勘察黄土山时发现，这黄土山前面有座村子叫康家坟，西边是一片橡子林，东边是一条清澈的干水河。朱棣认为这里前有康"糠"，左有橡子，右有水，这可是我们朱家的风水宝地，于是就决定将陵墓修建于此，恰巧这一年又是朱棣的五十大寿之年，所以又将黄土山改名为天寿山。

裕陵墓主人朱祁镇的生母真的是宫女吗

十三陵中的裕陵墓的主人是明朝第六位皇帝英宗朱祁镇。朱祁镇生于明宣德二年（公元1427年），是一位一生充满传奇色彩的皇帝，其身世就很神秘，他的父亲是明宣宗朱瞻基，但生母却相传是一位宫女，这一传说是真的吗？

明宣宗朱瞻基在位期间政绩还算不错，朱瞻基的正宫皇后也是一位贤良温淑的好皇后，但朱瞻基还有一位十分宠爱的孙贵妃，这位孙贵妃是主簿孙忠的女儿，10岁时就进了宫，在永乐十五年（公元1417年）被册封为皇太孙嫔。宣宗继位后，又被封为贵妃。这位孙贵妃深得宣宗的宠爱，但唯一让她感到遗憾的是她始终没有得到皇后的位置，于是孙贵妃想尽办法要除掉胡皇后而自立。

机会转眼间就来，明宣宗的子嗣一直不多，这位胡皇后也未能为宣宗生下一子，虽然孙贵妃亦是如此，但她想到了一条偷梁换柱的妙计，她派人四处打听哪位宫女受到皇帝的临幸后怀有身孕，最后她找到这样一位宫女，于是她将这位宫女私藏在一间密室里，每天都会派专人给这位宫女送饭、照看。然后，买通宫中的御医向外宣扬自己怀孕的消息。

由于孙贵妃十分受宠，所以这件事也就没有走漏半点风声，就这样这位宫女十月怀胎后，产下一男婴，孙贵妃马上让人把孩子抱给自己，声称这孩子是自己所生，然后又将那位宫女秘密处死。就这样这个小男婴成为了孙贵妃的孩子，而这位男婴就是后来的明英宗朱祁镇。

明裕陵

北京的陵墓寺庙

乾隆帝真的盗过明永陵墓吗

盗墓一直是考古学家们痛恨的事情，盗墓不仅让很多文物古迹流失，还阻碍社会对历史更加深刻的考究和发现。像这样不光彩的一件事怎么能和清朝的一代明君乾隆皇帝牵扯上关系呢？历史上的乾隆皇帝到底有没有盗过明十三陵中的永陵墓呢？

清乾隆皇帝，在古代的帝王中算的上是一位明君，他在位期间，因为勤于政事，整个清朝不论在政治、经济还是文化上都有了不错的发展。但就是这样一位明君，为了一己之私，也难免做出一些不光彩的事来。相传，乾隆皇

明永陵

帝为了盗取明长陵中的楠木大柱，对外宣称自己要重修明长陵，以示对前朝皇帝的追思之情。当刘墉等大臣得知乾隆皇帝的本意后，竭力劝谏才保住了明长陵。但乾隆仍不死心，最后还是"重修"了明永陵墓。

根据史料记载，乾隆五十年至五十二年（公元1785～1778年），清朝的确对明永陵进行了大规模的修缮。经过这次修缮后，明永陵的祾恩殿"变小"了。根据《大明会典》的记载，祾恩殿原有重檐7间，左右配殿各9间，恩门面阔5间。现代考古发现，让乾隆"修葺"过的祾恩殿变为5间，恩门减为3间，柱网分布也与旧制不同。于是，关于乾隆盗墓的传说便在民间流传开来。

泰陵墓的主人朱祐樘真只娶过一位女人吗

泰陵墓的主人朱祐樘是明朝第九位皇帝，他在位期间勤于政事，励精图治，任用王恕、刘大夏等为人正直的贤臣，使明朝中期再度出现盛世之态，史称"弘治中兴"。朱祐樘不仅在政绩上有所作为，更为后世称奇的是他一生只娶过一位女人，这是真事吗？

翻开中国的历史，我们可以看到，中国皇帝最大的一个特点就是老婆多，其中像晋武帝、唐玄宗所拥有的后宫真算得上是"三千佳丽"，即便是清光绪帝这样的傀儡皇帝，也有一后二妃，所以现在我们所说的一夫一妻制好像跟皇帝没有什么关系。其实不然，中国历史上还真有一位皇帝一生只娶过一位女人，这个皇帝就是明孝宗朱祐樘，他唯一的妻子就是张皇后。那么身为九五之尊的明孝宗为何只娶了一位女人呢？

首先明孝宗本人性格温和，又长期受到儒家思想的熏陶，对男女之事没有特别浓厚的兴趣；其次，明孝宗自幼为了躲避万贵妃的迫害，长期被秘养在安乐堂内。他对宫中妃嫔之间争风吃醋、勾心斗角的后宫江湖，可谓体会深切，有切肤之痛。在他登基后，为避免后宫再次上演这些"闹剧"，索性就不再纳妾封妃；另外，张皇后本人博学多才，性格活泼，对孝宗有足够的吸引和约束力。这位张皇后后来在内廷的政治斗争中也起到了举足轻重的作用，史称张后"骄妒"；此外还有一个原因是大臣谢迁的劝谏。弘治元年，也有大臣提出要为孝宗选妃，但谢迁进谏说："皇帝选妃，本是理所当然。但如今先帝明宪宗的陵墓尚未修建完善，皇帝正在为先皇守孝，选妃之事现

明泰陵

在恐怕不宜进行。"孝宗向来以孝治天下，原本就定下为宪宗守孝三年的制度，再加上谢迁的劝谏，因此就再没有提选妃之事。

就这样，明孝宗选妃之事再没有提及，直到驾崩，孝宗再也没有选纳其他的妃嫔，成为中国历史上唯一一个只有一位女人的皇帝。

昭陵墓为何修建了两次

明昭陵是隆庆六年（公元1572年）由明神宗下诏后开始在大峪山修建的。如此浩大的工程，仅仅用了一年的时间就修建完工了，但因为工程进展得太过迅速，一些施工细节做得并不到位，用现在的话说就是豆腐渣工程，过了不到一年的时间，昭陵陵墓的整体建筑就出现了地基下沉的现象。明神宗不得不重新修建昭陵，于是昭陵的"二期工程"在万历三年（公元1575年）开始。

昭陵先后两次的修建都花掉了大量的银两。第一次修建所耗费的银

明昭陵内景

两，根据当时工部的计算就高达50多万两。第二次修建的花费虽然没有官方具体的统计，但根据《明熹宗实录》记载，这次修建共花费了近150万两。如果算上嘉靖年间的那次修缮，其花费的银两起码在200万两左右，这几乎相当于隆庆时期国库一年的税收总收入。

为何明十三陵中只有思陵被盗过

明十三陵是迄今为止保存最完善、规模最大的皇家陵墓，除了明思宗朱由检的思陵被盗过，其他的十二陵基本保存完整。那么十三陵中为何单单只有思陵被盗过呢？

这还要从明朝李自成起义说起。李自成率起义军攻入北京城后，明

朝最后一位皇帝崇祯帝朱由检在走投无路之下，选择了上吊自缢殉国。当时的北京城可谓乱作一团。李自成起义军后来在清理战场时，发现了崇祯帝和周皇后的尸体。李自成命人将这两具尸体用两扇门板抬放到了北京东华门外。可怜这位生前堂堂的大明皇帝，死后竟然被停尸在光天化日之下，更为荒唐的是不知是谁，把他的头砍了下来。

思陵墓

后来，李自成将崇祯帝和周皇后的尸体安葬在田贵妃的墓中。在安葬时，李自成命人用重达几十斤的黄金打造了一个"金头"安放在崇祯帝身上。就是这尊金头引来了盗墓者的"光顾"。几年后一位看守陵墓的人，早上起来发现安葬崇祯帝的思陵的墓门大开，于是他叫来了其他守陵人，闻讯而来的人们顺着墓门进入陵墓中发现，崇祯帝的那颗金头已经不翼而飞了。

可怜这位崇祯帝，在世的时候做了"亡国皇帝"，死后还不得安宁。

明十三陵里为何有一座太监的陵墓

在明十三陵中有一座很明显的太监陵墓，那么这位太监是何许人也？他的陵墓为何出现在皇帝的陵墓群中呢？

这座太监墓的主人是明末太监王承恩。在人们的印象中，太监通常弄权、狡诈、满腹坏水，但王承恩却并非如此。公元1644年，李自成攻入北京城后，崇祯皇帝被迫在景山上吊自缢，而陪同崇祯帝一同自缢的还有这位太监王承恩，当年李自成几万大军围困北京城时，明朝的很多将领都解甲归田，而王承恩却统领禁军，誓死抵抗。后来，清朝第一位皇帝顺治帝在为崇祯皇帝发丧时，还为王承恩修墓立碑，并将他安葬在崇祯皇帝的陵墓外，让他永远"守护"陵墓。

太监王承恩的陵墓至今保存较为完善，虽然陵墓本身只剩一个直径6米的土堆，但墓前的三通石碑却保存得比较完整。王承恩的陵墓是坐西朝东的，在陵墓东侧的第一通石碑上刻有"王承恩墓"字样，其碑有2米之高；第二通石碑有4米高，碑首刻有"敕建"，下面紧跟着400字的碑文，这是清顺治帝亲手题写的；紧靠陵墓的石碑，碑高2米，碑首刻有"御制旌忠"四字，下面同样刻写着将近240字的碑文，这是清顺治帝营建崇祯帝陵墓时，为褒奖王承恩的忠义护主所题写的。

明十三陵为何很少被盗

中国的皇家陵墓大多数都被盗过，从汉朝陵墓到清朝的东、西陵都无一幸免，但唯独明十三陵很少被盗，这其中到底有何玄机？难不成明十三陵中暗藏"机关"？

明十三陵很少出现被盗的情况主要得益于明朝及以后历代统治者对其特殊的保护。明朝时每修建一座陵墓，都会设一队士兵看守陵墓。在明朝中期，又在陵墓的所在地昌平设昌平镇，在昌平镇驻守着上万的兵将，这样一来既起到了保护京师的作用，又加强了守卫陵墓的力量。当时镇守昌平的总兵，还在各个陵墓外设置了神宫监和祠祀署等官职专门用来保护陵墓。

明朝灭亡时，李自成因急于攻击北京城，推翻明王朝，在攻打昌平镇时，仅仅烧毁了定陵中的一些建筑，并没有对十三陵进行大规模的破坏。

清朝时期，清廷对明代的陵墓也采取了保护措施，清朝在明十三陵各陵都设有陵户，起到保护明十三陵的作用。从清顺治帝到乾隆帝，还设有司香内史这个官位，专门用来看护明十三陵。

民国时期，政府将明十三陵列为了历史文物保护对象，专设明陵警察对其进行保护。

经过明、清、民国三个时期的保护，明十三陵除思陵外，其他十二座陵墓均没有被盗过。

明十三陵的石牌坊是如何立起来的

在明十三陵的长陵神道南端，有一座巨大的石牌坊。它是我国现存规模最大、保存最完整的仿木结构石坊建筑。它并不是在朱棣修建长陵时建的，而是明世宗朱厚熜在嘉靖十九年（公元1540年）造的。明十三陵的石牌坊是用青白石做的，通阔28.86米，最高的主楼离地面有12米，重达几吨。如此高而重的石牌坊，在当时没有起重机、吊车这样先进工具的情况下是如何立起来的呢？

石牌坊

关于石牌坊是如何立起来的这个问题老北京民间一直流传着一个传说：相传，明十三陵的石牌坊能够立起来是鲁班出的点子。当时，在修建石牌坊时施工的劳工们正发愁如何才能立起这石牌坊时，鲁班化身为一位白衣老者出现在他们面前，劳工们一看这位老者，鹤发童颜、精神矍铄，绝非凡人，就向他请教该如何立起这巨大的石牌坊，老者淡淡地笑着说，我是一位土埋脖子的人了，哪有什么办法将这么重的石牌坊立起来。说话间突然就消失了。就在劳工们一脸茫然的时候，突然有位劳工喊道："这位老者，已经告诉我们办法了，就是'土埋脖'

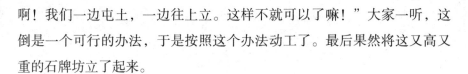
啊！我们一边屯土，一边往上立。这样不就可以了嘛！"大家一听，这倒是一个可行的办法，于是按照这个办法动工了。最后果然将这又高又重的石牌坊立了起来。

明十三陵中为何有十二陵没有碑文

如今在游览明十三陵时，细心的朋友可能会发现，这十三陵中只有明成祖朱棣的长陵的石碑刻有"大明长陵神功神德碑"字样，以及下面刻有朱棣儿子为其题写的3000余字的碑文，其余的十二陵的石碑上都没有碑文，属于无字碑。这又是怎么一回事呢？

关于明十三陵中的无字碑文，历来有两种说法：一种说法认为，皇帝功德太大，根本无法用言词来表达，所以干脆就不写了。还有一种说法说，明太祖朱元璋曾亲下圣谕，说所谓的皇陵碑记，都是一些虚华的言辞，根本没有必要在石碑上书写。所以，明朝的史官都不再为皇帝撰写碑文，而这个责任却落到了皇帝的身上。

明长陵的石碑

根据有关史料记载，明十三陵从第二座陵墓到第六座陵墓，起初连石碑都没有树立，直到嘉靖年间，明世宗朱厚熜重补这些石碑，但按照惯例明世宗应该在这些石碑上撰写碑文，但因世宗沉迷于酒色之中，根本没有时间理会这些事，所以直到他驾崩那天他所立的石碑上也没有一篇碑文被写成，之后的皇帝看到先祖的石碑上都没有书写碑文，在立碑的时候也就都不再刻写碑文了。

这样就形成了明十三陵除了朱棣的石碑上刻有碑文，其他十二座陵的石碑上都没有碑文的现象。

修建十三陵的工匠最后真的都被处死了吗

民间有一直以来有一种传说：为了保护皇帝的陵墓，防止被盗，那些为皇帝修建陵墓的工匠，在完工之后都被秘密处死了。那么负责修建十三陵的那些工匠最后也都被杀死了吗？

答案是否定的，因为明十三陵很多的建筑都修建在地面之上，即便是地下的宫殿也都建在地面建筑的中轴线上，更何况明十三陵周围都建有很高的城墙，还驻守了很多看守陵墓的士兵。如此兴师动众地修建陵墓，肯定不会是什么秘密的事。另外，修建如此浩大的陵墓需要的工匠肯定成千上万，即便皇帝有心杀这些人，也难以全部灭口。

北京为什么没有清朝皇帝的陵墓

北京城里有很多的皇家陵墓，其中最为著名的当属位于昌平区天寿山上的明十三陵，此外还有房山区的金陵墓。可是作为中国最后一个封建王朝的清朝，为何没有将皇陵修建在北京呢？

想要知道北京为何没有清朝的皇家陵墓，首先要了解清朝陵寝的几个特点：第一，清朝的陵寝选择非常注重风水。一说起风水，也许很多人认为风水学就是迷信，其实并不能那样讲，风水学是中国人独有的一门学问。第二，清代的陵寝修建更加强调建筑和自然环境的和谐性。第三，清代的陵寝更加注重建筑质量，建筑要求非常坚固平整。

由此可以看出，清朝陵寝的选址标准比以前历朝都更为严格，尤其是在风水方面。而位于河北遵化马兰峪西部的昌端山和河北易县西部的永宁山的风水在顺治、雍正两位皇帝看来要远比北京城郊区的风水更好，并且这里山清水秀，与陵墓相得益彰。因此，清代的陵墓没有选在北京也就不足为奇了。

李莲英的陵墓为何称为"鸡蛋坟"

李莲英是清末有名的太监，因生前得到慈禧太后的宠爱，所以在朝中飞扬跋扈，可谓做尽了坏事。他死后所安葬的陵墓，更是极为奢华，在老北京民间将李莲英的陵墓称为"鸡蛋坟"。

李莲英

位于海淀西八里庄以西的恩济庄是清代太监的陵墓地，其中最为引人注意的当属大太监李莲英的陵墓，李莲英的坟茔相传是用鸡蛋清拌石灰修建而成的。李莲英在世的时候，被慈禧太后破格封为宫内二品，但因康熙帝曾定下内监职衔最高不能超过六品的制度，所以，李莲英的陵墓不能超过二品的规格，因此不能用砖来砌坟。于是为了使坟茔坚固，李莲英派人买了大量的鸡蛋，将鸡蛋打碎后，去掉蛋黄，把蛋清倒入石灰中搅拌，用来修建坟茔。因此，民间有了李莲英坟是"鸡蛋坟"的说法。

八宝山公墓安葬过哪些名人

八宝山公墓在北京石景山区八宝山东部，八宝山实际就是一座小山丘，在很早以前这里就是坟场。其中有名的革命公墓骨灰堂，原来是一座寺庙，建于明朝时期，当时叫"护国寺"。

20世纪60年代初期，毛泽东提出共产党员逝世后一律火化的制度后，古寺的大殿被改为骨灰堂一室，一盒盒骨灰都按照先后的顺序排列在骨灰堂内。后来，大殿的前厅前开辟了一间副室。到目前为止，骨灰室已有11间了。

进入骨灰堂后，这里没有富丽堂皇的装饰，而是充满着一种严肃、庄重的气氛。骨灰堂中首先映入眼帘的是101号骨灰盒，这是朱德元帅的骨灰，紧挨着的是董必武、彭德怀元帅，接着依次是陈毅、罗荣桓、贺龙等老一辈革命家。除此之外，还有不少驰名中外的科学家、思想家、文学家的骨灰都安置于此。

　　每当清明节前后，每天都会有人来此扫墓，以纪念这些为新中国的建立和发展作出过贡献的革命先烈们。2009年国务院公布这里为全国爱国主义教育示范基地。

革命公墓骨灰堂

老北京的寺庙

"先有潭柘寺，后有北京城"的说法是真的吗

潭柘寺始建于西晋，至今已有1700多年的历史，是北京最早的寺庙。在北京民间一直有"先有潭柘寺，后有北京城"的说法。那么，是否真的有这回事呢？

这个说法最早起源于民间的一个传说。相传，在很早以前，北京、天津、河北一带附近还是一片汪洋大海，在海里住着一条恶龙，这条恶龙只要一摆尾，整个北京城都会地动山摇，只要一吐水，北京城就会三年水灾不断，住在这里的百姓苦不堪言。后来，刘伯温知道后，决定来收服这条恶龙。经过几天的激战，刘伯温最后活捉了恶龙，将恶龙的身体锁在了北新桥下，龙头锁在了潭柘寺中，并用潭柘寺中的一根大柱作为箭，紧紧掐在恶龙的脖子上。从此，恶龙被制伏，整个北京城的水也渐渐地消退了，后来人们在这里修建城郭，建立城市。据说，

潭柘寺

后来每朝在修建北京城的时候，都要比潭柘寺的大梁低一寸，以防止恶龙再次苏醒过来，这就有了"先有潭柘寺，后有北京城"的说法。

但这毕竟只是民间一个有趣的传说，并不是真正的历史。"先有潭柘寺，后有北京城"这句话，其实是告诉人们，潭柘寺的悠久历史以及它在北京城中的重要地位。

广化寺真是用大米换来的吗

广化寺位于北京风景秀丽的什刹海北段，东临银锭桥，西邻宋庆龄故居，是北京城一座重要的大型佛教寺庙。广化寺分中、东、西三院，拥有殿宇329间，雕梁画栋，布局严谨，金碧辉煌。广化寺大约建于元朝，关于广化寺的修建相传是由大米换来的。

北京广化寺内

据《日下旧闻考》援引《柳津日记》载："广化寺在日中坊鸡头池上。元时有僧居之，日诵佛号，每诵一声，以米一粒记数，凡二十年，积至四十八石，因以建寺。"说的是，在元朝有一位僧人，每天都在广化寺附近诵经化斋，诵一声经，便会化来一粒米，就这样他每攒够一定数量的米，便用来换取修建寺庙所用的砖瓦、木材。这位僧人就这样在此诵经化斋整整20年，他用20年化来的米换来的砖瓦、木材最后修建了这座广化寺。

明朝初期，广化寺寺院已荒废。根据寺院碑文的记载，明成化年间和万历年间人们曾对广化寺进行了修缮，重修后的寺院整个规模比以前更加宏大，禅宗大德自如和尚成为广化寺方丈后，改寺内的子孙庙为十方丛林，成为了广化寺中兴第一代。

到了清朝时期，广化寺成为京城影响最大的净土宗寺院。清道光皇帝还于道光六年（公元1826年），出资重修了殿堂僧舍。

清末民初，广济寺成为了京师图书馆。1908年清朝大臣张之洞将自己的藏书存放于寺院中，并上奏要求建立京师图书馆。次年清政府予以批准，在此成立了京师图书馆。中华民国成立后，时任中华民国教育总长的蔡元培任命江翰为京师图书馆馆长，并对外开放图书馆接待读者。但后来京师图书馆已迁往别处，广济寺也恢复为原本的寺庙。

如今的广化寺成为了北京一处有名的旅游景点，每年到了旅游旺季，广化寺内都会迎来一批批烧香求佛的善男信女们。

恭亲王奕䜣真的在戒台寺隐居了十年吗

戒台寺位于北京门头沟区的马鞍山上，始建于唐朝武德五年（公元622年），原名"慧聚寺"，到了辽代因高僧法均在此建戒坛，四方的僧人都来此受戒，因此改名为戒台寺。戒台寺是一座佛家寺院，为何清末时期的恭亲王奕䜣会来此隐居？

恭亲王奕䜣在光绪十年（公元1884年）被慈禧免职后，便来到戒台寺隐居。这一隐就是十年。说是隐居实际上

戒台寺的塔林

是为了躲避慈禧太后的进一步迫害。那么这位清代有名的亲王和慈禧太后有何过节呢？

恭亲王奕䜣是道光帝同父异母的兄弟，历经道光、咸丰、同治、光绪四朝，先后担任内阁大臣、总理各国事务衙门大臣等要职。公元1860

年英法联军攻入北京后，咸丰帝逃往承德避暑山庄时，任奕䜣为议和大臣，留守北京，与英法联军进行谈判。"辛酉政变"时奕䜣帮慈禧铲除肃顺等八位顾命大臣，被慈禧封为议政王，为慈禧能够垂帘听政立下了汗马功劳，正因如此，慈禧害怕奕䜣政治地位过高，会威胁到自己的权力，于是在同治四年（公元1865年）以"信任亲戚，内迁召对时有不检"的理由，罢免了奕䜣议政王之职，同治十三年（公元1874年）又以"召对失仪"为借口，将奕䜣降为郡王，光绪十年（公元1884年）中法战争时，又因奕䜣"不欲轻言战"免除了其一切职务。从此恭亲王奕䜣为了避免慈禧太后的进一步加害，便以"养病"的借口，隐居于戒台寺中。奕䜣在戒台寺隐居时，对戒台寺进行了大规模的修缮，他出资重修了五百罗汉堂、千佛阁等殿堂。

奕䜣隐居于戒台寺期间，不仅对戒台寺进行了修缮，还对保护寺院、吸引布施和繁盛戒台寺香火起到了一定的作用。如今，戒台寺还存有奕䜣所撰的《重修万寿寺坛碑记》、慧聚堂匾牌以及"卧龙松"题名碑。

红螺寺的改名真的与红螺仙女有关吗

红螺寺位于北京怀柔区，始建于东晋咸康四年（公元338年），原名"大明寺"，在明朝时易名为"护国资福禅寺"，俗称"红螺寺"。关于红螺寺这一名字的由来，在民间还流传着一个神话传说。

红螺寺

相传，天上的玉皇大帝有两个女儿，相伴下凡来云游人间的美景。一天，这两位仙女来到一座山前，被这里清幽古雅、山清水秀的美景所吸引。进入山林后，她们发现在山间有一座古寺青砖灰瓦，古色古香，顿时萌生了在此生活的念头，于是她们白天幻化成为寺里的和尚，跟随其他僧人们一起念经诵佛，晚上则变化成一对斗大的红螺，并隐藏在寺前的放生池中（据说就是现在的红螺泉），并且到了深夜会从池水中放出万道红光，将寺院和山麓笼罩在一片红霞祥云之中。自从这两位仙女来到此处，整个北京城每年都风调雨顺，林茂粮丰，万民安居乐业。后来，她们长时间未返回天庭的事被玉皇大帝知道了，很快便被玉皇大帝召回天庭。民间的老百姓为了纪念这两位红螺仙女，便把这座寺院改名为红螺寺。

妙应寺的白塔上为何会有铁箍

妙应寺白塔位于阜成门内大街北的妙应寺内，元十六年（公元1279年）建成，通体涂以白色，因此将寺俗称"白塔寺"。如今，到妙应寺的游客会发现，白塔上带有一个个的铁箍，为何要给这白塔套上铁箍呢？

妙应寺的白塔

相传，妙应寺自元朝修建后，香火甚为旺盛，每天来此烧香拜佛的人络绎不绝。但到了明朝，忽然有一天，随着野兽般恐怖的怪叫声从地底下一阵阵传出来，整个北京城都开始地动山摇起来。北京城内发生了前所未有的地震，只见一座座房屋霎那间东倒西歪，全城百姓东窜西逃，场面惨不忍睹。

地震过后，人们发现妙应寺出现了几道巨大的裂缝，白塔也倾斜了下来，人们开始担心万一这白塔要是彻底坍塌下来，岂不是要把刚刚修建好的房屋再次夷为平地？生活在妙应寺周围的百姓，每日提心吊胆地生活着，有人建议搬出这个地方，可是刚刚经过地震，很多地方都还在重建中；有的百姓建议让人去修，可是这又高又倾斜的白塔，谁敢冒着生命危险去修呢。

过了几日，来了一位锔东西的师傅，人们便纷纷从家里拿出在地震中被毁坏的水缸、花瓮、大瓦盆等物件，但这位师傅却说："我不锔这些东西，实在太小，我要锔大物件。"其中，有人说："你是不会锔吧，还吹牛要锔大东西，你看妙应寺内的白塔够大吧，有能耐你把白塔锔好。"这位师傅淡淡地笑了一下道："锔白塔可以啊，不过要等到明天了。"转身便走了，大伙都你一言我一语地谈论着这位师傅能否锔好白塔。就这样过了一夜，等第二天人们醒来后，发现白塔真被锔好了，并且在白塔上套了很多铁箍加以固定。于是，人们开始说，昨天那位师傅是鲁班转世，专门为锔这白塔而来。

云居寺为何会有一座"娃娃库房"

云居寺，我国著名的佛教寺院，位于北京西南部房山区境内的白带山下。它始建于隋末唐初，寺内九个藏经洞珍藏着浩瀚的石经、纸经、木板经，号称"三绝"。

位于云居寺第六层的大悲殿，供奉着一尊千手千眼观音菩萨，但事实上，在佛教经典中，本是没有送子观音的，但是在

云居寺外景

人们传统的观念里，观音是救助众生的大慈大悲的菩萨，所以，人们根据需要，就在三十三位观音之外，又加了送子观音的名号。云居寺第六层殿大悲殿供奉的千手千眼观音菩萨为明代铸造。菩萨的左右两边，是许许多多的童子，他们是虔诚的香客许下求子之愿，愿望实现后还回去的娃娃。云居寺大悲殿求子灵的消息不胫而走，几百年来，人们代代相传，到大悲殿求子或者保佑孩子平安成长的人越来越多，以致这些年来大悲殿里的娃娃无数。

管理处为了妥善安置这些娃娃，还在殿外设了一处娃娃库房。大悲殿里为每一个还愿娃娃都设立了娃娃专座，还愿的娃娃在专座上坐满一年后，就需要进入娃娃库房，因为还娃娃的实在是太多了。那些还愿娃娃整齐地排坐在送子观音左右，"童子伴观音"成了云居寺独有的景观。

智化寺是一座为太监修建的寺庙吗

北京智化寺位于东城区禄米仓东口北，修建于明正统九年（公元1444年）。庙内庄重典雅、用料独特的黑琉璃瓦顶，素雅清新的装饰彩绘以及精美古朴的佛教艺术，素来有"中国古音乐活化石"的美誉。那

智化殿

么这么一座古典清雅的古寺为何相传是为太监修建的呢？

事实的确如此，根据史料记载，智化寺是明英宗为大太监王振所修建的家庙，后因被英宗赐名"报恩智化寺"而繁盛至极。

当初，王振为了向世

人展示自己的权力，擅自将宫中的一些宫廷御用音乐移植入寺院中，并训练寺里的僧人演奏乐器，即佛教乐曲，称为京音乐或"经音乐"。到了清道光、咸丰年间，智化寺的京音乐逐渐传播至全国其他各地的寺庙中，智化寺渐渐成为了传诵佛教音乐的中心。长期以来，智化寺的京音乐一直遵以严格的师承关系，在演奏技巧和姿势及乐谱方面的传承都十分严谨，是我国现存古乐中唯一按代传袭的乐种。

新中国成立后，智化寺的京音乐再也没有以音乐佛事的面貌出现，而是以弘扬我国传统文化、继承古老音乐艺术、保护珍贵的国宝为出发点。后来，文化界和宗教界很多学者深入研究之后，都认为应该将智化寺的京音乐继续传承下去，因此智化寺又出现了艺僧，并举行了承拜师会，老艺僧收徒弟，接续智化寺音乐的香火，培养传承人。

大觉寺的坐落位置为什么是坐西朝东呢

大觉禅寺，位于北京市海淀区阳台山麓，始建于辽代咸雍四年（公元1068年），因有山泉从寺内流过，所以得名为清水院，在金代时成为了皇家行宫，为金章宗西山八院之一。到了明代宣德三年（公元1428年），大觉寺被重新修建，明末时又被破坏。清康熙五十年（公元1720年），康熙帝又重修了大觉寺，并新增了四宜堂、领要亭等。来到大觉寺后，人们会奇怪地发现，整个寺院是坐西朝东的，这在北京的寺庙中是极为罕见的。那么为何大觉寺会是坐西朝东呢？

这还要从大觉寺的修建说起，大觉寺修建于辽代，而辽代是一个由契丹族建立的王朝。契丹族人向来对太阳有着至高无上的崇拜之情，因太阳是东升西落，所以他们的很多建筑都是向东。当第一缕阳光洒向大地时，契丹人最先领受到太阳光辉，因此，辽代契丹人的建筑都表达了这一习俗，大觉寺当然也不例外。

大觉寺虽然之后经历过几次修缮，但其寺院的整体格局并没有改变。北京存有的辽代建筑极少，而表达对太阳崇敬之意的建筑更是稀有，因此大觉寺在北京众多寺庙中显得尤为珍贵。

卧佛寺为什么会有两座卧佛像

卧佛寺位于北京寿牛山南麓、香山的东侧。始建于唐贞观年间（公元627～649年），原名兜率寺，又名寿安寺，后因寺内有一尊佛像，俗称为卧佛寺。如今进入卧佛寺大殿所看见的那尊侧身睡卧，一臂曲肱而枕，体态安详自如的大

卧佛殿

佛，已经不是唐代那尊大佛了，而是修铸于元代的大佛。那么，卧佛寺里为何会先后出现过两尊佛像呢？

卧佛寺建成后，当时由紫檀木雕刻的佛像就一直安放在此，接受人们的朝拜，虽然朝代更迭，战乱不断，但是寺院内香火始终不断。到了元代，忽必烈定都北京后，兜率寺改名万安山寺，并成为皇家寺庙。元英宗继位后，下令重新修缮万安山寺，并用铜打造了一座重五十万斤的新卧佛像。元代的统治者在打造铜制卧佛像后，并没有丢弃原来的那尊紫檀木佛像，而是将其放在了寺院的后殿内，所以卧佛寺中就有了两尊卧佛像。但遗憾的是，唐代的那尊卧佛像在清雍正、乾隆年间神秘地消失了，至今下落不明。

真的有香妃魂飘香界寺这回事吗

北京香界寺位于北京西山馀脉平坡山龙王堂西北，是八大处中面积

最大的一座寺院，因这里山势平缓，又名"平坡寺"。香界寺始建于唐乾元初年（公元758年），明洪熙元年（公元1425年）重建，改称"大圆通寺"。清康熙十七年（公元1678年）再次重建，改称"圣感寺"。乾隆十三年（公元1748年）经重修改名为"香界寺"，意为"香林法界。"香界寺之所以有名，并不是因为它的历史有多悠久，而是源于"香妃魂飘香界寺"这个民间传说。

据说，在清乾隆年间，香界寺来了一位叫桂芳的和尚，他精通佛经，每次乾隆帝来香界寺避暑时都会找他谈论古经。

一次，乾隆皇帝又来到香界寺，在与桂芳谈论经文时，桂芳发现乾隆皇帝心神不宁。向乾隆帝打听后才得知，乾隆皇帝这是在思念香妃。于是，桂芳对乾隆帝说："贫僧有办法，让皇上现在和香妃相见。"乾隆皇帝自然高兴。

就在当天夜里，桂芳让小和尚抬来一面硕大的铜镜放在大殿之上，又在藏经阁中拿出了还魂经。并点上一炷清香，顿时整个大殿如同在梦境一般。此时，桂芳对乾隆帝说："皇上现在可以沐浴更衣，在殿外静等。一会儿不论大殿的铜镜上出现任何人，对您说任何话，皇帝都不要接近。"乾隆皇帝当时连连答应，沐浴之后便在殿外等候。

香界寺

大约过了半个时辰，乾隆皇帝突然看到，大殿的铜镜中出现了香妃，只听镜子中香妃对乾隆帝说："圣上驾到，我有话想对皇上说。"乾隆皇帝见此情景，早就忘记桂芬和尚的叮嘱，便迈门进入大殿的铜镜前，就在此时镜子里的香妃突然消失。在此期间，整个大殿响起了香妃家乡的歌曲。乾隆帝恍然大悟，原来香妃这是想念自己的故乡。第二天回宫后，乾隆帝就派人将香妃的遗体运回了她的故乡。这就是香妃魂飘香界寺的传说。

大钟寺是因永乐大钟而得名的吗

大钟寺位于北京市海淀区北三环路联想桥北侧。其实大钟寺以前叫觉生寺，但因为寺内曾藏有著名的永乐大钟，所以改名为大钟寺。铜钟铸造于明永乐年间，通高6.75米，重约46吨，钟体内外遍铸经文，共22.7万字，是中国现存最大的青铜钟。关于它的来源在民间一直流传着两个传说。

据说当年燕王朱棣当了皇帝后，总怕别人推翻他的宝座，就派军师姚广孝收集民间老百姓家中的铁制用具铸了这口大钟，还在其上刻上了《华严经》。说这样一旦老百姓听到钟声，就不会再反抗他了。

还有一个传说是，朱棣在下令铸造大钟时，要求钟声能传百里，很多工匠和监官因没有铸出这样的钟而被砍头。新一任监官上任后，知道也无法完成这个任务，终日愁眉不展，心想这钟铸好之时，便是他人头

永乐大钟

落地之日。这位监官有一位女儿，每天看到父亲如此哀愁，便准备和父亲在钟铸好那天共赴黄泉。这天，女儿跟随父亲来到铸钟的地方，趁父亲没有注意跳入了滚烫的铜水中。父亲在慌乱中只抓到了女儿的一双绣花鞋。正当父亲悲痛不已之中，奇迹发生了，这口钟铸好之后，居然能声传百里，但钟声的尾音总发出"鞋"的字音。人们说这是女儿在向父亲要自己的鞋子。所以，大钟寺每年都会供上一双绣花鞋，以纪念那位舍身救父的女儿。

大钟寺内的永乐大钟为何移挂到了圆明园里

觉生寺内悬挂着一口巨大而古老的大钟——永乐大钟，因是明代永乐年间制造，故得此名。据历史记载，此钟刚铸造好后先是放在宫中，于明万历年间移至万寿寺。那为何现今的大钟却在圆明园内的觉生寺高高地挂着呢？这其中又经历了哪些波折呢？

据史料记载，永乐大钟的确在万寿寺里待过，大概20年，但是到了明末，人们却看到古钟静静地横躺在地面上，无人照看。到了满清入关，建立清朝后，清雍正十一年（公元1733年），雍正皇帝召集群臣商讨安置永乐大钟一事，文武百官众说纷纭，经过一番激烈的争论，雍正皇帝最后决定，将此口大钟置放在有"京城之乾方，圆明园之日方"之称的风水宝地——觉生寺。

这一举措是根据阴阳五行相生之说而来的，因为大钟属金，北方属水，金水相生，有着很好的寓意，所以就放在了京城之北。这项移钟的工程直到乾隆八年（公元1743年）才大功告成。当时乾隆皇帝还题名"华严觉海"一词，并将其制成一块醒目的牌匾高悬于钟楼之上，着实壮观。那时工作人员为了更好地悬挂这口大钟，专门为其设计了一座豪华的两层钟楼，它的构造是上层呈圆形，下层呈方形，还特意在楼内设置了盘旋而上的楼梯。为了更好地采光，又在钟楼上各面都制作了窗户，大大提高了能见度，可以让观赏者更清楚地看到大钟的钟纽和钟身顶部。悬挂大钟的架了，由粗壮的木梁制成，将钟的重力分散在四根大柱上，目的是减少压力，使之更为牢固。整个大钟的结构非常合理，因此经过了二百多年的洗涤，也毫无倾斜、倒塌的迹象。设计者们为了避免钟架过于高大，特意在钟的正下方，挖了一个约深70公分的八角坑穴，这样使人们可以更好地观看到大钟内壁的佛教经文。

这口永乐大钟被后世赞为内含"五绝"，这是根据其本身的特点毫不夸张的赞誉。其悠久的历史，刻印的铭文，悠长的音响，科学的力学结构，还有精湛的铸造工艺，都让世人为之惊奇，叹为观止。

真觉寺为何又名五塔寺

真觉寺又名五塔寺，乃是皇家寺庙，始建于永乐年间。既具备中国古建筑的风格，又融合了印度佛塔的特点，为当时的寺庙建筑添上了一笔华丽的色彩，但是真觉寺为何改名为五塔寺，这其中是不是有着不为人知的故事？

永乐初年，佛教盛行，当朝皇帝明成祖沿袭明太祖的治国策略，利用宗教巩固江山社稷，并准许僧人穿上官服，即上朝为官，穿上袈裟，即为庙中和尚。甚至还亲手为《法华经》作序，因此大肆兴建佛堂寺庙，得知印度得道高僧班迪来访大明王朝，还特意向高僧寻求建造金佛像和金刚宝座的锦囊妙计。明成祖与班迪高僧谈经论法很是投缘，对其的佛法理念也甚是赞许，于是封他为大国师，授予只有官员才能有的金印，并赐地于西关外长河北岸，建立起寺庙，当时取名为真觉寺，后因寺内高石台上有五座小型石塔，改名为"金刚宝座塔"，吸引着来自各地的僧侣在此修行。到了清朝，乾隆帝为给其母清世宗孝圣宪皇后做寿，曾两次对真觉寺进行重修和改名。第一次是在乾隆十六年（公元1751年），经过这次大修后，为避雍正（胤禛）的名讳，更名为"大正觉寺"。第二次是在乾隆二十六年（公元1761年），因以真觉寺作为当朝皇太后七十大寿的主要祝寿场所之一，故再次进行全面修葺，寺内建筑屋顶全部换上金黄琉璃瓦，在阳光照耀下熠熠生辉，显示出皇家寺院的威严气派，因而更名为"五塔寺"。

清朝后期，塔寺逐渐衰落，到民国初年仅剩一孤塔矗立于一片瓦砾中。由于当时时局动荡，无暇顾及，以致宝塔的铜质鎏金塔刹多次被盗。1961年，五塔寺被列为全国重点文物保护单位。如今五塔寺已成为北京石刻艺术博物馆，收藏着北京城郊现存的石刻艺术品，成为了京城一道靓丽的风景。

龙泉庵内为何供奉着关公的神像

走进八大处的龙泉庵，正门朝东的文昌阁殿内供奉着关公坐像，长须飘飘，面如重枣，眼眉间透露出雄赳赳的英气。他身穿宽大的圆领深绿袍，胸挂一盔甲，腹膝着龙云纹衣，两侧侍立着关平、周仓，豪气奔放，威风凛凛。但来到此地的游客心里定会问为何关公坐像会在龙泉庵里出现呢？

关羽，字云长，本字长生，河东解州人士，三国时期的传奇人物，是蜀汉昭烈帝刘备座下的一员大将，此人集孝忠义勇于一身，在北攻曹魏

龙泉庵

时不幸遇害。为了纪念这位英雄人物，民间就把他奉为神明，尊称其为"关公"。然而，这与寺庙又有什么关系呢？原来这其中有着这么一段故事：

根据《佛祖统记》的记载：隋朝时期，有一位名叫智凯的佛学大师想创建一座有规模的弘法道场，经圣人指引，便前往荆州的灵地玉泉山进行考察。某天，大师正在闭关打坐，忽闻有人直呼他的名讳，便睁开眼睛想询问是谁，但见关羽、关平威仪如王地站在自己面前，自称想坐山为王，一听说智凯大师想在玉泉山上建立庙宇，便前相助。法师甚是困惑。七天后，智凯大师出定，只见那一座宏伟壮观的佛寺坐落在山顶之上，其"湫潭千丈，化为平址；栋宇焕丽，巧夺人目"。见此状，大师率领众多弟子前去入住，并为关羽等人授了无戒。此后，大师便将此

前的所见所闻相告于弟子，弟子就把那些情景抄写记录下来："神之威德，昭布千里，远近瞻祷，莫不肃敬。"之后，智凯大师又将此事禀报给晋王，晋王认为这是件奇事，于是赐美名"关圣帝君"予关公，而关公也就成了那座寺庙的伽蓝神，成了佛教的护法神。

因此，我们在龙泉庵里看到关公也就不足为奇了。

法源寺与毛泽东有何关系

法源寺位于北京市西城区，至今已有1300多年的历史。是唐朝初期建立的一座律宗寺院，初名悯忠寺，清雍正年间在大地震中被毁后重修，并改为今名。法源寺结构严谨，规模宏大，是标准的中轴对称格局。1956年，中国佛学院在此成立，旨在培养僧才；1980年，又在此创办了"中国佛教图书文化馆"，意在进行佛学研究和佛教文化的传播。

法源寺内大雄宝殿

作为闻名中外的千年古刹，法源寺内有众多著名景观，如华严三圣、布袋和尚铜像、观音殿、藏经阁、大悲坛等。历史上，也曾有多位名人与此寺有过渊源，古有唐太宗李世民，近有诗人徐志摩、伟大的开国领袖毛泽东等。而其中最为人乐道的，就是毛泽东和法源寺的故事了。

据说，在新中国成立之前，毛泽东曾多次造访法源寺。第一次，是在1920年。当时毛泽东的恩师杨昌济因病在北京逝世，其灵柩就停放在法源寺内，毛泽东在寺内为恩师守灵多日。后来至于毛泽东来没来过此地，来了几次，没有明确的记载，但毛泽东还在北大当图书管理员的时候，曾为未婚妻亲手制作过一本精美的收录北京花木名胜的"集花册"，册中就有"丁香花……法源寺"的字样。我们都知道法源寺后来以丁香花闻名。或可由此推知毛泽东后来还曾"第二次、第三次"地来过法源寺吧。

还有一个来自坊间的传说。说是毛泽东一生与佛教缘分极深，在几十年的革命生涯中经常到各地名刹拜访高僧论道，受益颇多。据传，在新中国成立前夕，毛泽东曾密会法源寺当时的住持，询问解放军入京的最佳时间，但在和高僧一番会谈之后，高僧却奇怪地突然圆寂。而毛泽东在悲痛之余，将高僧赠予的一张纸条端正放在了上衣口袋中满意而回。

1949年，解放军于3月份离开西柏坡进军北平。1949年9月21日，毛泽东在中国人民政治协商会议上庄严宣告中华人民共和国成立，并说出"中国人民从此站起来了"的名言。1949年10月1日，毛泽东在天安门城楼上正式向全国人民宣布：中华人民共和国成立了！

数字9在佛教中具有特殊的地位。而从解放军开进北平到新中国成立，都有9字的影子，这是否与坊间所传的毛泽东密会法源寺高僧有关呢？

被称为"闹市中的净土"的是哪座寺庙

广济寺位于西城区阜城门内大街，是一处异常幽静之所，被称为"闹市中的净土"。

广济寺是京城著名的"内八刹"之一，缘起于宋朝末年，时名西刘村寺；在元朝时曾改名为报恩洪济寺，后毁于元末战火。明天顺（公元1457～1464年）初年，山西僧人云游至此，并于废墟上募资重建。寺院建成后，明宪宗于成化二年（公元1466年）赐名"弘慈广济寺"。从此广济寺成为京城名刹。善男信女纷至沓来，寺内香火旺盛，一片热闹景象。清朝皇室对广济寺甚为重视，曾多次出资修缮或扩建，但格局依然保持原状。民国期间也曾对其进行扩建，新中国成立后，政府又几次对广济寺进行改建、扩建，无论是规模还是管理，都比之前更好。1953年，中国佛教协会在此成立。

广济寺建筑雄伟壮观，为典型的"川"字形格局，其外观完全按照中轴对称式布局。寺内院落错落有致，主、配殿清晰明了，观之让人肃穆，心有豁然开朗之感。近代著名建筑家梁思成先生就曾高度评价这样的建筑格局，说其尤适合庄严肃穆之场合。人们之所以称广济寺为"闹市中的净土"，或许也是因为在这样的建筑格局面前心有畏惧

广济寺内景

吧，就像你来到一个无比庄严、宏大、安静之地时的感觉。

清朝时，广济寺曾因改为律宗道场，由恒明法师在此设坛布道而盛极一时。律宗，乃佛教13宗之一，是研习佛教戒律、严肃佛教戒规的宗派。律宗与其他宗派的最大不同之处在于它没有什么深奥的教义，只强调研习和修持戒律，即只强调对修为的保持和对纪律的遵守。或许是因为这里曾是律宗布道之所，天长日久，不仅久居于寺内的僧人谨遵清规戒律，品德修为甚高，就连长于寺内的一草一木、建于此处的一砖一瓦，也因"久闻"律宗教义，而变得肃静异常。外人到此，顿觉七情六欲全消，心灵复归沉静，恍觉来到了尘世中的"净土"。

广济寺的静雅，除了建筑的规整和曾是律宗的传播之地外，还缘于寺内典藏的丰富。这里有无比珍贵的明代檀木制善财童子五十三尊。大雄宝殿内，还悬挂有一幅由清人傅雯用手指所画的《胜果妙因图》，它是迄今为止发现的最大的一幅手指画，颇为珍贵……除此之外，寺中藏

经阁内还藏有大量佛学经典，浩繁的典籍著作，对中国佛教的传承具有深远的意义。

广济寺之所以有名，除了它是"闹市中的净土"外，还有一个原因，那就是据说在这里拜观音求姻缘最为灵验。每年好多心有所愿的朋友都慕名而来，或求可相伴终生的佳侣，或求夫妻同心永结，白头到老，或求在工作、生活中增加人缘，求桃花运旺盛等等。

所以，如果您来北京旅游，就一定要来广济寺"卸"下您的浮躁之气；如果您来广济寺，就一定要到圆通殿来拜拜观音，让您"背"上对感情、工作、生活的美好希望，让心从这里重新出发。

妙应寺内的白塔真的是外国人所建吗

在北京西城区的阜成门内大街，有一座因塔而闻名中外的寺院，这便是妙应寺。其内的白塔据载系元世祖忽必烈命尼泊尔人阿尼哥主持耗时八年所建，这座白塔也是我国现存最早、保存最完整的藏式佛塔。

在元代，怎么会请一个外国人来建一座藏式佛塔呢？

在元代，国家初定，急需用一种信仰来使民心归服，由于元朝一向信奉藏传佛教，于是，在公元1271年，元世祖忽必烈便敕令在大都修一座具象征意义的白塔，以实物的形式向世人昭示皇廷对佛教的重视。这对民众具有强烈的暗示效果，不失为一种"以佛拢心"的绝佳之策。

为使所建之寺符合自己的期愿，忽必烈在白塔修建者的选择上可谓煞费苦心，在全国广纳贤才。但找来找去，中原地区精于藏式佛塔建筑之人实在难寻。在为难之际，忽必烈的藏族帝师八思巴便不失时机地向其引荐了尼泊尔人阿尼哥。

阿尼哥，尼泊尔人，具有皇室血统。据说他从小就聪明过人、博文强记，在美术、建筑方面拥有极高的天赋。妙应寺内至今仍有他的雕像。由于尼泊尔的北边即中国的西藏，加之中尼两国自晋代起就有交往，故在元朝时多有尼泊尔人来华。年仅17岁的阿尼哥亦于公元1260年率领他的建筑团队来到了中国西藏。在西藏完成了一座佛塔的建造之后，便于1271年被八思巴推荐给了元世祖，担当藏式佛塔的总建筑师。在白塔建造期间，阿尼哥兢兢业业，倾其才华在耗时将近九年后，终在1279年完成了举世闻名的元大都白塔的建造工作。

建成的白塔通体白色，高约51米，完全按藏式佛塔模样修建，由塔基、塔身、塔刹三部分组成，远观塔体大致呈一个葫芦状，塔身亦如一个倒扣的钵盘。看后给人留下大气、华丽、不同流俗之感。白塔寺至今犹存，且已成为中华民族的宝贵文物，为历代官民所瞻仰，不同的人从中得到不同的收获，建筑家或得到设计之灵感，美学家或体会到美在建筑中的展现，普通人或可感受到历史的沧桑……其设计之精巧，建筑之牢固，尤其在今天看来，会让很多人或惊叹，或羞愧。

忽必烈大帝是元朝的开国皇帝，他结束了中国之前一盘散沙的局面，使中国的版图达到了史上最大；他在治国上也颇得方法，使疆域辽阔、各民族混杂的中国得到统一，结束了长年的战乱，使人民得以休养生息，使经济得到发展。从长远来说，他通过在全国实行"政教并行"和"一国两制"的制度达到了和平统一西藏的目的。能做到这些，足见忽必烈的雄才大略。那么，这样的一位开国雄主，难道就是因为国师八思巴的推荐而就轻易任用了阿尼哥吗（虽从现在看来他的眼光很准）？相传，这里面还有一个小插曲呢。

当阿尼哥通过八思巴的引荐来到元大都面见忽必烈后，忽必烈见其年轻，恐难当建塔之重任，便有心要考验他一下。于是就一脸严肃地问道："你为什么到我大都来？"阿尼哥不卑不亢地回答道："我看到陛下的子民饱受战乱之苦，特来陛下身边求陛下拯救他们。"忽必烈听后大喜，仍然不露声色地问他有何过人之处，阿尼哥也都一一如实作了回答。最后，忽必烈还以一尊业已损坏的铜人像对他进行了实际考察（这尊铜人像在此之前国内无人敢领命修补，可见其复原的难度）。阿尼哥欣然领命后，历经五年的艰辛，以其精湛的工艺，终将其修补完成，修完后的铜人像令众匠折服，亦得到了忽必烈的认可。从此忽必烈便将国家建寺造塔、铸镂雕刻之工事委任于他，对国家具重要意义的元大都白塔寺的建造便包括在内。

北京的白塔寺至今常有尼泊尔政要及民众前来参观，这座白塔从某种程度上已成为中尼人民友好往来的见证，也从一个侧面说明了阿尼哥为中尼友谊做出的巨大贡献。

曹雪芹和北法海寺有怎样的渊源

位于香山附近的北法海寺，相传是曹雪芹出家之所。

如今的北法海寺虽已成为一片废墟，但我们在唏嘘嗟叹之余，探究之心更甚：此处为何不像其他北京古寺般依然延续旧时的庄严繁华，却落得如今荒芜一片，让人心生惋惜之情？曹雪芹又为何在此地"出家"，他和彼时这座曾显赫一时的皇家寺院又有什么特殊的渊源？

如此这般的疑问，是否让您很想立即去北法海寺"寻迹释惑"？

如今的北法海寺，虽已是荒草丛生、残垣断壁之地，但如果你来到这里寻古，请不要心生失望，相信北法海寺因与曹雪芹和《红楼梦》的渊源，也不会为自己如今的模样而"痛心"，而是会与曹雪芹的身世和《红楼梦》的后四十回一样，让后人不断地探索下去。

来到山脚下，拨开横亘于路上的树枝茂叶，沿着山路而上，在幽深茂密的山林间，穿过微拱的石桥，沿弯曲小道来到北法海寺的庙门前，进入寺中，首先映入眼帘的是两块旗杆座夹石，依然保存完好地矗立于原地。仔细寻找，可看到院落中山门、石碑、柱基犹在，在两处尚存的殿基遗址上，有四座高耸的石碑依然雄伟地立于大殿两旁，上面的碑文字刻分别为顺治和康熙年间的皇上或重臣所赐、所写。其中有一块由顺治帝于1660年题写的"敬佛"石碑，其上方还有用小字所刻的"痴道人"三字（顺治帝生前亦笃信佛教），据传曹雪芹《红楼梦》中的"空空道人"亦是由此启发而得，细读红楼，可发现书中留有深深的北法海寺的影子。由此或可推知曹雪芹当时与北法海寺的亲密关系。来到第二进大殿的遗址处，从残存柱石的排列上亦可推知此殿跨度极大，它当年的宏伟景象可想而知。

经过一次次地穿甬道、拾台阶，终于来到了最后一处宽阔而平坦的遗址处，据说这里便是当时僧人们居住休息的场所。来到此处，请忽略即将呈现于你眼前的荒芜之色，试着展开你丰富的想象力，"穿越"到那个清朝中期充满曹雪芹活动足踪的香烟缭绕、诵经声不断的北法海寺，去那里和曹雪芹来一次"亲密接触"。在宽阔幽静的院落里，两棵松柏树静立于旁。在其中一棵树下，摆放有石桌石凳（熟读《红楼梦》的你想必知道曹雪芹是个品茗高手，甚至已达登峰造极的地步。据传北法海寺南边不远处的"品香泉"就是曹雪芹煮茶的取水之地，曹雪芹后曾评价此地泉水清冽、香甜，常饮可延年益寿）。你或许会"看"到曹雪芹正坐于树下的石凳上，与禅师或煮茶论道，或品茗对弈，他虽粗布素衣，却谈吐风雅，院内还不断传来他与禅师的欢笑之声。将镜头拉近，你甚至还"看"到了他正在用手轻拂桌面上的落叶……

在院落后一方不远处，还有布置巧妙的假山、清冽的泉水和绿绿的方塘，真是一个寻幽觅静的好去处！推想着当时曹雪芹或因生存之艰难，又正写作传世之作《红楼梦》，而北法海寺的幽深、安逸正合他的性情与处境，如此之下，他便整日驻足于其中，专心写作《红楼梦》。而他的这一举动，在外人看来，便是他在曹法海寺"出家"了。

将思绪拉回到现在，看着这里依稀可辨的殿基、柱础，保存完好的碑文石刻，想着雪芹当年生活于此时或曾亲手打扫过它们，你是不是也禁不住伸出手去将上面的尘埃拭去……

北京的王府故居

清末民初，异彩纷呈，各个大事件几乎都离不开北京这个中心，各位名家大师也齐聚此地，给后世留下了一段段佳话。

大师远去，再鲜大师，仙去的大师已远游。相见无缘，这不得不说是一种遗憾。但是，所幸我们还是看到了他们宝贵的思想的痕迹——书籍，而这里，又有他们珍贵的生活的痕迹——故居。

这里有鲁迅的"老虎尾巴"；有老舍的"丹柿小院"；有纪晓岚曾经使用过的烟袋锅……

文化是任何时代都不可或缺的精神食粮，而荣耀也是一圈长久闪耀的光环。

人们忘不了那几个出生入死而位极人臣、世袭罔替的"八大铁帽子王"；人们忘不了那被曹雪芹写进《红楼梦》的克勤郡王府；人们忘不了和珅，以及有着"一座恭王府，半部清史稿"之称的恭亲王府……

老北京的王府贵地

"八大铁帽子王"真的只有八位王爷吗

　　"八大铁帽子王"是清史上有名的八位王爷。所谓的"铁帽子王"并非指带铁帽子的王爷，而是清代世袭罔替的王爵的俗称。那么，清代被封为"铁帽子王"的王爷真的只有八位吗？

多尔衮塑像

　　其实并不是这样，清朝的铁帽子王先后共有十二位。其中八位是人们熟知的，清初为清朝立下汗马功劳的八位功臣分别是：和硕睿亲王爱新觉罗·多尔衮、和硕郑亲王爱新觉罗·济尔哈朗、和硕礼亲王爱新觉罗·代善、和硕豫亲王爱新觉罗·多铎、和硕肃亲王爱新觉罗·豪格、和硕承泽亲王（后改为庄亲王）爱新觉罗·硕塞、多罗克勤郡王爱新觉罗·岳托，以及多罗顺承郡王爱新觉罗·勒克德浑。

　　其中，爱新觉罗·岳托和爱新觉罗·勒克德浑是爱新觉罗·代善的儿子。后四位"铁帽子王"则是：怡亲王胤祥、恭亲王奕訢、醇亲王奕譞、庆亲王奕劻。虽然之后册封的四位"铁帽子王"不像前八位那样有着赫赫的战功，但他们所拥有的权力和财富却要比清初那八位有过之而无不及。因为后四位王爷距离现在比较近，所以他们的王府贵地大多保存较为完整，成为了北京特有的一种王府文化。

礼亲王府和康亲王府是同一座王府吗

在北京西城区西皇城根南街西侧，坐落着一座王府。这座王府就是享有"北京城诸王府之首"称号的礼亲王府。礼亲王共传十三代，第一位礼亲王就是清初八大铁帽子王之首的代善，因此代善被后人尊称为"清代第一王"，那么他的王府也就有了"北京城诸王府之首"的称谓。

礼亲王府

在顺治十六年（公元1659年），代善之孙爱新觉罗·杰书世袭爵位时，将封号改为和硕康亲王，由此礼亲王府就改名为康亲王府。到了乾隆三十四年（公元1778年），杰书的玄孙爱新觉罗·永恩又恢复了礼亲王的封号，改为礼王府。嘉庆十二年（公元1807年）礼王府遭受了一场火灾。

这座"京城第一王爷府"随着清王朝的灭亡，也失去了昔日庄严而又辉煌的气势。1927年，礼亲王府成为中华民国政府的华北大学校园。新中国成立后，"陕北大学"（后来的中国人民大学）入驻礼亲王府。现如今礼亲王府已经成为政府机关的办公场所。

睿亲王府为何被改建成喇嘛教寺院

北京城有两座睿亲王府，一座在东华门大街普度寺一带，另一座在外交部街石大人胡同。其中位于东华门大街的那座睿亲王府曾经被改建为喇嘛教寺院，这是为什么呢？

要说睿亲王府为何会被改为喇嘛庙，便不得不说一下它的主人。清朝时期，被册封为睿亲王的就是大名鼎鼎的多尔衮。清朝建立后，多尔衮为稳定清政府的局面不论在政治上还是军事上，都立下了不可磨灭的功劳。因此，多尔衮在东华门外建立了自己的王府，即睿亲王府。当时的多尔衮可谓是"独断专权"，他将睿亲王府改为大清第二朝堂，每天他都会召集文武百官在此商议政事，然后再将商议好的结果上奏给顺治帝，后来多尔衮嫌每天都要上奏比较麻烦，就将顺治帝的玉玺拿到睿亲王府。而住在紫禁城的顺治帝成为了一个傀儡皇帝。就这样睿亲王府担任皇宫的角色长达七年之久，直到顺治七年（公元1650年），多尔衮在一次外出打猎时不慎坠马受伤，病重而死。随着多尔衮的去世，这座当时不可一世的睿亲王府也就从此荒废了。

到了康熙年间，康熙帝将睿亲王府改建为喇嘛庙，到了乾隆年间，乾隆皇帝又重修了喇嘛庙，并改名为普度寺，从此这座曾经一度成为紫禁城第二皇宫的睿亲王府成为了宣扬佛法的场所。

为何豫亲王府门前的一对石狮子是"卧狮"

北京是清朝的都城，因此城内有很多的王爷府，每座王爷府门前自然少不了起装饰作用的石狮子，那么，在众多的王爷府中为何唯独豫王府门前的那对石狮子是"卧狮"呢？

第一位豫亲王就是历史上有名的多铎，他是清太祖努尔哈赤的第十五子，与多尔衮、阿济格为一奶同胞的兄弟。顺治帝入主中原后，派遣多尔衮、多铎、阿济格等人剿灭李自成盘踞在南方的残部。其中多铎英勇善战，在领兵南下时，一路上各城池望风而降。但当多铎的军队来到扬州时，却遭到了史可法的顽强抵抗。史可法率兵在扬州与多铎展开了几日的激战，最终战败被俘而杀。随后，多铎又攻破了南京，消灭了李自成在南方所有的残部。多铎自清军入关以来，南征北战，东征西讨，为大清王朝平定天下立下了汗马功劳。顺治帝为了嘉奖这位英勇善战的功臣，封他为豫亲王，并特意下旨将豫亲王府前的石狮子雕刻为"卧狮"，寓意多铎为朝廷征战劳苦，现在天下已定应该安享清福了。

但后来，清王朝灭亡后，这座豫亲王府被豫亲王的后人卖给了一位美国商人，最后被改建为协和医院。

荒唐的挖宝闹剧是在哪座王府中上演的

民国年间，军阀李纯听说有人改建豫亲王府时，在王府中挖出了大量的金银珠宝，也很想发一笔横财，就从庄亲王府的后人手中买到了这座王府，并在其中搜寻珍宝，结果一无所获，在这座曾经富丽堂皇的王府中上演了一出挖宝闹剧。

庄亲王府位于西四北太平仓胡同路北，庄亲王始称承泽亲王，第一位庄亲王是清初"八大铁帽子王"之一的硕塞。硕塞是清太宗皇太极的第五子，清初与多铎、阿济格南征北战，为清朝立下不少战功。顺治元年（公元1644年）被封为承泽亲王，并修建王府。其子博果铎于公元1655年世袭爵位，并改号为庄，承泽亲王府也易名为庄亲王府。因博果铎没有子嗣，庄亲王的封号后被康熙第十六子胤禄承袭。胤禄本人精通数学、音律，还曾参与编写了《数理精蕴》一书。庄亲王胤禄的后世因办事不力，被降为郡王，后来又因吸食鸦片被流放于吉林、黑龙江等地。庄恪亲王第八子袭庄亲王爵。庄亲王传至载勋时，载勋因主张利用义和团来对抗八国联军，并亲自率领义和团袭击了列强在京的领事馆，因此得罪了列强，被慈禧太后削去庄亲王的封号。庄亲王府也遭到了八国联军的纵火焚烧。民国年间，军阀李纯为了一己之私，在庄亲王府中上演了一场荒唐的挖宝闹剧。如今的庄亲王府已经成为楼房林立的居民住宅。

克勤郡王府真被曹雪芹写入《红楼梦》了吗

一座王府贵地为什么会与《红楼梦》扯上关系呢？原来《红楼梦》的作者曹雪芹与第五位克勤郡王福彭是远房亲戚，所以曹雪芹就经常出没在克勤王府中。这样一来王府与《红楼梦》有关系就不难解释了。另外，根据一些红学家推测，《红楼梦》中北静王的原型很有可能就是克勤郡王福彭。

克勤王府位于西城区新文化街西口路北，有东西两府。始建于顺治年间，第一位克勤王是岳托，他的父亲是礼亲王代善，祖父是努尔哈赤。岳托自幼跟随努尔哈赤征战四方，屡

克勤郡王府旧址

建战功。后金天聪三年（公元1629年）皇太极准备入主中原时，岳托力排众议表示支持皇太极。后来皇太极登基后将岳托册封为亲王。

后来由于一些原因岳托与皇太极的关系发生了微妙的变化，岳托被一再地削番降级。后金崇德四年（公元1639年）岳托病死于征讨济南的战争中，皇太极知道后痛哭良久。随后追封他为克勤王，并由岳托的后人们世代承袭这个封号。

民国后，最后一代克勤郡王宴森将府宅卖给了北洋政府国务总理熊希龄。新中国成立后熊希龄把王府捐献给了政府。经过多次修缮，王府焕然一新，现为北京市第二实验小学所在地。

顺承郡王府后来真的成为张作霖的大帅府了吗

　　顺承郡王府位于太平桥大街两侧，南起今华嘉胡同、留题迹胡同稍北，北抵麻线胡同。王府布局严整，整座郡王府分为三路，中路是王府的主要建筑，是王爷办公、待客、处理军政要务的地方，东西两路为生活住宅区。第一位顺承郡王勒克德浑系礼亲王代善之孙，为清初"八大铁帽子王"之一。那么这曾经的王府贵地后来真的成为大军阀张作霖的帅府了吗？

　　民国年间，顺承郡王府起初被皖系军阀徐树铮从顺承郡王的后代手中租赁为自己的帅府。直皖战争爆发后，皖系战败，直系军阀张作霖占领北京后，本想顺势占据徐树铮的顺承王府，却遭到了顺承郡王家人的反对。顺承郡王的后代原本是因生活所迫，才将郡王府租赁给徐树铮的，如今徐树铮已经兵败逃出北京，他们便也想收回原本就属于自己的郡王府。后来，几经周折，张作霖以75000银元买下了顺承郡王府。从此，顺承郡王府便成为了张作霖在北京的大帅府，经历了民国初年政坛的风风雨雨。

　　顺承郡王府作为大帅府后被重新装修。皇姑屯事件后，张学良接管了这座大帅府，据说，当年张学良还在王府正殿的天花板上发现了用篆文刻写的"寿""张"二字组成的图案。

　　新中国成立后，顺承郡王府成为全国政协办公地，一直被完好保护。1984年，顺承郡王府成为北京市重点保护文物。

和珅也住过恭亲王府吗

　　中国著名的历史地理学家侯仁之先生曾说过："一座恭王府，半部清史稿。"可见恭亲王府在清史上的地位极高。清史上第一位恭亲王是咸丰年间的咸丰之弟，而和珅是乾隆年间的大臣，比奕䜣早逝了近百年，为何也住过恭亲王府呢？

恭王府

恭王府坐落在什刹海西岸的柳荫街，约建于1776年。这里以前是和珅的私宅，在嘉庆四年（公元1799年），和珅被嘉庆帝定罪抄家，嘉庆帝将此宅赐给了其弟永璘，并易名为庆亲王府。到了咸丰时期，咸丰帝又转赐给其弟奕䜣，因当时奕䜣是恭亲王，所以王府也易名为恭亲王府。由此可见现在的恭亲王府实际就是当年和珅的私宅，他自然也住过恭亲王府。

恭亲王府在咸丰、同治年间先后进行过几次扩建，在原来的府邸中增建了花园。因此，恭亲王府的整个建筑分为府邸和花园两部分。府邸占地总面积46.5亩，分为中、东、西三路，由多个多进门的四合院组成，后面环抱着长160余米的通脊二层后罩楼。楼后便是花园，花园的建设可谓极为华丽，园内散置了叠石假山，曲廊亭榭，池塘花木。其主要建筑有蝠殿、邀月台、大戏台、沁秋亭等。整个恭亲王府的设计富丽堂皇、斋室轩院曲折变幻、风景幽深秀丽，因此在民间一度被传为是小说《红楼梦》中宁国府和大观园的原型。

恭亲王府在1982年被列为国家重点文物保护单位，1988年王府的花园部分对外开放。如今，来北京旅游的人不妨到这当年的恭亲王府走上一趟，体验一下当年王府贵地的庄严之气。

北京城里为何有两处醇亲王府

北京复兴门南的原太平湖附近和后海北沿都各有一座醇亲王府。为何北京城里会有两处醇亲王府呢？是同一位王爷修了两座王府，还是有两位王爷有着同样的封号呢？

有醇亲王封号的王爷在同一时期只能有一位，这是毫无争议的。醇亲王府的前身是清初大学士明珠的私宅，乾隆五十四年（公元1789年），乾隆帝的第十一子永瑆被封为成亲王，明珠的府邸被赐予了永瑆成为了成亲王府。后来成亲王府传给了奕譞，奕譞的封号被改为醇亲王，所以王府也易名为醇亲王府。

醇亲王奕譞之所以在史上有名，并不是因为他有多少功绩，而是因为清末光绪帝和宣统帝都出生于醇亲王府中。由于光绪帝出生于醇亲王府，其登基称帝后，按照规矩就不可以居住于此，因此奕譞在后海北沿修建了新的醇亲王府，并迁入此府。所以，北京城里出现了两座醇亲王府。旧府称作南府，新府称作北府，新中国成立后，北府成为了宋庆龄的故居，如今是国家宗教事务局的办

醇亲王府

公场所。因为醇亲王府是清末两位皇帝的出生地，所以一直被保护得比较完善，是如今中国文物保护级别最高的王府。

庆亲王府为何有"最不幸的王府"之称

庆亲王是清朝最后一位"铁帽子王"，最后一位庆亲王还没来得及将爵位传给自己的儿子，大清王朝就灭亡了，整座庆亲王府也随之付诸东流了，因此有了"最不幸的王府"之称。

庆亲王府位于西城区定阜街3号。第一位被册封为庆亲王的是乾隆皇帝第十七子永璘。嘉庆四年（公元1799年），永璘被嘉庆帝封为庆郡王，嘉庆二十五年（公元1820年），永璘晋升为庆亲王。后来，其孙奕劻世袭了庆亲王的爵位，庆亲王的爵位先后共传四代，包括三位亲王，二位郡王。

庆亲王府原本属于道光时期大学士琦善的宅第。奕劻世袭亲王后，将原本已荒废的府宅改建成了一座错落有致的大四合院。

清朝灭亡后，庆亲王府经过民国时期的战事纷争，整体都遭到了大规模的破坏。1949年后，京津卫戍区司令部设立在了王府中。如今庆亲王府已经成为北京市重点保护文物。

"血滴子"特务机构真的设在雍亲王府里吗

雍亲王府位于雍和宫大街路东，是雍正皇帝还是皇太子的时候修建的王府。雍亲王府在明代是太监的官房，雍正帝胤禛被封为雍亲王后，便将此处修建为自己的王府。传说中的"血滴子"机构是否真的设在雍亲王府之中呢？

雍正为何能够登上皇位，一直以来都有不同的说法。据说，除了他富有心机外，还得力于一个训练有素的情报组织，这个组织史称"粘杆处"，也就是民间传说中的"血滴子"。

雍和宫

"血滴子"机构，在雍正被封为亲王后便成立了，其总部就设立在雍亲王府中。康熙晚年，其众多皇子对皇位的争夺进入了白热化阶段，而雍正表面上看似与世无争，实际上暗地里利用"血滴子"机构，大肆收集有利于自己的情报，还利用这个机构迫害那些对自己不利的人。

雍正帝入驻紫禁城后，为了巩固自己的统治地位，打击那些反对自己的人，再次启用了"血滴子"机构。"血滴子"机构虽然直接听命于雍正帝，但总部并没有从雍亲王府搬到紫禁城。雍正三年（公元1725年），雍正帝将王府改为行宫，并赐名雍和宫。但奇怪的是改制后的行宫并未改覆黄色琉璃瓦，殿顶仍覆绿色琉璃瓦，有人认为，雍和宫曾经有一条专供特务人员秘密来往的通道。

据说，"血滴子"机构在紫禁城内还设有一个分部。机构里的特务无处不在，他们日夜监视朝中大臣的一举一动。如有任何不利于雍正帝的言语或举动，都会第一时间传到雍正帝那。雍正去世后，乾隆皇帝继续利用"血滴子"机构监视大臣的活动，直到乾隆死后，"血滴子"才逐渐退出历史舞台。

老北京的名人故居

纪晓岚故居里真的有他当年用过的烟袋锅吗

纪晓岚作为清朝一代名臣，被大家所熟知还要得益于影视剧的演绎。纪晓岚的一部《阅微草堂笔记》被鲁迅先生赞为"雍容淡雅，天趣盎然"。那么这样一位博学多才的人，您知道他在北京城里的故居在哪里吗？

纪晓岚故居位于珠市口西大街241号，是一座两进两出的大四合院，雅号为阅微草堂。整个故居坐北朝南，故居的临街大门为硬山顶吉祥如意式门楼，位于整个住宅的东南角。故居里陈列着纪晓岚当年用过的器物、墨文字画等。其中最引人注目的当属那杆长长的旱烟袋锅，这杆烟袋锅相传是乾隆皇帝御赐特制的，一次能够装三四两烟丝，当年纪晓岚在编写《四库全书》时，从家里走到圆明园就能吸完三四两的烟，因此落下了"纪大烟袋"的称号。在故居

纪晓岚故居

的院内还有纪晓岚亲手栽种的藤萝和海棠，而这些树也见证了他年少时与家中婢女文鸾那段懵懂的爱情。

纪晓岚故居的第一位主人，并非是纪晓岚而是岳飞的第二十一代孙岳钟琪。后来，纪晓岚搬入院中，并在此先后生活了60余年，直至去世。后来，这所院落几经转手，于2002年作为纪晓岚故居对外开放。如今，纪晓岚故居游客如织，来北京旅游的人都想感受一下当年这位倜傥才子的生活气息。

曹雪芹在北京为何没有故居只有纪念馆

曹雪芹是小说《红楼梦》的作者，他在北京居住在什么地方一直鲜为人知。

1971年4月4日，有人在北京香山正白旗村北土坡上的旗下老屋西墙的墙皮上发现了许多清秀的字迹，考古学家、历史学、文学家经过仔细研究、推敲后，认为墙壁上所写的文字与《红楼梦》中的很多诗句都极为相似。另外，正白旗村是清朝八旗正三旗的营房，这与史书上记载的曹雪芹晚年的故居地健锐营也十分相近，再加上对香山周围环境的考察，专家们由此推断这里极有可能就是曹雪芹当年生活过的地方。因此，曹雪芹纪念馆就于1984年在这座小山庄内成立。既然如此，为何不说这就是曹雪芹的故居呢？

事实上，曹雪芹真正的故居至今也没有一个确定的说法，香山上的那座小村庄有可能只是曹雪芹其中的一所住处，因此当年设立的是曹雪芹纪念馆而并非曹雪芹真正的故居。

鲁迅故居真的被称为"老虎尾巴"吗

鲁迅原名周树人，浙江绍兴人，是中国现代著名的文学家、思想家。北京西城区阜成门内西三条21号院，是鲁迅在北京的故居。鲁迅先生从1924至1926年都生活于此，这是他在北京的最后一处住所。那么为何鲁迅先生的故居会被称为"老虎尾巴"呢？

1923年，当时并不富裕的鲁迅买下了这座破落的小四合院，当鲁迅亲自设计改造完成后，原本不堪入目的小院变得别有一番风味，其院落的整体格局也更为合理。1924年，鲁迅的母亲和妻子也搬入小院。其中北边是他的母亲和妻子朱安的卧室，西边是厨房，南边则是鲁迅会客和藏书的地方。堂屋的后面，接出的一间小房子，是鲁迅的卧室兼工作室。老北京民间，将这种凸出于屋子后面的建筑形象地称为"老虎尾巴"，所以，鲁迅先生的故居也就有了"老虎尾巴"的称号。

在此居住期间，鲁迅完成了《华盖集》《华盖集续编》《野草》三本文集和《彷徨》《朝花夕拾》《坟》中的一部分文章，发表了《中国小说史略》《热风》等著作，同时还主持编辑了《语丝》《莽原》等周刊杂志。80多年后的今天，这所简朴的北

鲁迅故居

京小四合院已成为北京鲁迅博物馆的一部分，每天都迎接着来自各地的游客。

老舍故居"丹柿小院"的命名者是谁？

老舍原名舒庆春，是土生土长的北京人，同时也是我国现代著名的小说家、戏剧家。老舍在北京的住所有好几处，其中最著名的当属位于北京东城区灯市口西街丰富胡同19号的这座小院。这座小院有一个雅致的名字——"丹柿小院"。那么如此别致的名字是谁起的呢？

为老舍先生的住所起名"丹柿小院"的不是别人，正是老舍的夫人胡絜青。1949年老舍从美国回到北京后，为了能够把家人都安置在北京，也为了自己能够安心地创作，在征得周恩来总理同意后，购买了这处小

老舍故居内景

小的四合院。1954年，老舍先生在院中种植了两颗柿子树，每年到了秋天，柿子树上都会挂满红红的柿子，就像一颗颗明亮的红灯笼。于是，老舍先生的夫人胡絜青就为这座小院取名为"丹柿小院"。

而如今，小院内的柿子树依旧年年结果，但早已是物是人非了。每当那红红的柿子挂满枝头时，整个小院便充满了诗情画意，仿佛又看到了老舍先生那满脸的微笑。

宋庆龄故居以前真的是和珅的私宅吗

宋庆龄作为中国革命先驱孙中山的夫人，跟随孙中山为中国的革命事业东奔走西，自然在全国各地都有故居。其中宋庆龄在北京的故居位于西城区后海北沿46号。但您知道吗，她在北京的故居实际上是当年和珅私宅中的一部分。

这座优美的院落，始建于清朝康熙年间，为大学十明珠的府邸花园；乾隆年间，这里成为和珅府宅；嘉庆年间，和珅倒台后被赐给了成亲王永瑆，成为了成亲王府；光绪年间，这里又成为了醇亲王府的后花园，被予名为鉴园。新中国成立后，又成为蒙古国的驻华大使馆。1963年宋庆龄先生迁居于此，在这生活工作了18年。

在新中国成立之初，中央政府准备为宋庆龄先生修建一座住宅，但

被宋庆龄本人婉言拒绝了，她认为现在国家百废待兴正是急需用钱之时，没有必要再专门出钱给自己修建住宅。后来周恩来总理亲自出面，把这座曾经的王府花园提供给宋庆龄居住。

宋庆龄故居

1982年，经国家允许，宋庆龄故居对外开放。从此，这座幽静的院落成为了海内外游客缅怀宋庆龄的地方。

毛泽东在京故居为何会有两处

青年时代的毛泽东怀揣着伟大理想，曾经两次来到过北京，在北京也有多处居所，但如今完整保存下来的只有两处。

1918年8月，毛泽东带着自己的革命理想首次离开湖南来到了北京。到京后，毛泽东和几位朋住在了位于东城区鼓楼大街豆腐池胡同15号的杨开慧家里。他与杨开慧美好的初恋也是在这里发生的。

毛泽东第二处住所是在东城区吉安所左巷8号。当时院子内的每间房子仅有10平方米。毛泽东和蔡和森、萧子升、陈绍休、罗章龙、欧阳玉山等人就租住在这样的小房子里。毛泽东对这里的生活留有非常深刻的印象。后来他在《新民学会会务报告》中说："8个人居3间很小的房子里，隆然高炕，大被同眠。"

毛泽东青年时期的北京之行对他以后的人生影响深远。这两处故居也被完好地保存了下来。

黎元洪故居知多少

黎元洪故居在北京东城区王府井大街27号，原大门位于东厂胡同。明朝时，这里是东厂所在地。清朝时，两广总督瑞麟、直隶总督荣禄曾先后在此居住。民国初期，这里成为黎元洪的住宅。

黎元洪一生跌宕起伏，世人对他的评价也是褒贬不一，但是作为中国历史上唯一一个担任过两任大总统和三任副总统的人，他对中国历史进程的影响无疑是不可忽视的。

1926年，黎元洪的住宅被日本"东方文化会"收购。1949年后，这里成为了考古研究所。黎元洪的住宅被高楼所覆盖，只保留了花园和一部分建筑，在其围墙的东北角，还有一块刻着"黎大德堂界址"的石碑。

蒋介石故居真的曾经是名妓"红宝宝"的私宅吗

蒋介石在北京的故居位于后圆恩寺胡同，这是一座中西合璧式的院落。蒋介石分别于1945年和1948年两次亲临北京，都曾在这里居住。

蒋介石曾经两次在北京进行重大活动。第一次是1945年以"抗战领袖"的身份来慰问北方同胞；第二次是在1948年，蒋介石为了辽沈战役来到了北平。可以说，蒋介石在北京的故居见证了蒋介石在大陆的岁月从顶峰到谷底的演变。

蒋介石故居旧址

其实蒋介石的这座故居也颇有历史渊源和传奇色彩，它始建于清朝末年，当时是庆亲王奕劻的次子载勇的府宅。

载勇算得上一位名副其实的败家子。当年，他为了讨好京城名妓"红宝宝"，就按照她的意思修建了这座兼具中西风格的豪宅。孰料他因为赌博把这座豪宅输给了别人。后来，这座豪宅又被一个法国商人购买。抗战胜利后，蒋介石将这座豪宅变为自己的行辕。新中国成立后，此地成为了中央政府华北局所在地，之后又成为南斯拉夫驻华大使馆和亚非作家协会所在地。如今是中国友协对外友好宾馆。

北京的名山胜水

明末之时，农民起义，李自成率军直逼京城，崇祯帝退无可退，无奈自缢于煤山（景山），如今的景山之上，仍有"明思宗殉国处"的石碑以及那棵歪脖子树。

景山位于京城的中心地区，而北京的其余高山则多分布在郊外，但这并不影响它们戴上"名山"的头衔——因为，山，有仙则名。

雾灵山上姜子牙，香山之上曹雪芹，百花山上百花仙子……

有山无水，难成风景，北京的胜水，包括有"北京的母亲河"之称的永定河，有"城中第一佳山水"之称的什刹海，有"东方莱茵河"之称的妫河……

走近名山胜水，感略一番自然带给我们的赏心悦目。

北京的名山

长城真的有一万里吗

长城，作为世界八大奇迹之一，宛如一条巨龙，盘旋在华夏大地的崇山峻岭之上。而我们国人作为龙的传人，每次提起长城，也通常在自豪兴奋之余，在它的前面加上万里二字，称为万里长城，来着重强调它的绵长和宏伟。那么，长城真的有一万里吗？

这个问题，看似简单，其实复杂。因为长城不是在一个时代建成的，所以要想弄清它的长度，先得弄清它的来源。追溯起来，长城真是"古已有之"了。早在春秋战国时代，就有很多诸侯王为

长城

了互相防御，在边境建起高大的城墙，将烽火台和城楼连起来，形成了最初的长城。到了后来，秦始皇统一了六国，为防范匈奴，一边派蒙恬领兵三十万北逐匈奴，一边派近百万军队及征夫修筑长城。这是一项极为浩大的工程，据资料记载，秦长城最终的长度达到了5000千米，已经

是名副其实的万里长城。而到了汉代，这个长度更长，从汉文帝到汉宣帝，长城不断修筑，一度达到了一万千米。南北朝时期，北魏、东魏、北齐、北周等国家都对长城进行了修筑与增建，其中北齐更是一次性发动征夫180万人。到了隋朝，隋炀帝也多次发动几十万乃至百万征夫修长城。包括后来的少数民族政权——金，也对长城进行了多次修建。而我们现在一般所说的长城，是明长城。它东起鸭绿江畔辽宁虎山，西至甘肃嘉峪关，全长约8851.8千米。它是明朝政府在修葺旧长城的基础上再建的。虽然后来没能抵挡住清军入关，但在明朝的前期，长城还是有效地阻止了蒙古残余势力的侵犯，为国家的稳定和发展作出了很大贡献。

长城，作为抵御外侵的一种绝佳建筑，自秦以来，大部分朝代都对它进行过修建，它的总长度一直都超过一万里。万里长城，绝非虚名。而千年后的今天，当我们登上城楼和烽火台向塞外关内的大地上极目远眺的时候，会深深震撼于我们的祖先，何以在科技那么落后的时代，将巨石运上山顶，完成这样一项伟大的工程。当此之时，我们想到的不能仅仅是历代帝王的丰功伟绩，更应该想到千万劳动人民的勤劳和智慧，还有他们的血和泪。

最早修建长城的真的是秦始皇吗

说起长城，人们想到的第一个人物常常是秦始皇，认为万里长城，就是由秦始皇修建的。然而，事实并非如此。

据史料证明，我国最古老的长城是战国时期的楚长城。因为战国时期，礼崩乐坏，诸侯混战。诸侯国之间恩怨纠缠，战争不断，每一个诸侯国周围都围着一圈别的国家，可说是强敌环伺。这就导致了所有人都没安全感。为了更好地防御邻国，楚王就率先在边境建起了长城。楚人是南迁的华夏民族和当地土著融合而成的民族，所以文明之中也多含野性，好争喜斗，其全盛时的疆域大致为现在的湖北、湖南全部、重庆、河南、安徽、江苏、江西以及浙江的部分地区。因为他主要防范的就是北方的强秦，所以长城就修建在国境以北，现在的河南平顶山的汝水以南地带。

楚修长城之后，其他诸侯纷纷效仿，北方的燕赵等国也开始修建，但最后都不敌强秦。秦朝统一天下后，就将各诸侯的长城纳入到秦长城的体系中，从而给了人们秦始皇最先修筑长城的错觉。

被孟姜女哭倒的长城是北京的八达岭长城吗

孟姜女哭长城的故事千古传颂，尽人皆知。流传最广的版本就是在秦始皇修长城的时候，征夫万喜良不堪劳累，偷偷逃跑，被抓回来打死埋在了长城中。其妻孟姜女亲赴长城寻夫，听说丈夫已死，就放声大哭，哭了几天几夜，哀声感动了上天，于是老天爷就发怒，把长城给弄倒了一段。

八达岭长城

这个带有神话传奇色彩的故事之所以能够代代相传，不仅因为人们的猎奇心理，更因为它承载着人们对遭受不幸的弱者的同情，以及对暴政的不满。但要抛开这些因素，做一点考据的话，我们会知道，且不说孟姜女不可能哭倒长城，就算是哭倒了，也不会是八达岭长城。

众所周知，孟姜女哭长城是由文学作品加工而来。而察其原型，则最相近于《左传》中的孟姜。据《左传》记载，孟姜是齐将杞梁之妻，杞梁于公元前549年在莒战死，齐庄公就在郊外对孟姜进行吊慰。孟姜认为郊野不是吊丧之处，拒绝接受，于是齐庄公就专门到她家里进行了吊唁。而孟姜是很善哭的人，她的哭甚至改变了当时齐国的风俗。后来的女人死了丈夫，都像她那样痛哭。但《左传》属于史家传记，里面并未记载有哭倒城墙一说。直到西汉刘向的《说苑》里，才增加了"夫死后向城而哭，城为之崩"的情节。这就明显看出文学作品加工的痕迹。而且这只是城，并未明确说是长城。到了东汉，故事进一步演义，开始有了明确指向，王充的《论衡》里说哭的是杞城，并且哭崩了五丈。到唐代时，杞梁妻更加接近孟姜女。诗僧贯休在诗歌《杞梁妻》中，直接把春秋时期的事情挪到了秦代，把城墙演化成长城。这样，杞梁妻哭杞城基本就变成了"孟姜女哭长城"。到了明代，政府大修长城，招致民怨沸腾。老百姓为了发泄对封建统治者的不满，就改杞梁妻为"孟姜女"，改杞梁为"万喜梁"，然后还加了诸如招亲、夫妻恩爱、千里送寒衣等情节，创造出全新的"孟姜女哭长城"传说。

由此可见，孟姜作为齐国人，即便她哭倒了长城，也该是齐国的长城。因为八达岭长城是明朝时期所建，距离当时已有近两千年了。

居庸关"五桂头"之前为何叫"五鬼头"

居庸关长城关沟指的是南口城至八达岭岔道城之间长约四十里的高山峡谷地段。这里地理位置得天独厚，是通往塞外的咽喉要道。两侧层峦叠嶂，沟内清溪萦绕，风景名胜比比皆是。明代即有"居庸八景"之称。这八景之中，有一个叫"五桂头"，又名"五鬼头"的，很有来历，值得我们一叙。

相传元末明初之时，明军在居庸关久攻不下，

五桂头山洞

北京
的名山胜水

有一家姓霍的五兄弟，善使火器，用火炮攻下了乱柴沟，为明军立下了大功。谁知明军怕五兄弟为敌所用，威胁他们的江山，就恩将仇报，不但没有奖赏他们，反以蒙古奸细的罪名将他们斩杀，并悬首示众，人们因此将此地称为"五鬼头"。这一事件导致投奔明军且立过战功的将领们人人自危，明廷为了安稳人心，就在此处修庙并封霍氏五兄弟为"五显财神"，人们又因此称该地为"五贵头"。但因为五鬼头地处关沟要冲，山路艰险，是行车事故频发地带，所以行路人仍常常称其为"五鬼头"以作警示。后来修建京包铁路的时候，将"贵"改成了"桂"字，才最终定名为"五桂头"。

司马台长城与隋朝名将罗艺有何关系

司马台长城位于金山岭长城东部的古北口镇司马台村北。城墙依险峻山势而筑，以奇、特、险著称于世，是万里长城很著名的一段。但它为什么叫司马台长城，和隋朝的名将罗艺又有何关系呢？

相传，李唐灭隋之后，叛隋投靠唐朝的罗艺被斩，葬于此地。其部下王司马（罗艺所提拔的官吏）看破世道，愿为罗家世代守墓，以此报答罗艺的知遇之恩。当时，罗家在罗艺死后趋于衰败，王司马能主动为罗家守墓，罗艺家人很是感动，于是许诺这里罗家所属的土地为王司马世代所用，只要罗家不败落，王司马及其后代就永享司马俸禄。此后，王司马世代生存在此地，一直守护着罗家坟。并且种了许多地，栽植了大片的果林，日子过得清闲舒适。这里更名为"司马台"是在王司马死后，其子孙逐渐厌烦周围人们总管这片地儿叫什么"罗家坟""罗家墓"的，便找机会和罗家后裔商量，以祭奠祖先和慰藉自家世代守墓之辛苦为由，将此地更名为司马台。由于司马台离明长城不足千米，所以此段长城就相应地被称作司马台长城。

万寿山为何又叫瓮山

万寿山，位于北京颐和园内。它的南坡（即前山）濒临昆明湖，湖山相连，构成了一个极其开阔的自然环境。前山接近园的正门和帝、后的寝宫，是颐和园苑林区的主体。但它本名不叫"万寿山"，辽金时期，这里只是一处帝王游猎的天然园囿，当时的山叫"金山"，上面建有金山行宫，水域叫"金海"。

后因传说有一老人在山下挖出了一个石瓮，元代时便将山更名为"瓮山"，水域更名为"瓮山泊"。直到乾隆十五年的时候，乾隆的母亲过六十大寿，乾隆为给母亲祝寿，才把"翁山"改成"万寿山"。

万寿山与昆明湖

而在民间，还流传着一个不同的版本。

话说很久很久以前，北京西郊一带平地出泉，人们都以打鱼摸虾为生。除了几个有钱的财主之外，穷人们都是吃了上顿没下顿地过活。于是人们就在一座小山上修了座财神庙，没事就去拜财神，祈求财运。说来也挺灵验，自打庙修成之后，很多穷人都会莫名其妙地捡到钱，今天张三捡了一瓮元宝，明天李四捡了一瓮珍珠，但却惹恼了当地的几个财主，几个财主又生气又眼红。

这天，一个姓张的财主做了个梦，梦见两个穿红肚兜的童子从财神庙里走出来，抬着一个大瓮，边走边说，要去给村里吴瘸子送一瓮元宝，准备埋在他家的老屋角落里。财主听了，立马醒了过来，苦苦思索

北京
的名山胜水

了一个妙计。起初，他拿着好吃好喝的跟吴瘸子套近乎，跟吴瘸子混熟了，就提出拿自己的房子来换吴瘸子的破房子。吴瘸子当然答应了。张财主进到吴瘸子的屋，迫不及待地挖开墙角，果然发现了一个大瓮，他赶忙打开，谁知瓮内并没有元宝，反倒钻出几条蛇，紧紧地缠住了他，把他咬死了。

后来，吴瘸子在半山腰盖新房的时候，挖出了一瓮元宝，后来人便称这山为"瓮山"。

崇祯帝是吊死在景山脚下吗

公元1644年，明末起义军领袖李自成率军攻破北京城，崇祯帝见大势已去，遂在贴身太监王承恩的陪同下登上煤山（今天的景山），在一棵歪脖树上自缢殉国。殉国前，崇祯帝在自己的蓝色袍服上留下遗言道："朕自登基十七年，逆贼直逼京师，虽朕薄德匪躬，上干天怒，致逆贼直逼京师，然皆诸臣误朕也。朕死，无面目见祖宗于地下，自去冠冕，以发覆面。任贼分裂朕尸，勿伤百姓一人。"

景山

崇祯帝十八岁登基，励精图治，无奈大明元气已尽，积重难返。几十年来，朝政被宦官魏忠贤把持，小人当道，君子隐退，虽然他登基之初就除掉了魏忠贤，但朝政已经败坏，吏治极差，满朝文武无可用之才。贪官污吏惑乱朝纲，横行乡里，致使民怨四起，烽火连城，因此"在位十六年而未能挽其既倒。本非亡国之君，而遭亡国之实，岂不哀哉"。

近四百年后的今天，昔日的那棵歪脖树，现在还在景山上生长着，郁郁葱葱。

雾灵山的仙人塔与姜子牙有何渊源

话说姜子牙当年兴周灭纣，功成名就之后，分封诸神，一共封了365个神。本来想把泰山岱庙留给自己，却让黄飞虎抢了去。他非常生气，就想另找一处更好的地方。想来想去，就属当年修行过的雾灵山最好，于是重回故地雾灵山修行。

突然有一天，地动山摇，洪水肆虐。姜子牙掐指一算，原来是看守雾灵山海眼的黑白两条小龙在作怪。他马上赶去，果然看到黑白二龙正在搅动海眼。大水从海眼奔涌而出，两侧的山峰也摇摇欲坠，情急之下，姜子牙从百宝囊中掏出一物，抛向海眼，说声"变"，瞬间一座石塔砸向海眼，小黑龙躲闪不及，就被压在了塔下。可小黑龙不死心，用力扭动身躯，想掀翻石塔，不知塔下涌出涓涓细流，塔身左右摇摆，眼看就要四分五裂。危急之时，只见天空中飘然落下三道神符，一道落在石塔顶上，化作巨石，另两道分别落在石塔两侧的山脊上，化作左、右镇塔石，从此这石塔就丝毫不动了，成为了今天的仙人塔。

原来，这三道神符是姜子牙的师傅元始天尊为助姜子牙一臂之力而扔下的，所以仙人塔其实是姜子牙之师的三道神符所化。

曹雪芹真的在香山上住过吗

是的。曹雪芹曾经在香山上住过。

曹雪芹，名沾，字梦阮，号雪芹、芹圃、芹溪，祖籍辽宁辽阳，是古典长篇小说《红楼梦》的作者。他创作的《红楼梦》，代表着中国古典文学的最高水平，涵盖广大，包罗万象，无所不容，诸子百家之学问，儒道释等流派之要义，靡不毕见。就小说结构来讲，他吸取了《金瓶梅》的写作技巧，一改之前小说单线叙事的风格，变成网状叙事。数条线索相互穿插，情节跌宕起伏，而又无凌乱之感。从内容上来讲，他在以叙事为主的同时，处处抒情，诗词曲赋，俯拾皆是，读来满口生香，且每首诗词都暗含一位人物的性格及命运，令人读到后来拍案叫绝。整本书宏大叙事，主讲贵族大家庭的没落，却是以一家小民开始，写现实人生，以神话传说开始，奇巧

香山植物园的曹雪芹纪念馆

而不怪诞，广博而不冗杂。上至皇室贵族，下至贩夫走卒，各有所述。用词华丽典雅而无堆砌造作之嫌，书中涉及中医、花卉、金石、园林等诸多技艺，皆有大师之见解，但读来只觉其好，不觉其卖弄。

　　总之，《红楼梦》是中国社会的一本百科全书式的小说，其文学意义已远超书本。作者生前，已有手抄本悄然流传，而面世之后，更是轰动了整个社会。凡能识字者，无不传阅。当时甚至达成了"开口不谈红楼梦，读尽诗书也枉然"的一致见解。虽然原稿的成稿只有八十回，但这犹如断臂的维纳斯一样，其影响力并未因此而衰减。几百年后的今天，它依然屹立在中国小说史的顶峰。

　　但是，这部伟大作品的作者曹雪芹先生，为什么会住到香山上呢？

　　这就要说说他的生平经历了。曹雪芹出身名门，是诗书簪缨之家。他曾祖父曹玺任江宁织造，曾祖母孙氏做过康熙帝玄烨的保姆。祖父曹寅做过玄烨的伴读和御前侍卫，后任江宁织造，兼任两淮巡盐监察御使，极受玄烨宠信。康熙六下江南，其中四次由曹寅负责接驾，并住在曹家。曹寅病故，其子曹颙、曹頫先后继任江宁织造。他们祖孙三代四

人担任此职达60年之久。曹雪芹从小就在这样的权势贵族家庭里长大，身处富贵温柔乡的他，不知人间疾苦，每日只知吟诗作对，偶尔读点圣贤书，以为这样就可以终老一生。不料雍正初年，曹家因陷入皇位更迭的政治漩涡，而遭到一系列打击，家产被抄没，功名被革除，全家戴罪进京。曹雪芹就是在此时跟着家人一起来到了北京。这年，他才十三岁。家道的中落，使曹雪芹很早就感受到了世态的炎凉，人生的无常，而这些认识，正给他后来写《红楼梦》埋下了伏笔。

曹雪芹在成年之后，仍长期在贫困中挣扎。到了晚年，甚至到了"满径蓬蒿""举家食粥"的地步。在创作《红楼梦》期间，为了维持生活和能有一个幽静的地方写作，他一度搬到北京西郊，在香山住了几年。在那里，他还教过人们扎风筝，给穷人治过病，至今香山还流传着他帮助穷苦人的故事。

你听说过海坨山上的黑龙潭修建的传说吗

海坨山位于延庆张山营镇北部与河北赤城县交界处，距延庆约18千米，属军都山。主峰海拔2242米，为北京第二高峰。海坨山高峰有三个：大海坨、小海坨、三海坨。海坨山顶是一个长近10公里，宽500米，最窄处不过百米的草甸平缓山顶。山上有座黑龙潭庙，据当地《龙关县志》记载，这座庙的修建跟一则神话传说有关。

相传，很早以前，有一天，当地的一位长工白天还在地里干活，傍晚时却不知去向。主人纳闷，找到一泓潭水旁边，只见长工从潭水中钻进钻出。

海坨山

主人问其缘由，长工说："我是龙神，因行雨不当被玉帝惩罚到此受苦，如今时限已满，该回去了，可我的潭池却被白龙占据，您能帮帮我吗？"主人苦笑着说："我一个凡夫俗子能怎么帮你？"龙神说："您蒸三斗面食，等到某日见潭中起黑沫就投放，若见白沫就投狗血脏物。"主人将信将疑地答应了。届时率众来到潭边，只见雷雨大作，潭水鼎沸，人们赶紧按吩咐投食，顷刻，风定波平。可又见白龙奔怒，山洪暴发，村庄、禾田眼看要被冲毁。这时，黑龙从潭里钻出，用身形挡住了洪水，平息了水灾。百姓们从此确信潭中住的是黑龙。

为报答黑龙的恩德，百姓们就在附近盖起了黑龙潭庙。每遇大旱，怀来、延庆、赤城一带的农民就来祈雨，据说有求必灵。

海坨山泉水的传说是怎么回事

很久以前，海坨山下是没有水的，但那山顶之上，却是一年四季草木常青，飞禽走兽充盈其中，犹如一座大花园。

可后来海坨山下为什么有水了呢？这里有一个神话故事。

传说王母娘娘有一天闲来无事，突然想在人间修造一座行宫，便派四值功曹先去查看一番。四值功曹驾着祥云巡游天下名山大川，最后看中了海坨山，于是回宫禀奏了王母娘娘，王母娘娘听了，便决定自己去看一看。

第二天，王母娘娘乘坐着金辇，腾云驾雾，从天庭降落在海坨山的西南坡上。因为车子太重，就在山梁上轧出了两道车辙印。这两条车印有好几丈深，人们因此就叫它"车道沟"。

王母娘娘到了山顶之后，人间的美景立刻让她陶醉其中不能自拔。但见漫山遍野，芳草萋萋，百花争艳，花香鸟语，蝶飞蜂舞，风光旖旎，简直比天宫都还要美。王母娘娘一边观赏，一边下了凤辇，在金童玉女的搀扶下，移步来到峰顶。侍女们就在山顶中央把座位给她放好，不料她刚坐下，整个山都开始往下沉。王母娘娘惊讶不已，问道："为何山石下沉？"大臣们回奏道："人间的山石土木经不住娘娘圣驾，山脚裂缝了。"王母娘娘无奈之下，只好回了天宫。从此以后，海坨山的石头缝里便有了清澈的泉水。

延庆真的有座"蛤蟆蹲山"吗

在延庆古城水库的山谷里，有一座小山，模样很像一只蹲着的大蛤蟆，蛤蟆嘴的地方咕嘟咕嘟往外冒泉水。那山便是"蛤蟆蹲山"。

相传不知什么年月，山谷里发了洪水，水势很大，都快漫到半山腰的神仙院了。神仙院的道观里，有个范道士，在此修行多年，平日里积德行善，经常周济穷困的村民。可站在神仙院的山门口，眼看着洪水肆虐，毁了村庄，淹了庄稼，却无能为力。正在为难之时，忽听"扑"的一声，只见从他接水的石盆里蹦出一只蛤蟆，蹦蹦跳跳到了范道士跟前，眨眨眼，点点头，然后转过身跳下了山谷。蛤蟆进水后，白肚子不停地鼓胀，不一会儿，身子就胀成了小山那么大。然后它冲着洪水，张开了大嘴，咕咚咕咚地喝了起来。声音很大，震得神仙院不停晃荡。很快，山谷里的洪水就小了。村庄被保住了。

第二天，范道士起了个大早，站在山门朝下一看，昨晚蛤蟆喝水的地方，出现了一座小山，很像那只蛤蟆，他就知道那山是蛤蟆变的。它再也回不来了，永远地蹲在了那里。后来，为了纪念这只蛤蟆，人们就把这座山称作"蛤蟆蹲山"。

牛栏山的命名真的和牛有关吗

牛栏山位于北京市顺义区北部，盛产闻名全国的"二锅头"和"牛栏山"酒。很多人在听到这个名字的时候都会问，牛栏山真的跟牛有关吗？

按照民间传说，这里本来是荒山野岭，草木难生，村民们衣食不周，生活贫困。后来，不知从何处来了一头金牛，栖息在了山上的洞穴中。金牛经常下山帮助当地人耕耘垦荒，使荒地变为良田，村民们因此过上了富裕的生活。但此后金牛却悄然离开，不知去向了。为了怀念这只金牛，人们便把金牛所在的山称为"牛栏山"，把它栖息的洞称为"金牛古洞"。洞前面有天然形成的饮水池，据说就是以前金牛饮水的地方。

你听说过百花山与百花仙子的故事吗

百花山是京西著名的旅游胜地，其名字的由来跟百花仙子不无关系。

传说当年七仙女私自下凡后，玉皇大帝大怒，便派天神到人间去寻找，连在天庭里侍弄花草的百花仙子也派去了。

这百花仙子是第一次离开天庭，她驾着祥云，在空中飘来飘去。刚开始还想着寻找七仙女的事，但很快就被人间的山水美景所吸引，却把正事儿给忘了。行至一个山头的时候，她看见一个年轻人挑着一担水往山上走来，那后生英俊秀气，百花仙子顿时就萌生了爱意。心想，要是自己能嫁给他，过上男耕女织的日子，该多好啊。于是边想边到地上，朝那年轻人走去。

百花山

年轻人看见一个美女朝他走来，既激动又很羞涩。百花仙子跟他聊了几句，知道他是落榜的秀才，要在这山上住几年备考，心里非常敬佩他的好学，便红着脸说："大哥若是不嫌弃，我愿在这山里陪你苦读。"年轻人又惊又喜，连连答应，然后一把拉住她的手，向山上走去。

来到年轻人读书的石洞前，百花仙子向四下一望，见漫山遍野光秃秃的，便想起随身携带的香囊里面装有百花种子，她取出香囊，轻轻一撒，百种花子便撒满了山岭。接着她一扬衣衫的长袖，那些花子就长出绿芽，第二天，就开满了鲜花。

后来玉皇大帝得知百花仙子也私自留在凡间了，更加愤怒，就派天兵天将把百花仙子抓了回去。书生对着云彩追了好久也没追上，只好悲伤地回去了。

回去之后他在石洞里发现了百花仙子遗落的香囊，上面绣着"百花仙子"四个字，这才知道原来陪伴自己的竟是一位仙女。为了纪念她，书生便在一块山石上写下了"百花山"三个大字。从此，人们便把这座山叫做"百花山"，并在山顶上修了一座庙，叫"百花娘娘庙"。

你知道百花山上"黑龙关"的传说吗

百花山位于北京市房山区和门头沟区交界的深山中，是国家级自然保护区，里面景点众多，山上有个黑龙关，人们留有一段美丽的传说。

"黑龙关"原称木郎关。很久以前，住在木郎关的黑龙化身成一个小伙子，到了宛平县的斋堂村。斋堂村有个姓贾的员外，古道热肠，见小伙子远道而来，就好心收留了他，叫他在家里打工。

自从贾家收留了这个小长工，田里的庄稼便长得特好，而且旱涝保收。每逢大旱，全村人的庄稼都枯死了，只有贾家田里的庄稼和菜地还是绿油油的。贾员外高兴之余，也满腹狐疑。

一天晚上，贾员外悄悄藏到菜地旁边的一棵大树后，想偷偷地看个究竟。只见小长工从棚子里出来后不慌不忙地走到井边，往井里一跳，然后就见一条黑龙从井里伸出头来，口里喷着水，直洒向菜地。贾员外看得呆住了，过了一会儿，菜地浇好了，龙就从井里飞了出来，变回小长工的模样。

事后，贾员外主动提出将女儿许配小长工。小长工本来就喜欢贾小姐，很爽快地答应了，但说要先回木郎关办点事，再来迎娶小姐。当晚，贾员外梦见木郎关下有两条龙在争斗，黑龙不敌白龙，在向他呼救。第二天，贾员外带着弓箭来到木郎关下，看到石桥上有黑、白两只羊在顶架，眼看黑羊就要落水，贾员外弯弓搭箭，把白羊射到了水中。白羊入水之后，化作一条白龙，消失不见了。黑羊则化作黑龙，向员外点头致谢，然后就占据了黑龙关。

两年后的一天，贾家小姐正在院子里吃杏干，忽然一阵黑风刮来，小姐便凭空消失不见了。之后贾员外梦见黑龙给他托梦，说是小姐未死，已经被他娶走，成了龙王奶奶了。

于是人们就把黑龙住过的木郎关改成了黑龙关，并且在旁边的半山腰上建了一座庙，里面供奉着龙王爷和龙王奶奶。

北京的胜水

什刹海以前真的是海吗

　　什刹海，因其四周原有十座寺庙，故又名十刹海，包括前海、后海和西海（又称积水潭）三个水域及邻近地区，和北海、中海、南海"前三海"相呼应，故又称后三海，现在又常称为后海。后海景区坐落于北京城区内西北隅，东起地安门外大街，西至新街口北大街，北起北二环，南至平安大街，总面积约146.7公顷，被称为"北方的水乡"。由于其是北京城保存最完好的古胜景之

什刹海风景

一，所以是人们来京旅游、观光的必到之所。

　　来过什刹海的朋友都知道，虽然它水域宽广，但是从面积上来说，与真正意义上的海还是不可同日而语的。那么它为什么又叫作海呢？难道它以前真的是海吗？非也。皆因在元朝时，蒙古人因长期生活在

蒙古大漠，水见得少，因此只要见了稍大一点的水域，便将其称之为"海"。这一方面体现了蒙古人对水的渴望，另一方面又说明了水在蒙古人心目中的重要地位。什刹海在元朝时是一片湖泊，由古代高粱河故道和洼地的积水及地下水流汇聚而成。在元代，它叫做积水潭或海子。到了清代，德胜桥以西的水面仍叫积水潭或净业湖，德胜桥和银锭桥之间的水面叫什刹海，银锭桥以东和以南的水面叫莲花泡子，到清末民初才通称为什刹海。

走近什刹海，但见水面碧波微漾，岸边柳枝长垂，棵棵柳树依水迎风而立，宛如身姿婀娜的美少女；站在掩映于绿柳中的古亭眺望，远山秀色如黛，浩浩渺渺，看后莫不让人心襟开阔，浮想联翩。

什刹海除了拥有美丽的自然风光，亦有几处可圈可点的古代建筑遗址，如恭王府、宋庆龄故居、郭沫若纪念馆、钟鼓楼、德胜门箭楼、广化寺、汇通祠、会贤堂等。其中尤以恭王府最为著名。

什刹海景色怡人，自然游客多多，久而久之，就有了商业。在后海，比较著名的有两个"市"，一个是从后海西岸到德胜门东边的几条胡同形成的什刹海晓市，也叫"鬼市"。另一个是前海的荷花市场。自2002年后，酒吧业在这里逐渐兴盛起来。每到夜晚，后海酒吧一条街灯火通明，好不热闹。于是，后海成了人们心中一道特殊的风景，在这里，时尚与古典相互碰撞，却又和谐地共存，不断涌现、谱写出让世人惊讶的各种人物和故事。

据说，有着"落入凡间的精灵"之称的江南女子周迅，就是在这里被导演李少红发现，并出演《大明宫词》中的小太平公主一角，从而一举成名。周迅自出道以来为广大观众奉献了众多优秀作品，这是大众之福，那么这是否也可以说是拜后海的酒吧所赐呢？

酒吧业已成为什刹海的一大特色。现在的人们，提起什刹海，就会想到酒吧一条街。于是乎，什刹海的传统景观也依现代后起的"时尚吧业"而名声愈胜。

莲花池美丽的爱情传说是怎么回事

　　莲花池公园位于北京市丰台区，北京西客站西南侧，六里桥东北，占地面积44.6万平方米，其中水域面积15万平方米，是西城、丰台和海淀三区交汇处。属北京市一级古遗址公园，传说是北京城的发祥地，甚至有"先有莲花池后有北京城"之说，距今已有3000多年的历史。

　　每年六七月间，莲花盛开一片，绿柳倚岸而立，与仿古的亭台楼阁交相辉映，身处其中，仿佛走入一幅风光绮丽的古画之中。

　　莲花池景色如此美丽，而与这景色相伴随的还有一个美丽的爱情传说。

　　相传，昊天上帝有个美丽又善良的女儿——莲花仙子。她因在天上闲来无事，经常私自下凡玩耍，有一次，她看到人间的湖水虽然清澈，但除了水却无可赏之处，于是，她偷偷拿了天上的百草种

莲花池公园

子来到人间，在一片水域边，碰上了老实忠厚的藕郎。他们一见钟情，莲花仙子却冒着被天帝发现的危险与藕郎结为了夫妻，过上了只羡鸳鸯不羡仙的人间的生活。

　　这样男耕女织、夫妻恩爱的生活过了没多久，莲花仙子私自下界且与凡人婚配的事情便被天帝发现了。天帝盛怒之下，派了大批天兵天将前去捉拿莲花仙子，并誓将藕郎杀之而后快，以泄夺女之恨。莲花仙子闻讯后忙跳入两人相遇时的湖中躲避，临别时她将一颗凝聚了自己身体精气的宝珠交给了藕郎。藕郎在被天兵天将捉住后，将宝珠吞入腹中。

于是，奇迹发生了：他被天兵连砍数刀，虽身首异处，但砍过藕郎的刀刃处，每次都会留下细细的白丝。这些白丝复又把藕郎的头、颈连接起来。天帝见状，大怒，便命人用法箍将藕郎的脖子箍住，又将其投入湖中。谁知奇迹再次出现，湖中竟长出了又白又嫩的藕来。躲在湖中的莲水仙子得知自己的夫君化作了莲藕，自己便变做莲花，点缀其上，表示誓死追随藕郎之意。天帝遂又命人挖掉莲藕，哪知挖到哪里，莲藕和莲花便相依长到哪里，如此下去，湖面瞬间荷叶满湖，莲花一片。天帝眼见此景，无奈之下只好收兵返回天庭。从此莲花和莲藕便永驻湖里，莲花池一名也由此传叫开来。这正是"莲花水面开，莲藕水下生；深情融一体，连年庆丰收"。这个故事，不仅反映了人们为了爱情勇于牺牲自己的一切的精神，也寄寓了人们渴望平安、丰收的美好愿望。

"文革"期间，莲花池中的莲花被挖掉，游玩设施尽毁。1986年莲花池公园恢复重建。

永定河之前为什么又叫无定河

永定河位于北京西南部，是北京最大的河流，在古时对北京意义重大。其实永定河在古代并不叫永定河，而是叫做无定河。这主要有两个方面的原因，一个是地理方面的原因，另一个是人为的原因，但限于当时的社会经济条件，前者是主要原因。

永定河的上游分南北两条支流，北面的洋河发源于内蒙古兴和县以北的山岭；南面的桑干河，发源于山西宁武县的管涔山，两河交汇于河北省怀来县夹河村。上游主要流经太行山、阴山、燕山余脉、内蒙古黄土高原等，每到冬春干旱季节，这些区域便干旱少雨，永定河流域共有八个产沙区，且海拔极高，均在1500米以上。尤其是黄土高原，由于植被稀少，终年飞沙，因此当地水土流失严重。永定河流经此地时，或裹挟大量泥沙，致使河流淤积，或久而久之，形成地上河，迫使河水改道。夏季，永定河流经之地又常暴雨连连，甚至洪水泛滥，常使河水漫溢决口。

永定河常淤积、常改道、常决堤的特征有点类似于我们的母亲河——黄河，故其历史上又有浑河或小黄河之称，因其河道常迁徙，所以被人们形象地称为无定河。

受当时的历史条件所限，人们对喜怒无常的永定河无可奈何，可又要倚仗它来生存，于是，在清康熙三十七年（公元1698年），政府曾对该河进行过大规模治理，主要是在平原地区疏通河道。相传，康熙为此还特地将无定河改为了永定河，希望它永远安定平和，为人们所用，为民造福。康熙帝为治理永定河付出的心血

永定河风光

及改名的用意为世人所敬佩，赤子之心苍天可见，但永定河却并未从此"永定"下来，直到新中国成立后的1954年，国家在北京延庆县建立了官厅水库，永定河上游洪水才基本得到控制。但从20世纪90年代开始，因生态恶化及人们过度用水等原因，永定河又出现了其他方面的问题，甚至一度断流。

自古以来，河与中华民族的渊源就非常深厚，人们对河的情愫也很复杂，既享受着它带给人们的绵绵福泽，又企望它能收敛暴戾之气，少给人们带来水患灾殃。从古至今，人们治理水患的努力就没有停止过。

永定河的历历往事，也催生出了许多有关治水的传说，如石经山和湿经山的传说；永定河镇水牛的传说；王老汉栽种河堤柳的传说；冯将军严惩老兵痞的传说；麻峪村由来的传说；刘娘府的传说等。来北京游

玩的朋友，不妨重温一下这些传说，以体会河流对于我们生活的重要意义。

永定河为何被称为"北京的母亲河"

永定河像一条苍龙嵌入北京西山，形成了永定河大峡谷，河谷两侧山体陡峭，崖石峰峻，下面则是悠悠绿水，放眼望去，壮丽与柔美互融，完美体现了道家的阴阳之说。

永定河与北京城的渊源很深，甚至可以说没有永定河，就没有北京城，因此永定河被人们形象地称为"北京的母亲河"。

首先，在历史上永定河是京城人民生活的直接或间接的饮用水源，也作为农田的主要灌溉水源而为北京的农业发展作出过很大贡献，可以说是永定河的河水滋养了老北京的一代代人民。

其次，从地理方面来讲，永定河形成年代久远，上游流经之处多黄沙。天长日久，河水便将上游因风化、撞击等原因形成的碎石和水土流失所形成的泥沙裹挟至下游。当河水在今北京门头沟区的三家店出山后，由于河水摆脱了侧向的约束，河道坡度变得陡而缓，水流速度变小，从上游而来的泥沙、碎石等一遇平原便迅速沉积下来，形成了大面积的洪冲积扇。洪冲积扇在三家店及卢沟桥以下迅速得以扩大，并最终形成了包括北京大部、河北及天津市小部的洪冲积扇区，由于冲积扇具有地势高且平坦、土地肥沃、易耕种等特点，所以是人们自古以来生活居住的绝佳之地，于是人们纷纷来此定居，随着时光的流逝，这里逐渐形成了城市的雏形——蓟城（即北京的前身）。由于北京刚好处在永定河洪冲积扇的中轴线上，可谓地理优势占尽，因此不仅少了因水患而起的家园被毁之苦，且赖以养命的农田也灌溉方便。这些都为北京城的形成和发展奠定了坚实的硬件基础。

再者，在元明清时期，永定河生态尚好，中上游植被丰富，其所产木材多用于北京的城市建设及生活消耗，为北京作为三朝帝都提供了不可替代的物质支持。

最后，始建于隋朝的水上交通命脉——大运河，自修建之初便成为古时的水上交通要道，对当时的经济发展作用重大，直至清末才逐渐退出历史舞台。这其中，永定河不断为大运河增加水量，为大运河的正常交通作出了不小的贡献。

如果把北京城比喻成已经长大成人的孩子，那么可以毫不夸张地说，为其提供"乳汁"的便是"母亲"永定河，它不断喂养、滋润着北京城，使其步步壮大，发展成如今的模样。

黑龙潭与白龙潭有怎么样的传说

黑龙潭位于密云区石城子乡西北，这里是一条长四公里的峡谷，原名叫古楼峪，河流虽然只有二十里长，但落差八百多米，一路上迭水成十多个深潭，就像是一串宝珠。峡谷两峰耸峙，一水高悬，座椅似的瀑布下面，就是绿如翡翠的黑龙头潭。从黑龙头潭攀登而上，便是壮观的"通天瀑"，飞流直下，冲入"落雁潭"内激起水雾袅袅，浪花如白牡丹绽放。这样的风景就连南飞的大雁也割舍不下，时常飞落驻足。继续上行则依次有平沙潭、龙门口、龙劈

白龙潭内景

石、刺猬石、龙卷身、珍珠串、无底潭、黑龙真潭等众多风景。

白龙潭地处南北两山的峡谷地带，古称石盆谷，又称龙潭沟。水从二十多米高的悬崖峭壁上飞流而下，有三潭三瀑之景，称为"三潭泻玉"。潭边山崖上有一棵平顶松树，斜斜地伸出来，正遮在白龙潭上，

像是给龙邸撑了一把伞。潭南侧山下有一块巨石，上有康有为镌刻的"神气风庭"四字，瀑布两侧八字石上则是乾隆御笔："飞圣境，则灵潭"。可惜后来这些都在修水库时炸掉了。

据传说，古时候黑龙和白龙是一对兄弟，都住在白龙潭内。长大分家时，性格憨厚的哥哥黑龙主动把白龙潭这个好地方让给弟弟白龙，只身来到古楼峪。那时的古楼峪寸草不生，荒山秃岭，黑龙便没白没夜地挑水栽草。

大西山有个云蒙老祖，法术无边，身世也非同一般，与灵台方寸山的须菩提祖师是师兄弟，论辈分还是孙悟空的师叔。他见这小伙子憨厚又勤劳，就送他一条玉带和十八颗宝珠。

黑龙看着玉带和宝珠，却笑着推却了，表示"只愿这山谷绿树成荫，溪水长流"。云蒙老祖呵呵一笑，甩手将玉带和宝珠抛向山谷，转瞬间玉带变成了一条河流，即古楼峪河，十八颗珍珠变成十八个潭，黑龙潭便是其中的一颗。大山郁郁葱葱，峡谷溪水潺潺，一片生机勃勃的景象。黑龙万分高兴，从此住进了最深的真潭。

这里有著名一景叫"龙劈石"，是两块各有一间房大的巨石，中间是齐刷刷的一条长4米、宽70厘米的天然渠道。这两块巨石本是一整块石头，只因有一年发大水，黑龙乘水下山，被这块巨石挡住了去路，于是他便借助闪电的威力，扬爪一劈，将巨石一分为二，形成这一大奇景。

"东方莱茵河"指的是北京的哪条河

德国莱茵河举世闻名，无数诗人曾为这里的美丽景色所折服，而甘愿为她奉献出自己最美的诗篇；点缀其两侧的古老城堡亦曾有多位诗人、艺术家驻足，演绎出不少浪漫的引人遐想的爱情故事。

来北京旅游的朋友是否知道，在北京，也有一处可与德国的莱茵河相媲美的河流——妫（音：guī）河。它位于北京市延庆区境内，又称为妫川。因为她没有受过人为的破坏和污染，故基本保持了原有的自然风貌，其景色旖旎迷人，两岸植被茂盛，风光轻灵婉约，让人有置身世外桃源之感，有着"东方莱茵河"的美誉。妫河在钢筋水泥城市的相衬下，犹如一个古典而又妩媚的女子，散发着她特有的柔和婉约之美。在历史上，上至皇宫贵族，下至文人墨客，来此后无不流连忘返，留下诗词无数。

远离城市的喧嚣，在天然氧吧里与大自然亲切对话，这些，都是妫河原始的自然风光能够赋予你的。妫河历来有"延庆之秀在妫河，妫河之秀在两湖"之说。这两湖即指上游的金牛湖和下游的莲花湖。两湖恰似龙首和龙尾，由中间的妫水相牵而

妫河日落

首尾相望。清晨的金牛湖，湖面薄雾微笼，远处群山若隐若现，周边绿意环绕，让人犹在仙境。每到夏季，莲花湖水被大片荷叶覆盖，粉色娇嫩的荷花点缀其上，真是美不胜收，满塘荷色就这样堂而皇之地夺了水的风头，却让人不觉。

来妫河，最好玩的莫过于妫河漂流了。乘一叶小舟，将自己融于山水之间，将两岸风光尽收眼底，让人顿感惬意。如果你是个划船高手，那就再好不过了，可以尽情体验在影视剧中经常看到的一幕：青山碧水间，一只小船由狭长的绿水间缓缓漂流而至，船上人优美的歌声响彻云霄……水道弯弯曲曲，水流时急时缓，坐在船上，感受着水的多变，眼看着它霸道地将船儿"玩弄于股掌间"：时而与船亲密无间，时而半推半就，时而"恼羞成怒"……体会它们时时带给你的意想不到的惊喜。一边嬉戏着妫河水，一边欣赏着两岸的无限美景，使漂流变得妙趣横生。

妫河的美自是不必再说了，有关妫河的美丽传说也不在少数，有一个最为经典的传说不知您听过没有。

相传，在上古时期，在一个村子里，有一对非常恩爱的夫妻瞽叟和握登。他们每天日出而作，日落而息，过着男耕女织的平凡生活。不久，握登便生下了一个男孩，这便是后来留名千古的舜帝。舜从小便非常孝顺，母亲因病逝世后，对后母依然非常孝顺。对后母所生的孩子象也当作亲兄弟般看待。但后母和象并不领情，在生活中处处刁难舜。舜并未因此而对后母和象有任何怨恨，而是以德报怨，待他们如故。舜的作为引起了年长的部落首领尧的注意，他有意将位禅让给舜，于是便决定亲自考验一下舜。尧把自己的两个女儿嫁给了舜，以长期考验他的品德。婚后舜让他的妻子同普通妇女一样在田间辛勤劳作，还让她们带领那里的妇女一起种植桑麻、编织衣物等。这样年复一年，这里原本贫瘠的土地变得肥沃美丽。舜由此博得了尧的信任，当上了部落首领。而人们也把舜的妻子辛勤劳作过的地方称为"妫"，把这里的水称为"妫水"。至今，在延庆城区的莲花湖桥边还有一座专为纪念舜的妻子而造的塑像。

妫河之美难以用语言形容，不如赶紧背上行囊，带着对妫河的想象来此一游吧。

北京的民居胡同

　　说起北京的民居，不得不提老北京的四合院，汪曾祺曾形象地称之为"中国盒子"。

　　北京现存的四合院，多是明清两代的遗物，外边看着灰不溜秋单调乏味，走进院里却是别有洞天。

　　住在四合院里，就像是沉浸在一种历史感里，随处可见的都是历经百年的历史积淀。

　　有四合院，自然就有了与四合院相伴而生的胡同文化。老北京"有名胡同三百六，无名胡同似牛毛"，可见胡同之多。

　　每条胡同背后都有一个故事，这多如牛毛的胡同，可见老北京故事之多。

　　现在让我们深入到老北京的四合院和胡同，去听一听它们各自的故事。

老北京的四合院

四合院真的是老北京的典型民居吗

四合院是老北京最典型的民居，四合院如今已经成为了北京的一种"符号"。根据史料记载，四合院最早的雏形出现于商代，这种以东西南北围合而成的以家庭为基础单位的民居，在元代得到了进一步的发展，到了明清时期尤其是清朝中后期达到了鼎盛。因为，元明清三朝的都城都在北京，这为四合院成为北京典型民居提供了优越的条件。

在瑞典人奥斯伍尔德出版的《北京的城墙和城门》一书中是这样描述老北京四合院的："鸟瞰全城，映入眼帘的不外是覆盖着灰瓦的鳞次栉比的屋顶。这种城市住宅区的正面，给人一种极其单调乏味的印象。人们通常只能看到高矮、大小不一的屋顶和掩映其间的树梢，至于房屋的其他部分，因为有院墙的遮挡，就几乎看不到了。只有进了四合院大门，绕过影壁之后，你才可以发现这种住宅特有的美。"这是一位外国人对老北京四合院由衷的赞美，可见老北京四合院不仅作为老北京人最典型的民居，更像一种文化符号刻印在了中外人士的心中。

老北京四合院与其他地区的四合院有何不同之处

老北京四合院是合院建筑的一种，即以一个院子为中心四面都是房屋的合院建筑。老北京四合院与其他地方的四合院在整体建筑风格上并没有什么区别，但作为古都之城，四合院在建筑规模上要大于其他地方的四合院，更重要的是老北京四合院更能体现出封建时代，一个家庭以家长为中心的理念和为人处事的哲学。

老北京一般的四合院都是一户一宅，一宅几院。四合院以中轴线贯穿，正房在正北，东西两方为厢房，开在南面的是倒座房，门都是开在东南角。四合院的外面以高墙包围，墙一般都建得很高，但都不会在墙上开窗，表示一种防御性。四合院的住房划分，通常都是家中最年长的老人住在北边的正房中，长子住东厢房，次子住西厢房，家里的佣人住在倒座房中。家中的女性，未出嫁的女儿都住在正房后面的后院里。这种住房分配，精准地体现出了封建家庭中的等级观念。

四合院的门为何都开在东南角上

老北京四合院的门在整个四合院的整体建筑中所占的面积极小，但它的地位却非常的重要。老北京四合院的门都统一开在东南角，这门开在东南角是有什么讲究吗？

在风水学上，东南方是八卦中的巽位，而四合院的正房坐北朝南为坎宅，如建坎宅，必开巽门，而巽位又是通风采气之处，所以老北京的四合院的门都开在东南角上。

其实，四合院的门开在东南角与整个四合院的地势有关。四合院的地势，往往是西北高，东南低，这样一来，有利于院中积水的排出。而这种排水系统恰恰和北京整座城市的排水体系一致。北京城的整个地势也是西北高，东南低。明清时，北京的水系基本上都是从西北的积水潭水关引进，由东南方的通惠河而出。可见，老北京四合院的设计虽然简单，但并不随意，它与大环境是相辅相成的。

"大门不出，二门不迈"这句话与四合院有何关系

日常生活人们常常形容那些天天在家不愿出门的"宅男""宅女"说："瞧你，天天大门不出，二门不迈的"。其实"大门不出，二门不迈"这句俗语是出自四合院里。

旧时女子在未出嫁之前须遵守家规，不允许随意抛头露面。"大门不出，二门不迈"中的"大门"指的是四合院的正门，而"二门"指的则是垂花门，垂花门是沟通四合院内院与外院的门，它的两侧连接抄手游廊，把院落截然分为内外两部分。

四合院大门

垂花门从外观上看就是一扇带有屋檐的小屋子。在垂花门里也有类似于影壁的门，叫屏门，同样是起到封闭内院的作用。通过垂花门则是四合院的后院，后院中居住的都是家中的女性成员，旧时的女性要遵守家规，不得擅自走出此门。而住在前院中的男性也不能随意进入。如家中有客人来访，则由仆人先将其领入南房，再通知主人，后院是严禁进入的。

门槛高低真能代表主人的身份吗

墨子说："高足以避潮湿。"因此，在修建四合院时地基一定要高于地面，而其柱基一定要结实牢固。四合院的院门那可大有讲究，它是主人身份的象征。过去在老北京城内有句民谚说："门槛越高越难进。"因此，门口的门楼越高、门槛越高，那么其主人的地位就一定越

尊贵。而且，在门口两侧都会放上动物形象的石墩，如石狮子。在门上还会贴上门神。这些都是为了驱灾辟邪、看守门户。

影壁是用来防止鬼魂进入院内的吗

　　影壁在古代时称萧墙，也就是成语"祸起萧墙"中的"萧墙"，一般人们在修盖房子时都会在大门的入门处修建一面墙，这面墙即影壁。老北京四合院都会设置内外两个影壁，那到底这影壁是用来做什么的？

　　四合院的外影壁通常都是用来辟邪镇恶的。因为古人比较相信鬼神之说，当时人们认为人在去世之后，都会有灵魂存在，并认为这些灵魂没有住所，会不断地进入住宅中。人们为了防止自己的住宅进入鬼魂，所以都会设置外影壁。这样一来，当鬼魂想进入住宅时都会在影壁上看到自己的影子，从而被自己吓跑，不会进入宅院里。

影壁

　　四合院的内影壁主要是起隔离遮挡、隔音的作用。因为四合院的整体是一个面积很大的露天起居室，每家住户都会在院内种植一些花草树木或养殖一些供玩乐的鱼虫鸟兽等，这些个人的喜好都不便被人看到。因此修建了内影壁起到遮挡的作用。此外，内影壁上都会雕刻些美观的图案，对四合院内也起到了装饰的效果。

四合院里为什么不种梨树

　　旧时居住在四合院里，还有很多约定俗成的禁忌。像四合院的正房都要建成单数，一般都是三间或五间，即便是有四间的时候，也要改为大三间。因为四合院总体看上去像一个"口"字，人住在"口"字里为"囚"，所以在四合院的院内都要栽种一些花草树木，意图吉利，但所种的花草树木不能为单棵，因为"口"加单"木"为"困"，谁愿意每天的生活都"困难"呢？所以四合院里种的花草树木必须在两颗以上。

其实在栽种的时候也有很多的讲究，北京人有句俗话说："桑松柏梨槐，不进府王宅"。这是因为松柏树基本上都是种在坟场处，以表示对先人的怀念之情。因此，不会种在四合院里。同样梨树和桑树也不种于四合院中，这是因为"梨"和"桑"的谐音是"离"和"丧"，都传达着一种悲伤不和的情感意思。

北京城最大的四合院是哪一座

北京城最大的四合院当属被誉为世界五大宫殿之首的故宫。那么这座北京城最大的四合院与普通的四合院有什么不一样的地方？故宫的建筑在世界建筑史中又有着什么样的重要地位？

实际上故宫就是由很多的小四合院组建而成的。如果说普通的四合院是老北京居住建筑典范的话，那么故宫可以称为四合院中最完美的杰作。而且故宫比一般的四合院不论在庭院规模、建筑规划还是院门装饰

故宫鸟瞰图

等方面都要显得更加广阔、宏大和别致。故宫里的等级更为严格，人与人之间的关系更为复杂。故宫可说是四合院文化、封建王朝等级文化与中国传统思想文化精髓的完美结合。

故宫建成于明代永乐十八年（公元1420年），至今已经历了近600个春秋，依然是后无来者的建筑杰作。故宫承载着整个东方帝王时代的壮美与宏伟，直到现在依然那么辉煌壮观，依然是国人心中永恒的经典圣地。

老北京的胡同文化

老北京胡同连接起来真的要比长城还长吗

　　北京胡同经历了数百年的风雨，如今它已经成为北京人生活的象征，和北京文化的体现。旧时老北京的胡同，遍布整座北京城，老北京民间有句谚语说："有名的胡同三百六，无名胡同赛牛毛。"这句话形象地说明了北京城的胡同之多。那么北京城的胡同到底有多少？

北京胡同

　　根据相关文献记载，明代北京城有记录的胡同有1300余条，其中内城就有900多条，外城300多条；清代时北京城的胡同增加至1400余条，到了民国辛亥革命时期胡同的数量增加到3000多条；新中国成立后因为北京城居民不断增多，胡同也随之增加到了6000多条。但随着经济发展和城市建设改造，一些胡同都被改名或改造。今天在北京有名的胡同大概有4000多条。如果把这些胡同连接起来，那真的要比长城还要长。

"胡同"这一叫法真的出自蒙古语吗

北京城的胡同，如今已经成为了北京文化的一部分，那么"胡同"这个叫法为何说它源于蒙古语呢？

"胡同"这一叫法，最早要源于元代，在很多的元曲中都多次出现"胡同"一词，如《张生煮海》中，梅香就有这么一句台词"我家住在砖塔儿胡同"。由此可见"胡同"这个叫法真的与元朝有关。元朝是蒙古族人忽必烈建立的，因此说"胡同"源于蒙古语。

公元1271年，忽必烈建立元朝，1279年消灭南宋并定都北京，史称元大都。因为蒙古族人一直生活在水源稀少的荒漠地带，因此他们对水充满了崇敬之意。所以，元朝在北京的居民每户人家里都会有一口井。"井"就成为了当时人们居住的代名词。一排排民间的街道被称为"忽洞格儿"，"忽洞格儿"在蒙古语中就是井的意思，后来人们就把"忽洞"谐音为"胡同"，"胡同"一词也一直沿用到了今天。

您知道老北京最古老的胡同是哪条吗

位于西四丁字路口以西的砖塔胡同算得上是北京城里最为古老的胡同。据记载，砖塔胡同出现在元代，至今已有700多年的历史了。砖塔胡同的东侧有一座万松老人塔，这座塔是元世祖忽必烈为纪念万松老人修建的，因此紧靠砖塔附近的街巷也改名为砖塔胡同。

砖塔胡同因塔得名，在历史变迁的过程中也扮演着不同的角色。在元、明、清三代，

砖塔胡同

砖塔胡同都是戏曲活动的中心地带，是当时老北京中最热闹的地方。元代时，元曲在北京城里十分流行，当时把戏曲演出的戏园叫"勾阑"，砖塔胡同就成为了"勾阑"的聚集地。每天在砖塔胡同内演出的戏班、勾阑都有二三十家，终日锣鼓喧天。到了明代，朝廷专门设立了管理音乐、戏剧事务的官职教坊司，砖塔胡同也就失去了昔日的热闹景象。清代时，这里是官兵的营地，但到了清朝中后期，这里又恢复了元代"歌吹之林"的面貌，再度成为戏曲演出的地方。直到1900年八国联军侵华后，很多戏子为了躲避战乱纷纷都逃回了家乡，此地才渐渐地变成了居民区。

砖塔胡同里还曾居住过不少的名人，1932年鲁迅与弟弟周作人反目后便搬到了砖塔胡同61号院，并在这里创作了《祝福》《在酒楼上》等作品；戏剧大家张恨水也曾住在这里，并在此走完了他的人生旅程；刘少奇于1927年从天津迁入北京后也曾住在这条胡同，还在此起草了一些很重要的文件。

看似普通的胡同，却有着如此悠久的历史、丰富多彩的经历和令人回味无穷的往事。这北京的胡同文化真是有说不完的趣闻故事。

被称为"国中之国"的是哪条胡同

被称为"国中之国"的是位于北京东城区西起天安门广场，东至崇文门内大街的一条古老胡同——东交民巷。元朝时东交民巷与西交民巷被统称为"江米巷"。到了明代，因为交通问题，江米巷被分为东西两条胡同。明清时期，东交民巷一直都是"五府六部"的所在地，清乾隆、嘉庆年间都在此修建了"迎宾馆"，供外国人居住。那么如此重要的政府要地，为何会有"国中之国"的称谓呢？

公元1840年爆发了第一次鸦片战争，英国人用大炮轰醒了沉醉梦乡的清政府，也轰开了中国的大门。从此，中国沦为了各国列强瓜分的对象。光绪二十六年（公元1900年），八国联军侵华后，清政府被迫与列强签订了丧权辱国的《辛丑条约》。根据《辛丑条约》的规定，列强们

东交民巷

将整个东交民巷瓜分，并且不许中国人在此居住和设立任何衙署。从此，西方殖民者在东交民巷发展自己的喜好，建设起了办公使馆、教堂、学校、医院、银行、俱乐部等西洋建筑。不仅如此，他们还在东交民巷四周建上了铁门，并改名为使馆街。在当时，东交民巷虽然是大清朝的领土，实际上却成为了名副其实的"国中之国"。

八大胡同真的是老北京的"红灯区"吗

在老北京的众多胡同中，有一条被称为"风月场"，即有名的八大胡同。为何这条胡同会叫八大胡同呢，难道因为它是由八条胡同组合而成的吗？这八大胡同真的是过去妓院的聚集地吗？

所谓的八大胡同指的并非是哪一条具体的胡同，也不止由八条胡同组合而成，这"八"不过是一个虚数。实际上八大胡同指的是珠市口以北，南新华街以东，煤市街以西这一片区域内的许多条胡同。

说起八大胡同人们的第一反应通常是认为那里曾经是北京城里的"红灯区"，其实并不是这样的。八大胡同最早是为那些进京演出的戏班子提供住所的地方，后来随着戏班的不断增加，戏班中一些长得比较俊俏的男孩便被当时的一些有钱人所包养，称之为"相公"，其实就是男妓。尤其在清朝中后期，"相公"出自八大胡同，因此八大胡同有了"风月场"这一称号。再后来，这里在"相公"的基础上开设了很多妓

院，由此又变成了妓女的聚集地。相传，同治帝因不满慈禧太后专权，后来就经常穿梭于八大胡同之间，最终因染"梅毒"而死。

锡拉胡同里真的出现过甲骨文吗

锡拉胡同位于东城区西南部王府井大街西侧。这条胡同相传是明朝时期专门制作蜡台等锡器的地方，因此有了锡拉胡同这个怪名字。

锡拉胡同真的可以说是一条人才辈出的胡同，清末时期实际的掌权者慈禧太后小的时候就生活在里，还有光绪年间担任京师团练抗击八国联军的大臣王懿荣以及1948年担任北京市市长的何思源。走出如此多名人的锡拉胡同为何会与甲骨文扯上关系呢？

王懿荣

这要从抗击过八国联军的大臣王懿荣说起。光绪二十五年（公元1899年）王懿荣生了病，家人到胡同口的一个医馆开了一味名叫"龙骨"的药材。在"龙骨"上王懿荣惊奇地发现上面刻着很多类似于篆文的文字。王懿荣便让家人把医馆里所有的"龙骨"都买了回来。他经过几天仔细的研究，判定这所谓的"龙骨"是商代卜骨，刻在上面的文字要比当时已经发现的篆籀还要历史久远。就这样，被称为中国最古老文字的甲骨文第一次公布于世，这在中国文学界和世界文学界都引起了不小的轰动。

东四十四条胡同真只有十四条胡同吗

提到北京的胡同不得不说一下位于北京东四大街和朝阳门北小街之间的那十四条东西走向的胡同，胡同的名字由南向北，依次为：东四头条、东四二条、东四三条、东四四条、东四五条、东四六条、东四七条、东四八条、东四九条、东四十条、东四十一条、东四十二条、东四十三条、东四十四条。这十四条胡同有着悠久的历史和文化价值，与很多名人也有着千丝万缕的联系。

东四头条胡同里曾经居住过很多有名的人物，如著名作家老舍、钱钟书、杨绛、茅盾等，著名的相声大师侯宝林也曾在此居住。

东四二条胡同也居住过两位历史名人。一位是雍正的侄子，他曾在这里建设了孚王府；另一位是乾隆年间的名将福康安。

东四三条胡同从旧时起就是东四地区的中心地带，在这里居住过的最具传奇色彩的人物要数27号院的一位格格了，这位格格曾经是溥杰的候选夫人，但最后并未与溥杰结婚，格格的母亲又打算把她嫁给溥仪，但被溥仪拒绝了。最后这位格格终生未嫁。

东四四条胡同曾经居住过著名翻译家楚图南。而剧作家吴光祖和其夫人新凤霞也曾在此居住过。

在东四六条胡同里最引人注目的当属崇礼宅府了。崇礼是光绪年间有名的大学士，因与皇室有亲戚关系，当时也算是有钱有势一族。他的住宅还曾被称为"东城之冠"。

东四胡同

东四七条胡同，从上空往下俯瞰，宛如一条巨龙。那会儿的人就经常说这是人杰地灵之地。民国年间的某军阀不知从哪也听到了这个传说，就把自己在北京的公馆搬到了这里。

东四八条胡同居住过被誉为"改造北京第一人"的朱启钤。现在的71号院是中国现代著名作家、教育家叶圣陶先生的故居。

东四九条胡同曾住过历史上名声不好的日本女间谍川岛芳子。

东四十条胡同历经几次扩宽，目前已是城区一条干道，属平安大道的一段。沿线有"南新仓"等文物保护单位。

东四十一条曾经是运送粮食的粮道，这里有个特点就是没有树，当时谁要是敢在这种树，那可是要杀头的大罪。

东四十二条因离市区比较远，所以就显得幽静了许多，这里没有住过什么有名的人。所以被称为"平民胡同"。

东四十三条胡同于1965年由原来的汪家胡同和慧照寺合并而成。著名诗人艾青就曾居住在这里的97号院。现在这座小院里依然住着艾青的爱人高瑛女士。

东四十四条胡同是这里的最后一条胡同，这里曾是肃亲王耆善的府邸。

东四五条胡同虽然没有居住过什么文人雅士和达官贵人，但这条胡同里独有的文艺气氛是其他胡同所不能及的。

东四这十四条胡同算得上是老北京生活的一个真实写照。

"吉兆胡同"以前真的叫"鸡爪胡同"吗

如今位于朝阳区朝阳门内大街北侧的吉兆胡同，东起南弓匠营胡同，西止朝阳门北小街，南邻烧酒胡同，全长200多米。在过去因形状像鸡爪所以被称为鸡爪胡同，俗称鸡罩胡同。那么后来出于什么原因又改名为吉兆胡同的呢？

据说，鸡爪胡同改名为吉兆胡同与段祺瑞有关。段祺瑞是安徽人，起初是袁世凯手下的得力干将。袁世凯死后，段祺瑞担任了国务总理。中华民国临时政府成立后，又担任了民国临时大总统，并搬至鸡罩胡同居住。因为段祺瑞本人十分迷信，他感到住在鸡罩胡同，像是被扣在笼子里，所以认为"鸡罩"一词很不吉利。因此，他的下属向他提议，将"鸡罩"改为谐音的"吉兆"。段祺瑞听后十分高兴，就将"鸡罩胡同"改名为"吉兆胡同"。

其实这只是一个传闻，大可不信，根据史料记载段祺瑞在北京担任民国临时总执政期间，居住的是吉兆胡同北边的仓南胡同，并非吉兆胡同。实际上，鸡爪胡同改为吉兆胡同是在清朝宣统年间。

在老北京像这样因名字不够雅致或不吉利而改名的胡同还有很多。如时刻亮胡同之前叫屎壳螂胡同；高义伯胡同之前叫狗尾巴胡同；光彩胡同之前叫棺材胡同；寿比胡同之前叫臭皮胡同，等等。

住在南锣鼓巷59号的洪承畴有怎样的传奇故事

南锣鼓巷59号这座宅院，门小而简陋，院子狭小不堪，是一座不起眼的小门楼，然而挂在小门楼旁边同样不起眼的一块说明牌，却告诉了人们这里是明末清初著名的降清将领洪承畴府邸的一部分。

洪承畴，福建泉州人，明朝万历年间，24岁的洪承畴考中进士，并于十余年后升任陕西布政使司参政，成为从三品的道员。后来，他得到崇祯皇帝的赏识，被派去镇压起义军，逐步提升为巡抚、总督。《清史稿》记述，洪承畴的部下俘获了闯王高迎祥，又将继任的闯王李自成打得大败，以"十八骑走商洛"，从此洪承畴被誉为文武全才的重臣。

南锣鼓巷59号

崇祯十四年（公元1641年），洪承畴率领吴三桂等八个总兵官共十三万兵马救援锦州。面对实力强大的清军，洪承畴本想结营固守避免决战，但是生性多疑的崇祯皇帝却派人前来督战，不断催促进军。洪承畴被迫进军，结果损兵五万，不得不退守锦州城外十八里的松山城。半年以后，清军攻占松山城，洪承畴被俘，由此引发了他降清的传奇故事。

对于洪承畴这样的将才，皇太极思贤若渴，一心想要笼络。但是被俘后的洪承畴立志对大明忠心不二，拒不降清，最后竟以绝食求死。皇太极派文武百官轮流劝降，后又以十数个美女日夜劝诱，洪承畴都不为所动。为此，皇太极无计可施，愁闷不已。

这时，最受皇太极宠信的汉官、吏部尚书范文程提出前去劝降，看他是否真有求死的决心。范文程到狱中后，任凭洪承畴冷嘲热讽，绝口不提招降一事，而是心平气和地与他谈古论今。谈话之间，梁上掉下一些尘土，落在了洪承畴的衣袖上，洪承畴则一面说话，一面不经意地轻轻拂去。

这么一个细微的动作，范文程看在了眼里，便回奏皇太极：一个人对自己的衣服尚且爱惜成这个样子，更何况自己的身体和生命呢？所以他不是真的只求一死。

于是，皇太极便派出了自己最宠爱的妃子庄妃前去劝降，英雄难过美人关，洪承畴最终还是屈服了。一天，当庄妃喂他喝下参汤时，皇太极走进了狱中，这时洪承畴才知道，几天来与自己暧昧不清的美人竟然是庄妃！皇太极却表现得格外大度，不仅没动怒，反而将自己的貂裘披到了洪承畴的身上。洪承畴感动万分，心理防线瞬间崩溃，随即剃发易服，投降了清朝。

再说明朝这边，松山兵败，举朝大震，都以为洪承畴必死无疑，崇祯皇帝极为痛悼，辍朝三日，以王侯的规格亲自为他"祭十六坛"，并御制"悼洪经略文"明昭天下。可谁知，祭到第九坛时，消息传来：洪承畴降清了！朝廷内外又是一阵巨大的骚动。

后来，有人将洪承畴写的、挂在自家中堂之上的那副著名的对联"君恩深似海，臣节重如山"各加了一个字，拧翻了诗意，深有讽刺之意："君恩深似海矣！臣节重如山乎？"

一溜烟胡同真的吓跑过严嵩吗

在西城区的东北方位，有一个东起地安门外大街，西到前海东沿的义溜胡同。顾名思义，这条胡同是一个仅能走一个人的细长胡同。而这个胡同名字的由来也另有一番风味。由于它的西口就是什刹海，而海边也是"义溜"的河边，再加上它是一个东西狭窄的胡同，胡同的西口高于前海的东沿，顺着一陡坡，可以一溜而下，因此又被称为"一溜烟胡同"。

关于一溜烟胡同还出了个神奇的事件，从此这条胡同就更是万众瞩目。话说在严嵩刚被贬为乞丐之时，碍于自己的脸面，不好意思上街乞讨。就这样几天过后，他已经饿得头昏眼花，也不再关注自己的脸面，便上街挨家挨户地乞讨，然而不可思议的事情发生了，去过几家之后，竟然一无所获。村民们不但不给他吃的，还谩骂他，甚至把他拒之大门外，让他到处碰壁。

事情是这样的，京城的百姓只要一看到乞丐，就断定是大奸臣严嵩来了，就不会有人给他好脸色。刚开始严嵩还存有侥幸心理，认为一定会有好心人出现的。但几天过后，竟然没有一个人同情他的惨状。有一天，他来到地安门外的一天胡同，看到有家人门口堆放着一堆白薯皮，忍不住流下了口水。当走过去想要捡起时，却发现有人经过，就假装路过而绕过去了。等到那个人走后，才把白薯皮放在自己的碗里。当他还没有捡完时，一个衙差正好经过，认出了严嵩。于是嘲笑道："天呀，这不是我们的相爷吗？"严嵩听到这些，就像过街的老鼠，一溜烟跑了。

此事后来广为人知，人们就把这条胡同命名为"一溜烟胡同"。

李莲英出宫后到底住在哪条胡同里

李莲英，出生于道光二十八年（公元1848年），原名李进喜，是清末最有权势的总管太监。光绪三十四年（公元1908年），慈禧去世后，李莲英在为慈禧太后守孝一百天后，也离开了紫禁城。他离开皇宫后，又悄无声息地生活了两年，直到宣统三年（公元1911年）去世。在宫外生活的这些年里没有人知道他到底生活在哪，那么李莲英离开皇宫后到底住在什么地方呢？

李莲英离开皇宫后一直生活得很隐秘。最初住在中南海西苑门外北夹道，此处为隆裕皇太后所赏。李莲英深知树大招风的道理，所以，他把西城棉花胡同、东城帽儿胡同、地安门南大街东侧的黄化门41号等几处住宅都分散给了亲戚们住。当时，人们谁也搞不清楚他具体住在哪一处房子里。

李莲英在海淀镇彩和坊24号还有一处宅子，这是一座多进四合院，起脊门楼，青砖悬山式影壁上雕有梅兰竹菊、鹭戏荷花，垂花门连接着左右游廊。宅子中有从圆明园移来的奇峰异石，许多人以为他出宫后有可能会住在这里，实际上他基本上没有在彩和坊住过。

李莲英死于宣统三年（公元1911年），这一年他六十四岁。当时，他住在西城棉花胡同83号，这院子雕梁画栋，后院有花园。李莲英虽不缺钱财，但他的仇家可是个个想要他的命，所以，他大部分时间都躲在这棉花胡同83号，从不敢贸然外出。关于他的死，外界也有很多种说法，有人说是吸大烟患病而死，也有人说是被土匪所杀，但当时他的家人对外一致宣称是病死的。

当年，没有了慈禧太后，李莲英转而投靠隆裕太后，这才避免了王公大臣们的捕杀。后来，裕隆太后看他鞍前马后地跟随了自己挺长一段时间，就赏银千两为他办了后事。

灵境胡同的命名真的与道观有关吗

灵境胡同位于北京西城区，它东起府右街，西至西单北大街，全长约为664米。那么灵境胡同是因何得名的呢？它又有着怎样的历史呢？

灵境胡同的得名源于当时此处的一座道观，道观始建于明朝永乐十五年（公元1417年），是为徐知证和徐知谬兄弟俩修建的洪恩济宫。

相传，这俩兄弟法力高深，好助人为乐。一次朱棣在与敌军交战时，被打得节节败退。于是这两位神仙就显身军中，为朱棣出谋划策，最后击败了元军。

灵境胡同

后来，朱棣迁都北京后，生了一场怪病，御医都束手无策。一天朱棣做了一场梦，梦中出现了当年助他击败敌军的那两位神仙，两位神仙给了他一颗仙丹，朱棣吃下后，病便痊愈了。朱棣醒来后，发现自己的病如同梦中一样痊愈了。他很高兴，便下旨在西苑外修建"灵济宫"，用来祭祀这两位神仙。

清朝时，灵境胡同被分为东西两段，东段因"灵济宫"被称为林清胡同，西段则称为细米胡同。民国年间西段被改为灵境胡同，东段被称为皇城根。新中国成立后东西两段被合称为灵境胡同。

中关村有何来历

提起中关村，人们立刻会联想到高科技。中关村的名字越来越多地被世人所关注，它既是闻名海内外的中国高新技术产业基地，也是"高新科技园区"的代名词。然而几十年前这里却还是片荒凉的坟场，而且大多是太监的坟墓。

明朝时，太监们就开始在中关村一带购买"义地"，形成了太监自己的墓

如今的中关村

葬地，年老出宫的孤苦太监就寄居在这里，他们生活上依靠富裕大太监的捐赠，平时则给埋葬在这里的太监扫墓上坟。因为明清时期称太监为"中官"，所以这里被叫做"中官坟"。

也有一说认为从明朝开始，太监多在此建庙宇和养老的庄园，也因当时人称太监为"中官"，故称此地为"中官村"。今天北大物理楼楼北的院落中，就有太监祭祀的刚秉庙，还有一个叫"刚秉"的太监像。

随着历史的变迁，还出现了一些与"中官"谐音的叫法，如钟关、中关及中官儿、中官屯等。中关村正式得名是在解放后。解放后选择这里建中国科学院，觉得"中官"二字不好，才在北师大校长陈垣先生的提议下改名为"中关村"。

北京文化味儿最浓的是哪一条胡同

北京和平门外有一条著名的文化街——琉璃厂。800多米长的胡同以南新华街为界，分为东、西琉璃厂。如今的琉璃厂人来人往，熙熙攘攘，可在数百年前，这儿还是一派郊野风光。

元灭金后，在原金中都的东北新建了一座巍峨的都城——元大都。建城盖房子需要大量琉璃瓦，朝廷就在大都南郊的海王村一带设立琉璃窑，于是，就有了"琉璃厂"这个地名。

到了明朝，成祖朱棣为了迁都北京，下令重建北京

琉璃厂

城。琉璃厂的炉火于是越烧越旺，制作出来的琉璃瓦，把北京这座历史名城装点得金碧辉煌，历经百年风雨而光泽不减。

后来，琉璃厂不烧窑了，窑厂的空地儿上就出现了卖东西的小摊贩，慢慢地，琉璃厂开始有了经营旧书、字画、古玩、文房四宝的店铺，这些店铺一家挨着一家，文人墨客、玩物大家常常流连其间，琉璃厂逐渐成了北京城里最有文化味儿的一条街。

琉璃厂有许多著名老店，如槐荫山房、茹古斋、古艺斋、瑞成斋、萃文阁、一得阁、李福寿笔庄等，还有中国最大的古旧书店中国书店，以及西琉璃厂原有的三大书局——商务印书馆、中华书局、世界书局。而琉璃厂最著名的老店则是荣宝斋。

琉璃厂西街有一座古色古香、雕梁画栋的高大仿古建筑，这就是驰名中外的老字号"荣宝斋"。荣宝斋的前身叫"松竹斋"，清康熙十一年（公元1672年）始建，创办人是个姓张的浙江人。1894年，松竹斋开了家分店，取"以文会友，荣名为宝"之意，定名"荣宝斋"，著名书法家陆润庠题写了"荣宝斋"三个字。

清末，文人墨客常聚此地。而民国年间老一辈书画家如于右任、张大千、吴昌硕、齐白石等也是这里的常客。那幅《开国大典》的照片上，那位蓄着长胡子的著名老者沈钧儒先生使用的镇尺，就购于荣宝斋。

如今的琉璃厂依旧散发着浓郁的文化气息，以它深厚的文化底蕴吸引着来自四方的文人雅士。

北京的民俗特色

北京的民俗特色是老北京文化的重要组成部分。它融会贯通，在全国各地文化的基础上发展升华，形成一种崭新的京味文化；它至为珍贵，具有历史和现实的双重价值。

由于北京是国家政治、文化中心，所以它对全国的文化发展都具有辐射性影响，透过它还可以探索中华传统文化的渊源。因此，民俗特色不只是宝贵的精神财富，也是巨大的物质资源。

本章主要从婚丧嫁娶、节日特色、方言俚语、休闲娱乐四个方面来介绍老北京的民俗特色，在这几个部分中，您将体验到诸如"双朝贺喜"、京片子、毛猴、兔爷、糖人等一系列有趣的民俗特色。

老北京人的婚丧嫁娶

老北京人怎样婚配

旧时，老北京人在定亲之前必须要先议婚，所谓的议婚主要包括合婚、过贴和相亲三道程序，议婚也叫议亲。

在议婚的过程中媒人起着很重要的作用，男方会请媒人到女方家里问女孩的属相。人们通常会认为

合婚庚帖

女孩的属相会直接关系到男方将来的命运，如女孩属虎就容易克夫。若男女双方属相相克，则不宜婚配。若是女方家里首先考虑结亲，也会请媒人到男方家里问男方的属相。

在问完属相之后，接下来就是合婚即"开八字"。老北京人习惯男女双方各自拿着生辰八字去命馆请阴阳先生合婚，然后再放在一起看是否一致。若是男女双方八字相合，接下来就是过贴。过贴也叫"过门户帖"，就是男女双方家人在一张红折纸上写自家宗亲三代人的名号、籍贯、官职、民族等。

过贴之后就是议婚的最后一步，即相亲，又称"看屋里""相门户"。双方的家人主要是双方的家长以串门的形式到对方家里看看，但

结婚当事人当时是不能相见的。若双方的家人都很满意对方，便会再请阴阳先生写一份"龙凤通书"。在"龙凤通书"上写着男女双方的属相和生辰八字，婚礼的良辰吉日以及大婚当天的主婚人。

在旧时，老北京人十分讲究"门当户对"。尤其是清朝初年，京城里的满人和汉人是不能通婚的。顺治帝时才颁布了满汉两族可以通婚的规定，光绪年间也曾有过这样的旨意。但实际上，清朝仅有家世较好的汉人女子下嫁给旗人的情况，却几乎不会有旗人女子嫁给汉人的情况。

老北京人闺女出嫁时的嫁妆有哪些

在旧时，大婚之日前的一两天，女方要向男方家里送妆、发奁。"妆""奁"就是女子梳妆用的镜匣，也就是现在说的梳妆台，后来被用来特指嫁妆。妆奁是完全由女方家里装备的，一般都分为两部分。一份是由新娘的家长装备的，谓之"攒妆"；另一部分则是由新娘的亲戚赠送的，谓之"添箱"。嫁妆的多少是根据新娘的家境决定的。相对贫困的，嫁妆也就比较简单一些，通常是一对箱子、一对匣子、一对盒子。箱子里放的是四季换穿的衣物、鞋袜等，另外一个箱子里会放一些银钱。匣子里则放的是首饰、头花、汗巾等一些小物件。盒子里放的多是些食物，如甜糕、喜糖等。

相比之下，那些家里相对富有的，嫁妆就比较丰富，会送一些紫檀、红木制的高档家具，如八仙桌、琴桌、书桌、太师椅等。此外，女孩用的胭脂水粉、旗袍夹衣、金银首饰自然也少不了。特别富有的人家甚至可以把地产、房

送嫁妆婚俗展

产和店铺当作嫁妆。王府豪门嫁女儿时还会陪嫁丫鬟等。

嫁妆不论多少，都会雇人抬着，由新郎的兄弟押送到男方家里。起初，女方家里一定会等到男方来"催妆"才能送嫁妆。所谓的"催妆"，就是由男方家里往女方家里送一盒食品。后来这一仪式渐渐被"催嫁"所取代，改为在送嫁前进行。送妆时女方要奏鼓乐庆贺；男方也要以鼓乐相迎。之后，由新郎本人亲自到女方家里行磕头礼，谓之"谢妆"。

迎亲时家里作怎样的布置

在老北京的民间曾流传着这样一首歌谣："大姑娘大、二姑娘二，小姑娘出门子给我个信儿。搭大棚，贴喜字儿。牛角灯，二十对儿。"

迎亲婚俗展

从这段歌谣里可以看出，老北京人婚嫁时双方家里都会搭喜棚、贴喜字。

王公将相的府邸里，多有厅堂、亭榭之类的建筑。在婚宴上，男宾客可以到厅堂、亭榭里落座，女宾可以在内院休息。但普通的人家多住在四合院里，里面没有那么多的装饰建筑，婚宴之上众多的亲朋好友无处落座，于是，男女双方都会在家里搭上喜棚，用来招待前来贺喜的宾客们。

搭建好的喜棚就类似于楼台，有木质红漆的栏杆，栏杆下围以彩绘檐，四壁上安放透明的玻璃窗。一些比较讲究的喜棚可依原来的建筑在院落四周的房顶上接出一到两层，建成阁楼式。北楼用来招待宾客，南楼上则请来戏班唱戏。除了搭建喜棚外，还要贴喜字，这贴喜字也十分讲究，女方家里要贴单喜字，而娶亲的男方要贴双喜字，寓意着"双喜临门"。除了在喜房里贴双喜之外，在之前送来的嫁妆上也要贴上双喜字，家里的窗户和街门两边都要贴上喜字。据说，这个双喜字，是由宋代的大文豪王安石发明的。当年，王安石在洞房花烛夜时又得知自己金榜题名，所以并排写了两个喜字。后来这双喜字便成为人们婚嫁时的吉祥符号，一直沿用到了今天。

新婚房里有哪些礼仪

新婚房在经过布置之后，还要经过一些仪式，那么您了解这些仪式吗？婚房内的仪式共有三项：坐帐、合卺、闹洞房。

新婚夫妇在拜过天地后，便进到喜房内坐帐。坐帐只是一对新人在床上象征性地坐一下，通常不是真的搭帐子。坐帐也叫"坐副""坐床"。坐帐时新郎会事先被嘱咐，要把自己的左衣襟压在新娘的右衣襟上，寓意男人应该压倒女人。在此期间，会有专人将红枣、花生、桂圆之类的喜果撒在帐内，谓之"撒帐"。

之后，再由新郎用帖有红纸的新秤杆挑开新娘的盖头，谓之"初开"，俗称"露脸"。新郎会迅速把揭下来的盖头垫在自己的身下，寓意婚后女人要听男人的话。

之后新郎新娘开始喝交杯酒，称为"合卺"。夫妻二人各执一杯喜酒，先各自饮半杯，再相互交换，寓意夫妻二人合二为一，将来同甘共苦。喝完交杯酒后还要吃女方家里送来的饺了和男方家里已准备好的长寿面。吃完后，新郎则会退出新婚房去招待前来贺喜的宾客们，新娘则会留在新婚房里坐在坑上，谓之"坐财"。在此期间，新郎不得进入婚房内，如果进入则视为不吉利。

旧时婚后的三天都可闹洞房，家里不管男女老少都可以参加这个活动。不过闹洞房的老北京人中只有汉族有这个习俗，满族人没有。汉族人还有"滚床"的习俗，抱一位男童在新婚房的炕上滚爬，谓之"滚床"。

什么是"回门"

新婚后的第三天称作"三朝"，在老北京素来有"三朝回门"的礼俗，就是新娘婚后第一次回娘家。回门又称"回酒"，即新娘回家看望自己的父母，也给新郎一次回礼认门的机会。夫妻二人一起回门又称"双回门"。老北京有句俗话说："回门不见婆家瓦。"就是说这天不到天亮，新娘就由娘家派来的人接回娘家。新郎或一同前往或待到天亮后再去。

到了女方家里，夫妻二人先到庙堂拜神、宗亲，之后再拜见父母以及女方家中的长辈，都要进行三叩首。平辈之间则相互作揖请安。娘家会在这天摆上两桌酒宴，一桌是由新姑爷坐首席，由男眷奉陪。一桌则是新妇坐首席，由女眷奉陪。酒宴之后，夫妻二人还要到女方的亲戚家中进行回拜，新郎可以先行离开，让新娘一人在家里与父母及亲朋好友多聊会天。到了晚上，夫妻二人不能在娘家过夜，必须都回到婆家，谓之"双宿双飞"。

在新婚过后的一个月，新娘可以回到娘家住上一个月，谓之"住对月"。此后夫妻二人步入婚姻的正轨，除了逢年过节，新妇就不再轻易回娘家了。

"双朝贺红"指的是什么

新婚洞房花烛夜之后，第二天日出天晓，即是双朝。"双朝贺红"就是男方确定了新娘的贞操，便可以行祭拜之礼了。

在祭拜之前，还有一位全副不忌的妇人给新娘梳妆打扮，将新娘的发式梳理成妇人的发式。随后夫妻二人来到厨房进行祭拜，祭灶时由男方家长拈香，新婚夫妇三叩首。然后，再将事先准备好的祭祀用的黄纸放在钱粮盆里焚烧。接下来就是拜祖先，同样是三叩首。

最后是拜见男方家里的长辈，叫"认大小"或"定名分"。此时，男方家里的宗族亲戚会按照长幼尊卑次序依次入座或站立。夫妻二人会先向父母三叩首，谓之"行双礼"。之后本家的长辈亲戚会依次受礼，受礼的长辈会将已经准备好的钱或者荷包、手帕之类的小礼物送给新人，谓之"拜敬"。在拜完长辈之后，平辈之间也会作揖、请安。小辈的则会向新人请安，新人会给小辈一些礼物，谓之"见面礼"。礼拜完之后，新娘就成为婆家的人了。

旧时老北京人在"双朝贺红"这天还会请女方家人来吃酒，谓之"坐宴席"或"会新亲"。在男方确定女方的贞操后，就会派人到女方家报喜。女方家人拿到喜帖后，才能到男方家里吃酒。所谓的吃酒，并不是真的吃酒，只是象征性的入席稍坐。这时，男方会向女方的来宾行礼。前来受礼的也会以各种礼物相赠，并说一些吉祥的话。这些回赠的礼物多是新娘在婚前就已缝制好的荷包、绣花手帕、绣花枕套等，谓之"贡献活计"。

老北京人如何置办丧事

老北京人在为亡者下葬之后，祭奠仪式并没有完全结束，通常还要进行"圆坟""烧伞""烧船桥""上百口坟""办周年"等祭祀仪式。

"圆坟"也叫"暖墓"，是在下葬后的第三日进行的第一次祭奠活动。圆坟就是亡者家属为坟墓添土、陪土，并在坟头前架起一个墓门以便于亡者的灵魂自由出入。家中的童男、童女会绕着坟墓正转三圈、反转三圈，谓之"开门"。相传，在"开门"之后亡者的灵魂就可以与家属进行交流了，这天家属会带一些果品、点心、食物让亡者带到阴间去享用。

"烧伞"，就是在亡者下葬后的"五七"时进行的祭奠仪式。自亡者去世之日起每七天都要上坟

葬礼出殡

烧纸，直到"七七"。相传，"五七"这天亡者的灵魂来到了地府的五殿阎罗处，因为五殿阎王喜欢女孩子，所以亡者要装扮成一位打着花伞的少女，才能安然地通过此处。亡者的家属会在这天，带来事前已经准备好的一把纸质花伞拿到坟前烧掉。

旧时的人们相信亡者在去世后的第六十六天要过"阴河"，就是阴间的河道。所以这天亡者的家属会糊好纸船，请高僧诵经念佛后，再将其烧掉。

亡者去世后的第一百天其家属要进行一次比较隆重的祭奠仪式，就是俗称的"上百日坟"。这次祭奠活动一般都在家里进行，一般家属会于此日在院里设置祭堂，并请来高僧念佛诵经，为亡者超度。过了百天大祭后，孝属们便可脱去孝服。

亡者去世后的一周年和两周年也要进行祭奠仪式，一周年谓之"小祥"，两周年谓之"大祥"。办周年的祭奠形式与上百日基本一样，但讲究办单不办双，所以只办小祥不办大祥。另外，还有办三周年祭和九周年祭的。

出殡时为何要扬纸钱

旧时老北京出殡时都要扬纸钱，这一风俗起源于清朝末年。在《旧

都文物略》中有这样一段记载："舁殡出门，预上秫秸扎架，广方数尺，遍粘纸钱，临起杆时，举火焚架，绷弓一断，喷出无数纸钱，借风空冲云际，谓之'买路钱'。近以火患预防，乃手持大叠纸钱，沿途扔之，其高骞数丈，散若蝴蝶，蹁跹回旋，纷然徐下。"由此可见，出殡时扬的纸钱不是用来祭奠死者，而是用来打发外祟和拦路鬼的，也就是给死者的"买路钱"。

纸钱通常由白纸裁剪而成的，也有用金色的纸张制成的。相传袁世凯在出殡时用的就是金色纸钱。纸钱呈圆形，中间有一方孔，直径约有三寸多，用绳子穿成一串。老北京人在出殡时，都是孝子在头，身后跟着一个专门扬纸钱的人，其人背着大串的纸钱，凡是在起杠、换杠、换罩或者将过街口、庙宇、祠堂、水井、桥梁等地方时都会高高地扬

出殡老照片

起手中的纸钱。扬纸钱也是一份很讲究且需要力气的活，先要将纸钱轻轻地揉开，然后在向空中扬起纸钱时，扬起的高度要有四、五丈，在空中散开后，借助风力纸钱半个小时都不会落地。

清末民初时，有个扬纸钱的高手叫刘全福，因脸颊上长有一绺黑须，绰号"一撮毛"。他扬起的纸钱又高又密、铺天盖地，在风力的作用下纸钱久久不会落地。后来，很多富有的大户人家在出殡时都会请他来扬纸钱。相对贫困的人家，是请不起专人扬纸钱的，都会象征性地扬一下，但不论家境如何出殡之时都会扬纸钱。扬纸钱这一风俗一直延续至今。

摔吉盆有什么讲究

老北京人出殡时都会摔吉祥盆，所谓吉祥盆又名"阴阳盆"，俗称"丧盆子"，并不是一个真正的盆子，只是一个略有深度的小碟，在正中间有一个铜钱大的小圆孔。吉祥盆在出殡起杠之前就要摔掉，那么为什么要摔吉祥盆？摔吉祥盆又有哪些讲究呢？

相传，人去世之后到了阴间要喝一碗"迷魂汤"，而此汤能够让逝者的灵魂无法超生。因此，亲属就会为已故之人准备一个带孔的瓦盆，使迷魂汤从瓦盆中漏掉，再摔掉这个瓦盆。

摔吉祥盆的仪式都是由打幡的长子执行，如果没有长子则由家产的继承人来执行。旧时摔吉祥盆就意味着有权继承亡者的财产，因此经常出现抢盆的情况。这时，为了能够让出殡顺利进行，就会由抬杠的杠夫用脚将吉祥盆踩碎，但千万不能用手摔盆。如果亡者没有留下任何家财，则由一晚辈用脚将吉祥盆踩碎，同样不可以用手摔。

摔吉祥盆时也不是直接将盆摔到地上，而是摔在一块专门的沙板砖上。在这块沙板砖的两头会贴上白纸，砖的其他位置要贴上蓝色的纸，做成一本书的样子，有的还在两头的白纸上画三条线，象征三本书。一些家境较差的人，就不讲究在板砖上贴纸，只是用普通的砖块作为摔盆砖。

喊"加钱儿"是什么意思

喊"加钱儿"是老北京特有的殡仪形式，在出殡起杠后，杠头就开始高喊"加钱儿"。喊"加钱儿"也是杠房多年来形成的一种规矩。据民间传说，如果抬杠的不喊"加钱儿"，死者下辈子就会成为哑巴，所以死者的家人会给杠夫一些额外的赏钱。说白了，就是丧家的家人给杠夫们一些小费。

晚晴民国时，杠夫们在喊"加钱儿"时一直用的是"吊"，如"本家老爷赏钱多少多少吊"。后来货币计算单位改成"元"后，杠夫们一直沿用喊"吊"。加钱也有几种喊法，给的少喊的多的谓之"虚加"；给的多喊的少的谓之"倒虚加"；给多少喊多少的谓之"实加"；事前说明多喊多给的，实际上少给的，谓之"扣加"。

"加钱儿"不仅在起杠时喊，在途中进行路祭时或者杠夫在杠口换肩时都要喊一遍，到了坟头还要再喊一次。

老北京人的节日特色

老北京人拜年时都会送什么礼

老北京拜年送礼是古时候传下来的规矩，传承至今，更是一种人情。

单从过年送礼方面来说，主要图个喜气，拼个彩头，讨个吉利，所以既有数字上的讲究，也有谐音上的讲究。

以数字来说，送"双"不送"单"，取好事成双之意。比如：装点心匣子或装果篮儿，种类要为双数，四样，六样，八样。早年间很讲究送"京八件"，即"八样点心"。更有"大八件""小八件""细八件"之分。其中，"细八件"为特制，其制作精细，层多均匀，馅儿柔软起沙，果料香味纯厚，是京式糕点中的优质产品。如果送酒，要两瓶或四瓶才能算一组。送干果，

京八件礼盒

要四样或六样为一盒。买大个儿的水果，多为四个（四季平安）、六个（六六大顺）、八个（四平八稳）或十个（十全十美）。

送礼同时也很注重谐音，有些东西的谐音犯忌，是不宜送人的。比

如：送水果时不宜送梨，因为梨与离谐音；也不送钟表，送钟与送终谐音；不送书，尤其是对生意人，书与输谐音；然而有些东西的谐音却很适合，比如：拜年讲究送酒，因为酒与久谐音，有天长地久之意。

老北京人过元宵节有怎样的风俗

农历正月十五日是我国民间影响极为广泛的一个传统节日——元宵节，又称 "上元节"。其他传统节日大多以家庭为单位，而元宵节则是一个全民同庆的狂欢节日，所以有闹元宵一说，不闹就不能称其为元宵节。所以老北京最热闹的不是春节，而是元宵节。

正月十五看花灯，一到这天，老北京内外城最繁华的商业街就会挂起

赏灯会

各式各样的花灯。长的，短的，圆的，扁的，宽的，窄的，有绢纱的，玻璃的，羊角的，还有的店铺别出心裁，打造冰灯，闪闪烁烁，煞是好看。花灯上画的图案也是五花八门，各尽其巧：有四季花卉，山川美人，名著故事，什么猪八戒背媳妇，赵子云长坂桥七进七出，真假李旋风，一个个形态各异，栩栩如生，让人大饱眼福。

看花灯之余，还可以猜灯谜，灯谜多是根据汉字的形义、典故制成字谜。谜面文字洗练，谜底也不能是贬义。猜中的往往有店铺提供的奖品，多是糕点或是日用百货之类。

有店铺会挂灯，就有店铺会卖灯，专门供赏灯逛街的人们提着。这样不仅有固定的灯，也有流动的灯，更增加了几分元宵赏灯的乐趣。

元宵节其实还有信仰性的活动。那就是"走百病"，又称"烤百

病""散百病",大多是妇女们结伴而行,或走墙边,或过桥或走郊外,目的是驱病退灾。

老北京在元宵节这天还有摸钉这项活动。每到元宵节,妇女就聚集到正阳门,摸一摸正阳门上的铜门钉。"钉"与"丁"同音,而且在"正阳门",所以此项活动意在祈求新的一年家里人丁兴旺,最好生个男孩。

老北京人过清明节有怎样的习俗

清明节起初并不是一个节日,而因为与寒食节很近,慢慢地清明节与寒食节就合二为一了,因此清明节又被叫为寒食节。那么老北京人清明节这天都有哪些习俗呢?老北京人会祭拜先人、踏春、插柳射柳、去城隍庙求愿等。

清明插柳

祭拜先人是清明节最重要的习俗,这天人们会给自己祖先牌位上摆上贡品,然后全家人磕头、上坟、烧纸钱。在祭拜完祖先之后,人们会选择在清明时节出去踏青,因为清明节时正值春天,所以人们会在此时选择外出踏春。旧时老北京的交通并不发达,一般的百姓都会选择去比较近的地方,如西直门外的高粱河畔、陶然亭和东直门外或者就近选择踏青的地方,大户人家会乘坐轿子,去较远的香山、八大处、潭柘寺等地赏景探春。

此外,清明节老北京人还有插柳射柳的习俗。柳被古人认为是春天的使者,插柳这一习俗盛行于唐宋时期,人们会用面粉制成燕的样式,蒸熟之后用柳枝串起来插在家里的窗户上，或者将柳条盘成一个圆形戴在头上，有驱灾、保平安的寓意。射柳也是老北京人在清明节时一个重要的习俗。一些文人雅士，会在柳枝上挂一个有鹁鸠的葫芦，然后在百步之外用弓箭射葫芦，葫芦被射中后，鹁鸠就会受到惊吓而飞走，然后再以鹁鸠飞出的高低决定胜负。

另外去城隍庙求签还愿问卜也是老北京清明节时一大习俗。从明代到民国年间，北京城内已有七八座城隍庙，城隍庙里供奉着"城隍爷"，每年清明节时人们都会来到城隍庙里给城隍爷上香，祈求全家人平安无事。而这天城隍庙也会举办庙会，搭建戏台，请戏班来唱上几场戏。

这些都是老北京人过清明节的习俗，有些一直被流传下来，有些却随着时代的变迁消失了。

老北京人过端午节与其他地方有何不同之处

每年的农历五月初五是端午节，端午节是中国传统节日，相传是为了纪念屈原而设的。端午节这天全国各地都会吃粽子、划龙舟。但同样是端午节，各地的习俗却有所不同。这天老北京人除了吃粽子、吃五毒饼、喝雄黄酒外，还有插蒲艾，"扔灾"等活动。

根据有关专家说，旧时老北京的端午节从五月初一就开始了，一直持续到五月初五。在这五天里老北京人除了吃粽子，插蒲艾，还讲究吃五毒饼。所谓的五毒饼就是人们为了过端午节特制的一种圆形的饼，在饼面上印有蛇、蜈蚣、蝎子、蜘蛛、蟾蜍五毒的图案。据说吃了它可以增强抵抗

五毒饼

力，灭虫免灾。

老北京人还会在端午节时饮雄黄酒。饮雄黄酒也是十分有说头，因为到了农历的五月，天气渐渐变暖，蛇、虫、鼠、蚁都会出现，人们认为蛇、蝎子等害虫可由雄黄酒破解，所以大人喝完雄黄酒后，还要蘸着雄黄酒抹在孩子的耳朵、鼻孔处，以驱邪避害。

"扔灾"也是老北京重要的端午民俗。五月初五这一天，妇女要佩戴红绒花，到正午时分要把红绒花摘掉，扔在路边，据说这样就可以扔掉身上的晦气。

老北京人立春为何要吃春饼

俗话说"一年之际在于春"，立春作为中国传统节气之首，在民间有着极为重要的地位。在立春这天老北京人讲究吃萝卜，谓之为"咬春"。因为老北京人认为，在立春当天吃萝卜可以祛除春困。

当然，老北京人在立春时不单单吃萝卜，这天还会吃春饼。春饼与普通的烙饼有很大的不同，春饼都是由烫面擀制而成，不但烙出来酥脆可口，还可以将饼从中间揭开，在饼内夹上蔬菜和荤食。因为刚烙出来的春饼比较薄，又称为薄饼。一些比较讲究的人家，还会到店铺里买专门烙春饼的锅。在吃春饼的时候也十分讲究，夹的蔬菜一般都是豆芽和菠菜，而荤食则比较多，有驴肉、熏肚、熏

春饼

肘子、酱口条、酱小肚等。老北京人对春饼的吃法也很讲究，民间都说吃春饼是要有头有尾，何为有头有尾？就是先将春饼蘸上六必居的甜面酱，再用合子菜包好，从一头吃到另一头，这就叫做有头有尾，喻义合

家欢乐。

老北京人吃春饼的习俗，也不只限于立春当天，只要在春天，家里来了客人，都可以拿春饼来招待客人。

老北京人七夕节的习俗有哪些

农历七月初七是中国传统的情人节，也常被称为乞巧节或女儿节。老北京人在这天有个重要习俗就是祭拜双星。

七夕节时，正是仲夏之季，天上的繁星闪烁，尤其是在银河两侧的牵牛星和织女星最为闪耀，人们称这两颗星为双星。这天，一般人家会在庭院中摆上一张桌子，桌上放置香炉，再点燃三炷香对着双星祈祷。比较讲究的人家还会添上贡品。祭拜双星的主要是家里的女人，因为她们都把织女当作自己的守护神，在七夕节这天，人们会向双星祈祷自己的家人平安和睦，在祭拜完双星之后，还会坐在院子里"听天语"。据说可以听到牛郎和织女的对话。

除了祭拜双星，老北京人还会去逛庙会。而庙会一般从七月初一就开始了，此时庙会上出售的商品都跟七夕节有关，有牛郎织女画像、七巧针、祭星用的香、果品以及女人们用的胭脂水粉等。

七夕节不光是民间的节日，在宫廷中也有过七夕节的习俗。宫中的女人们会在七月初六那天，打来一盆水，将水放在太阳下晒，晒到水面上起一层薄薄的水皮。到了七月初七这天，她们会将针丢在水里乞巧，如果针影如梭，说明自己一定是织布的巧手。皇后、妃子们会将针丢到水中，通过太阳照射针孔投下的小白点，来求乞织女保佑自己将来不花眼。

总之，七夕节这些习惯都是对美好生活的一种祷告，也是人们对牛郎织女神话传说的一种纪念。

老北京人过中秋节有何习俗？

中秋节是我国除了春节外又一个合家团圆的节日，又称为"仲秋节""八月节""八月半"。老北京人过中秋节主要的活动有拜月、赏月、挂彩灯、吃月饼、供兔儿爷、饮桂花酒等习俗。在民间传说，拜月是女人的事，因此老北京人又将中秋节称为"女儿节"。

兔儿爷

说到中秋节，那必须要说一下月饼。根据记载，苏东坡的诗里就出现过月饼，也就是说最早的月饼大概在宋代时就已经有了。老北京人吃的月饼主要是"自来红"和"自来白"两种。"自来红"主要是由芝麻油做的皮，里面裹有各种果仁以及红糖，多用来"供月"。"自来白"则比较随意，皮是由普通的猪油合着而成。

除了吃月饼，老北京人中秋节这天还吃一种名叫"团圆饼"的面食。这两者从外观上看，团圆饼要比月饼大许多，其口感和制造方法基本一样，但团圆饼可以作为主食食用，月饼只能作为饭后茶点。团圆饼的制作过程，一般是将发好的白面加上碱揉好之后擀成四片薄面饼，然后在面片上散上芝麻酱、糖桂花汁，再放上一些核桃仁、葡萄干等果脯，一层层叠好，再擀一块比较大的面片从上向下将其包成一个圆形的饼，最后放在蒸笼里蒸好即可。吃团圆饼寓意着全家会团圆和美。

在吃团圆饼之前，老北京人还有拜月的习俗，拜月时要有月光码，就是在一张大的白纸上印上神符，纸的上半截印着太阴星君，下半截印着兔儿爷和月公。然后将这张印有神仙的纸糊在秫秸杆上。等到月亮升起后，女人和小孩会先拜月光码，然后再拜祭月亮。之后众人会分吃上供的贡品。中秋节这天老北京人上供的贡品主要就是月饼和团圆饼，但贡果中讲究不能有梨，因为梨的谐音是"离"，有避讳"分离"等不美好的寓意。

老北京人是怎样过重阳节的

重阳节距今已有2000多年的历史了，《易经》中把"九"看作是阳数，而九月初九这天是双九相重之日，所以古代人认为九月初九这天是一个值得庆贺的吉利日子。根据相关文献记载，将九月初九这天定为重阳节是在西汉时期，但早在春秋战国时，人们就有了登高、赏菊的习惯。那么老北京人又是怎样过重阳节的呢？

老北京人过重阳节主要有登高、戴茱萸、赏菊花、饮菊花酒、吃花糕等活动。这些风俗也一直流传到今天。

老北京人在重阳节这天一定会登高。旧时皇帝会在这天登上万岁山（即景山）去拜神求佛，然后站在山顶俯瞰北京城，而民间的普通百姓也会登高，他们主要去香山、八大处、五塔寺等地。除了登高之外，佩戴茱萸也是老北京人重阳节时主要的风俗，茱萸就是吴茱萸，俗称越椒，它有散寒止痛、开郁杀虫的功效，古代又称它为"吴仙丹"或"辟邪翁"。老北京人认为在重阳节这天佩戴茱萸能够驱邪避灾，于是人们会将茱萸用红线串成圆形，佩戴在手腕上，女人们还会将茱萸

重阳糕

磨成粉装在香袋里。在清代时，北京人过重阳节时还会把茱萸挂放在门窗上，寓意着"解除凶秽，以招吉祥"。

除了登高和佩戴茱萸外，老北京人在重阳节时还要吃花糕。所谓

的花糕就是人们常说的菊花糕，又称重阳糕，吃花糕源于"登高"的"高"字，"高"与"糕"谐音，含有"步步高升"之意。旧时老北京的花糕有很多种类，有糟子糕、桃酥、碗糕、蛋糕、萨其马、金银蜂糕、蒸糕、五色糕等。不仅在民间流行吃花糕，清代时宫廷在这天还会举办"花糕宴"。

赏菊、饮菊花酒也是老北京人过重阳节时重要的风俗。相传，重阳节赏菊、饮菊花酒的习俗最早源于晋代的大诗人陶渊明，陶渊明以隐居、作诗、饮酒、爱菊花出名，后来人们纷纷模仿他，遂有重阳赏菊花、饮菊花酒的习俗。

老北京人立冬为何要吃饺子

立冬是中国二十四节气之一，在立冬这天老北京人有吃饺子"安耳朵"的习俗。那么立冬"安耳朵"的习俗是怎么来的呢？

相传，旧时在北京城里有一位姓张的神医，他发现每年到了冬天，人们的耳朵都会长很多冻疮，于是他就将羊肉内掺入很多中药，再用面裹好，煮熟了给大家，因为吃了这种看起来像耳朵形的食物，人们耳朵上的冻疮果然会痊愈，所以留下了立冬这天吃饺子"安耳朵"的习俗。

旧时北京人立冬时，用的饺子馅是倭瓜馅儿，倭瓜算是老北京人的当家菜了，直到现在很多住平房的北京人，还有种倭瓜的习惯。这种倭瓜馅儿的做法就是把夏天采摘好的倭瓜存放起来，等时间一长倭瓜被糖化，正好在立冬的时候拿出来做倭瓜馅儿。在清代，立冬时宫廷有吃涮羊肉的习俗，因为羊肉属温补，有利五脏，可以抵御冬天的寒冷。

老北京人是怎样过小年的

腊月二十三这天就是人们通常说的"小年"，在过小年时老北京人都有哪些习惯呢?

相传，每户人家供的灶王爷会在这天飞往天上向玉皇大帝禀报人们的善恶。因此过小年时老北京人都会祭灶、送灶。祭灶时人们会在灶王爷的贡台上摆上糖果、清水、料豆等贡品。然后再把糖用火烧化，涂在灶王爷的嘴上，希望灶王爷在向玉皇大帝禀报时多说好话。在老北京民间有"男不拜月，女不祭灶"的说法，因此祭灶仅限于家中的男性成员。

祭灶后，等到黄昏入夜时，再进行送灶。送灶就是再次给灶王爷上香，然后从神龛中请出灶王爷的神像，连同事先用纸糊好的纸马和喂马的草料一起放在院子正中间，点火焚烧。此时，家里的男性成员要围着火磕头。

祭灶窗花

除了祭灶和送灶之外，老北京人还会在这天剪窗花、贴窗花。人们会在过小年时，先将家里打扫一遍，然后剪窗花、贴窗花，以此增添节日的喜庆气氛。这些窗花图案也样式各异，有植物形、动物形、人形，如喜鹊登梅、二龙戏珠、鸳鸯戏水、刘海戏金蝉等。

过小年时，老北京人还有"赶乱婚"的说法。何为"赶乱婚"呢?就是人们认为腊月二十三这天，所有的神仙都上天了，家里百无禁忌，不论是娶媳妇，还是聘闺女都可以在这天进行，谓之"赶乱婚"。

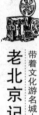

老北京人的方言俚语

老北京方言俚语有怎样的特点

老北京话听起来干净利落，不拖泥带水，除此以外，它有怎样的独有特点呢？

那就是北京人说话儿化音比较多，并且一般都会在一句话中说的最后一个字后缀上"儿"音，"儿"和前面的字连着读。比如，"今天"，北京话会说成"今儿个儿"，"傍晚"北京话说成"晚么晌儿"；再如"走跑"北京话就是"颠儿"，"最后"说成"末了儿"。

那么北京话这独有的儿化音又是怎么发展和流行起来的呢？据汉字考古专家们的考证，北京话中的这种儿化音最早形成于清朝初期，它是受满族式汉语影响而形成的，据今大概有三百多年的历史了。翻开完成于清代的那些小说中随处可见儿化方言，特别是在《红楼梦》中出现的最多。

虽然儿化音在北京方言中普遍流行，但是也不能到处乱用。北京一些地名就不能随意地缀上儿化音，如天安门、故宫、东直门、西直门等，可是像西便门就可以说成"西便门儿"。可见，在北京的儿化音中真是大有学问。

儿化音多是北京话独有的特点。没有了儿化音北京方言也就失去了它独有的乐趣。

老北京方言是如何形成的

提起北京，人们除了想到那些有名的旅游胜地外，还会想到老北京独有的方言俚语。那么老北京的方言是如何形成的呢？

老北京生活

现在，全国通用的普通话是在以北京方言为代表的北方话基础上形成的。北京城自古以来作为帝王之都尤其是作为元明清三朝的首都，可以说是人流不息，这样一来就汇聚了来自四面八方、五湖四海的人。到了明清两朝以后，来到北京的外地人更是急剧增加。原在东北、华北乃至西北地区的人们源源不断地来到北京定居，与北京本土的居民杂处交融。

明朝初年，燕王朱棣发动了"靖难之变"，在成功夺取皇位后，把国家的首都从南京迁到了北京。有一大批南方的官员以及大量的居民也随之迁居到了北京。明亡清兴，关外的满族和其他少数民族也迁移到了北京。所以说，北京是一个人才汇集，五方杂居之地。

随着来自全国各地的人口的汇聚、交融，必定会带来语言上的交流与渗透。因此，北京的方言俚语的发音、语言特点也必定融合了全国各地的汉语方言、少数民族语言以及外来语音。

可以说，老北京的方言俚语是很有它独特的味道的。

逐渐消失的老北京方言知多少

随着普通话的不断普及和推广，过去一些老北京方言中常用的生僻字也逐渐地被比较书面的语言所代替，所以老北京的一些方言已经越来越少被使用或者听到了。

您知道以前的老北京人管蜻蜓叫什么？叫"老玻璃"，这够出乎意料的吧！您知道"恁"字怎么读吗？它在老北京方言中又有着什么具体的意思吗？这个字在老北京方言中读作

老北京的吆喝

"tui"（一声），现代汉语中读"tan"，是表示第三人称"他"，一般用于比自己年长或者上司身上。例如，"我爱我的老师，恁教育我怎样做人。"与"恁"相对的是"您"，现在"您"被越来越多的人用做对他人一种极为尊敬的称呼。

在老北京方言中还有一个让您更意想不到的词，就是"哥棱瓣儿"。您知道它是什么意思吗？这是老北京人对自己膝盖的称呼，而如今还有很多人称呼自己的膝盖为"哥棱瓣儿"。

现在，我们在大街上如果遇上一对小夫妻去逛街，我们通常会说："看这小两口，又一起出来逛街了。"可是你知道老北京人是怎么说的吗？老北京人会说："瞧着这小公母这是要逛街去啊！"有意思吧！小公母代表小夫妻的意思。但要注意的是"公""母"两个人字读得一定要短促，千万别清楚地说出"公""母"两个字来。现在，还有谁会这样称呼？

老北京的方言是一种有趣的文化，是老北京独有的，也是老北京的

一座文化宝藏。

您了解老北京方言中那些特定词的具体含义吗

在老北京方言中我们不难发现一些特定的词，它们都用于表示特定的意思。关于这些特定的词以及所蕴含的特定意思，您又知道多少呢？

比如"大法儿了""掉链子""能个儿""回头儿""撒摸"这几个词。"大法儿了"的意思是"过头了，厉害了"。如，"昨晚上熬夜看球熬大法儿，今儿一点精神都没有"。"掉链子"的意思是说做一件事出了意外没法完成了。如，"要不我就把这电视剧给看完了，可谁想突然停电了，这下可掉链子了"。"能个儿"是说"真有本事，真厉害"。如，"这桌子都坏成这样了，你还能给修好，您真是能个儿"。"回头儿"，就是"有机会"的意思。如，"这事回头儿再说吧"。"撒摸"就是"寻找"的意思。如，"我今儿在新开的那家商场中撒摸了一双不错的鞋，要不回头您跟我再过去瞧瞧去"。

其实除了特定的词在老北京方言中有特定的含义，有些字也一样。

"嘛"就是"干什么"的意思。如"您跟这儿嘛呢"。"得"就是"行了、好了"的意思。如"这事就这么得了吧，也没什么大不了的"。"且"就是"可要、得要"的意思。如，"现在这点你跟这儿等1路，那可得且等呢"。"跟"的意思是"在"。如，"咱们一会儿跟哪儿见啊"。

只要您用心体会，就会发现不少这样的老北京方言中的乐趣。

老北京人如何称呼自己的父母

爸爸妈妈是每个人在这个世界上最亲近的人。一个人从会说话开始，学会的第一个词基本都是"妈妈"。在中国复杂的言语中，只有

"爸爸，妈妈"的发音是基本都一样的。但是，您知道老北京人是怎么称呼爸爸妈妈的吗？

在清朝入关之前，中原地区的汉族人通常称呼爸爸妈妈为"爹""娘"。在清朝满族入关后，也逐渐汉化。但是他们的一些发音和现在的发音还是有所不同的。比如，"爸爸""妈妈"的发音就不一样，老北京人称呼"爸爸"的发音是"ba bei"（第一个字读四声，第二个字读一声），"妈妈"的发音是"ma mei"。

当然，这样的发音在最初仅局限于满洲的贵族之间，随着清王朝统治地位不断加强，一些原居的汉族人也开始这样称呼自己的父母。后来，清朝灭亡，中国引进了西方的一些思想文化，现代的发音也逐渐取代了以前的那种发音，"爸爸妈妈"的发音也就从此流行了起来。

老北京人如何称呼亲朋好友

亲朋好友是我们生活中几乎每天都要见到的人，见了面，总要打声招呼吧，如果直呼其名当然会显得不礼貌，于是就有了各式各样的称呼。那么老北京人又是怎么称呼自己的亲朋好友的呢？

在老北京人的口中，很少用"你"这个词，一般都称呼"您内"；同样也不用"他"，一般称呼为"丫"；和自己从小玩到大的朋友称为"发小儿"；在后来认识的关系比较好的朋友称为"瓷器"；称呼年龄比较小的女孩儿为"丫头片子"；长得漂亮的女孩儿称呼为"坚果"；长得帅气的男孩儿称呼为"尖孙"；管自己的曾祖父叫"太祖"，曾祖母叫"太太"；称呼父亲的姐姐叫"姑妈"；父亲的妹妹叫"娘儿"，特别要注意的是这里的"儿"字一定不能省，这是为了区别和自己的妈妈称呼；称呼父亲的哥哥为"伯"（念bai）；称呼父亲的弟弟叫"叔爸"；称呼父亲的姑姑为"姑奶奶"，但如果姑奶奶到了一定的年龄还没有结婚，就一定要改称呼为"姑爷爷"；丈夫管自己的妻子叫"媳妇儿"；称呼妻子姐妹的丈夫为"挑担儿"；丈母娘称呼女儿的丈夫为"姑爷"；老北京人在别人面前说起自己的父母时会称呼为"我们老爷子""我们家老太太"，这样显得格外亲切和尊重。

老北京人对亲朋好友的称呼是多种多样的，但在这些称呼中都带着一种礼貌、亲切、随和、大方的意思。

老北京人的节日俗语有哪些

老北京人喜欢过节，也会过节，不但把每个节日过得有声有色，还从各个节日中创出了不少的俗语。

对于中国人来说最大的节日无非就是春节了，老北京人更是看重这个节日。按照老祖宗定下来的规矩，大年三十晚上一家人都要热热闹闹地团聚在一起，一起守岁，一起包饺子、下饺子、吃饺子，这天是不允许串门、走亲戚的。由此产生了一句俗语：三十晚上吃饺子——没别人儿。

过了春节，接下来就是元宵节了。元宵节家家户户门前都会挂上各式各样的彩灯，大街小巷也会挂上五颜六色的花灯。除了赏花灯外，全家人还会一起吃元宵。因此，就有了这么一句俗语"别净顾着吃元宵——瞧灯"。这句话通常是长辈提醒晚辈小心点灯火，别净顾着吃元宵了。

在老北京俗语中还有这样一句"七月十五吃月饼——赶鲜儿"。我们都知道，吃月饼应该是在八月十五中秋节这天，可是有些人等不到八月十五就开始吃上月饼了，您说这不是赶新鲜吗？所以这句话用来形容那些赶时髦、超前的人。

每个节日都有中华民族传统文化的象征，而由这些传统节日产生的民间俗语更是一种民俗文化的生动写照了。

老北京人的休闲娱乐

京剧是老北京土生土长的戏曲吗

京剧在我国戏曲中，是具有全国性、典型性的剧种之一，虽然京剧形成于北京，但并不是北京土生土长的戏曲，它是在"徽剧""秦腔""汉戏"的基础上融合了"昆曲""弋腔"的精华，又结合了北京的语言特点，形成的一种

京剧武生

曲剧。由于北京是全国的政治文化中心，所以京剧得到了迅猛的发展传播。那么您知道京剧是怎样一步步成为现如今的国粹的吗？

清朝时，京腔并没有像现在这样流行，尤其是在乾隆年间，昆曲受到大家的追捧，特别是得到皇室们的喜爱。但在乾隆五十年（公元1785年）昆曲表演被朝廷认为是一种有伤风化的表演，于是昆曲被朝廷赶出了北京城，也就停止了在京城的演出。

在乾隆五十五年（公元1790年）徽班入京。其中以三庆、四喜、和

春、春台四家最为有名，有"京城四大徽班之称"。初期被京城人逐渐遗忘的昆曲也被徽腔融合进来了。到了乾隆末年，汉剧也进入了徽班。在道光至咸丰年间，徽戏、汉剧、昆曲与京腔达到了最完美的融合，逐渐形成了一种新的曲调，即京剧。由于京剧不管在唱功还是表演形式上博采众长，又远远超过了以往的曲调，所以很快受到了普通百姓乃至皇室的青睐。在晚清《同光名伶十三绝》中描绘的十三位享有盛名的京剧表演家也是在这一时期诞生的，算是京剧史第一代有名的表演家。

到了民国年间，京剧得到了进一步的发展，并达到了鼎盛。在这一时期还诞生了"四大须生""四大名旦"。京剧发展到今天已有二百多年的历史，并被誉为国粹，传播到海外各地。

京剧里的"四大名旦"都是谁

京剧中的角色大致可分为：生、旦、净、丑四个角色。其中旦角尤为人们所熟知，京剧史上的"四大名旦"更是家喻户晓，那么您了解这"四大名旦"吗？

京剧里的"四大名旦"说法最早源于天津的《大风报》中。这"四大名旦"分别是梅兰芳、程砚秋、尚小云、荀慧生四位老艺术家。

梅兰芳生于北京，祖籍是江苏，梅兰芳的祖父就是当年被誉为"同光十三绝"的梅巧玲先生，梅家可谓是世代出身梨园。梅兰芳自幼学习京剧，9岁那年拜师学青衣，10岁就登台演出了。梅兰芳最擅长的角色就是旦角。他通过长年的刻苦学唱、练习，综合青衣、花旦、刀马旦的表演方式，创造了独具一格的"梅派"表演风格。梅兰芳以独有的表演程式、圆润的唱腔以及华丽的服装，被称为京剧中旦行的一代宗师。他

梅兰芳演出

还先后多次到国外进行演出，为中国京剧艺术的发展传播作出了卓越的贡献。

程砚秋是土生土长的北京人。他从6岁那年就开始学习京剧，起初他学的是武生这个角色，后来因为其唱腔极佳，又改学花旦、青衣。程砚秋11岁登台演出，在演出之余他除了坚持每天练嗓外还学习了书法、绘画、舞剑，这样一来不但提高了自身的艺术修养，还为他后来的戏剧表演和创作事业打下了坚实的基础。渐渐进入表演成熟期的程砚秋以自己独特的嗓音创立了"程派"唱腔。程砚秋是集演出、创作于一身的艺术家，他将自己的一生都献给了京剧艺术事业，可以说他对京剧的影响甚远。

尚小云生于北京，祖籍是河北。他自幼学习京剧，起初习武生，后改学旦角。他11岁那年被评为"第一童伶"。尚小云以刚劲的唱腔和俊美的打扮而著名，后来逐渐形成独特的"尚派"风格。尚派表演的特色就是常运用"文戏武唱"的方式。尚派的唱腔讲究抑扬顿挫、一气呵成。

荀慧生生于河北，从小学习河北梆子，在19岁时才开始改学京剧。他将河北梆子等艺术形式很好地结合到京剧中，并创立了"荀派"。荀慧生比较善于扮演天真活泼的女性角色，且其嗓音也甜美委婉。

"四大名旦"都为京剧的发展作为出了不可取代的贡献。

老北京的相声由何发展而来

相声一词源于宋代的"像生"，原来指模仿别人的言行。明朝时期发展成为一种说唱艺术，被称为"象声"。到了民国年间，象声才成为一种单口笑话，并改名为相声。起源于清朝咸丰、同治年间的相声吸收了口技、说书的艺术表演特色，在晚清时发展成一种以讽刺笑话为主的艺术形式，并由北京很快流行向全国。根据现有的可查文献，张三禄是京城说相声的第一人，算是老北京相声的祖师爷了。

不过，现在的相声界一般认为朱绍文是相声的祖师爷，朱绍文算得上是中国相声史第一位专业的相声演员。据说，对口相声、三人相声和太平歌词就是由他创造的。

相声不像其他艺术，它出自民间，因此很受广大群众的喜爱。在张三禄等老一辈相声大师之后，又出现了无数优秀的相声技艺传承人，为相声的继承和发展做出了不懈努力。

老北京的空竹是玩具吗

空竹是一种由竹杆制造而成的玩具，因竹杆内部被掏空，所以叫"空竹"。它是一种民间游戏，也是一项中国传统杂技。空竹只是北方人的叫法，在四川叫做"响簧"，在上海叫"哑铃"，在长沙叫"天雷公"。在古代曾被叫做"空钟"，在明《帝京景物略》中详细记载了其制作方法和玩法。相传三国时期曹植还写过《空竹赋》，由此可见空竹已有上千年的历史了。

空竹

在古代，空竹是宫廷中女子的玩物。后来传到民间后，无论男女老少都喜欢以抖空竹作为闲暇时的一种娱乐活动。在中国北方一些地区，每逢节日时都会抖空竹来增添节日的喜气气氛。空竹由民间的庭院游戏演变成一项杂技表演，拥有很多的玩法和复杂的技法，如"彩云追月""抬头望月""童子拜月""织女纺线""鲤鱼摆尾"等。

如今的空竹，以京津两地的最为出名。北京地区玩空竹的艺人和民间高手很多。如北京西城区的张国良和李连元两位老先生都是抖空竹的高手，并成为抖空竹这项绝技的代表性人物。

北京的民俗特色

老北京的皮影戏是如何发展形成的

皮影戏又称为"影子戏""土影戏""纸影戏"等，老北京人则称为"驴皮影"，是源于我国民间的一种傀儡戏。皮影戏在进行表演时，先用灯光照射用兽皮或者纸张雕刻成的各式各样的剪影，使影子映在幕布上，再由艺人在幕布后操纵皮影运动，艺人们在操纵皮影时还进行演唱和演奏。皮影戏受到地方戏曲影响，在各地都有着不同的剧种和唱腔，旧时北京城中演出的皮影戏大都是京剧。

相传，皮影戏最早出现在秦汉时期，是由道士李少翁发明的。因当时汉武帝最喜欢的妃子李夫人去世，汉武帝终日郁郁寡欢，不理朝政。为了能够再见到这位妃子，汉武帝便让道士李少翁做法招魂。李少翁只好在宫殿内围上帆布，并在四周点上很多蜡烛，在晚上时他拿来事前用棉布裁剪好的那位妃子的形象，在纱布上映出了她的样子。从那之后汉武帝对"皮影戏"爱不释手。

皮影戏

宋代时期，皮影戏十分流行，并有了专门为演出皮影戏搭建的戏台。明代中期，皮影戏从兰州、河北等地传入京西。到了清代，皮影戏达到了鼎盛时期。起初由河北涿州等地传入北京的皮影戏被称为"西派皮影"，后来由滦州传入的被称为"东派皮影"。随着不断发展，西派皮影不仅深受京剧的影响，还吸收了东派皮影的精华，逐渐演变成了今天的北京皮影戏。

皮影不单单是一种曲艺，还是一种传统的手工艺品。制作时有选材、雕刻、上色、涂漆等几道工序。皮影主要是以驴皮、马皮等一些兽皮制成，所以老北京人又将其叫做"驴皮影"。

中国皮影戏有着悠久的历史，现如今依旧深受人们的喜爱。

您见过老北京的鼻烟壶吗

吸鼻烟的习惯，是源于印第安人。用来盛放鼻烟的容器就是鼻烟壶。鼻烟最早是在明末时期传入中国的，鼻烟壶也就渐渐地发展起来。现如今鼻烟已经很少有了，但鼻烟壶却成为一种手工艺品流传了下来，并被誉为"集中各国多种工艺之大成的袖珍工艺品"。那么鼻烟壶又有着怎样的发展历史？又为何会成为老北京的土著玩意儿？

鼻烟壶

中国人开始吸鼻烟是在明代，但当时仅出现在广东沿海一带。清康熙年间，政府开放海禁，西方传教士借此机会携带大量的鼻烟和鼻烟壶入朝进贡给皇帝。到了乾隆年间，乾隆皇帝将鼻烟赏赐给王公大臣，吸鼻烟也就成为了一种时尚。

随着吸鼻烟的人越来越多，鼻烟壶的制造也就渐渐地发展起来。起初，鼻烟壶并没有什么特质。在康熙年间，为了方便吸鼻烟，宫廷创办了专门制造鼻烟壶的工厂，当时制作鼻烟壶的材料大多是铜胎、画珐琅、牙雕等，开辟了制造鼻烟壶这项手工艺品的新种类。到了清咸丰、同治年间，官办的鼻烟壶就很少用重金属器材的了，多为玻璃和瓷制的。而民间作坊生产的鼻烟壶类型则比较单调，装饰鼻烟壶的图案多以戏剧情节、历史人物为主。清末时期，生产制造的鼻烟壶以玻璃制和水晶制为主，壶壁上的图案主要反映人物、花鸟、山水等。

鼻烟壶的发展在北京最为盛行，因北京是明清两代的首都，也是鼻烟壶发祥之地，随着北京政治经济不断的发展，鼻烟壶也成了老北京的一种土著手工艺品。

老北京人为何喜欢养鸟、养虫

北京人养鸟已经有很久远的历史了，其实养鸟并不是一种摆谱的表现，而是老北京人的一种休闲娱乐。养鸟的人，根据其自身的阶层和富有程度，也是分为很多种的，说的通俗点就是什么阶层的人养什么种类的鸟。摆台卖艺的人多养交咀、"老西儿"一类；文人雅士则养百灵、红子一类；相对富有的人则多养画眉一类。不论哪个阶层的老北京人对养鸟都有着极大的兴趣。

除了养鸟外，老北京人还有一个嗜好，就是养小昆虫。如养蝈蝈、养蟋蟀、养金钟等。一般这些小昆虫都养在葫芦里，养得好的可以从初秋一直养到冬至。那些比较富有的人用的养虫工具都比较讲究，多用象牙或者紫檀木制成，如果室内温度比较暖和，这些小虫就会叫唤起来，给家中带来夏秋山林野

养鸟人

田的趣味。在众多养虫人中，养蟋蟀的比较多，因为这种小昆虫不但喜欢鸣叫，还特别好斗。在旧时的老北京斗蟋蟀也相当的盛行，斗蟋蟀时人们往往都不会以钱财作为押注，通常都是押些糕点或者水果。这样一来，人们在观赏一场斗蟋蟀后，还能品尝到可口美味的果品。

老北京人养鸟虫在旧时已经很普遍了，上至皇族大臣，下至黎民百姓，乃至一些艺人都乐此不疲。

你知道吹糖人的祖师爷是谁吗

糖人是以加热的糖稀为原料做成各种造型的民间艺术，也叫稠糖葫

芦、吹糖麻婆子、打秋千稠饴、糖官人、糖宜娘、糖宝塔等，其常见造型有人物、动物、花草等。

吹糖人

民间有三种制作糖人的工艺：吹糖人、画糖人和塑糖人。而老北京以吹糖人和画糖人居多，其中吹糖人的工艺最为复杂。

糖人不易保存，放久了会变黑、融化，因此过去的艺人多打着铜锣沿街叫卖，现做现卖，观看制作糖人的过程也是一种乐趣。制作者多挑一个担子，一头是盛放糖料和工具的小柜子，另一头是加热用的炉具。有的小柜子上还带着一个画着花鸟兽虫的圆盘，交过钱后可以转动盘上指针，指到什么就做什么，所以买糖人又叫抽糖人。

糖料由糖稀加热调制而成，制作时把糖稀熬好，用一根麦秸杆挑上一点糖稀，再对这麦秸杆吹气，糖稀随即像气球一样鼓起，再通过捏、转等手法配合吹起塑成各种造型。最后用竹签挑下，冷却后成型。

据说，吹糖人的祖师爷是明朝的开国大臣刘伯温。传说朱元璋为了自己的皇位能一代代传下去，就造"功臣阁"火烧功臣。刘伯温侥幸逃脱，被一个挑糖儿担子的老人救下，两人调换服装，刘伯温从此隐姓埋名，天天挑着担子走街串巷。在卖糖的过程中，刘伯温创造性地把糖加热变软后制作成各种糖人，引得小孩子争相购买。后来，许多人向刘伯温请教吹糖人儿的技艺，刘伯温一一教会了他们。于是，这门手艺就一传十、十传百，传到现在据说有600多年的历史了。

过去糖人很便宜，在20世纪80年代初，几个牙膏皮就可以换一个糖人。如今儿童的玩物多了，糖人不再是单纯哄孩子的东西了，已经被作为一项民间艺术受到重视。现在沿街的艺人少了，但在京城的庙会上还是可以见到的。在庙会上买个糖人，会是一次不错的体验。

老北京兔儿爷是一种玩具吗

兔儿爷是老北京的一种传统玩具，它的形象是源于神话中嫦娥仙子身边的玉兔。北京人用泥塑造成的兔儿爷形象千姿百态。兔儿爷头顶长着长长的两只耳朵，嘴呈三瓣，身上穿的衣服各不相同，有的穿着将军服饰，有的穿寻常百姓的衣服。摆弄的姿势也是样子各异，有的骑着老虎，或在喝酒或在跳舞。那么天上的玉兔怎么会成为老北京的一种传统玩具呢？

传说，一年北京城内闹起了瘟疫，几乎整个北京城里的人都得了这种瘟疫，那情景可谓是民不聊生。生活在月宫里的玉兔看到人间这般凄惨，于是就化身为一个少女，来到京城挨家挨户地为人们消去瘟疫。起初，因为玉兔治好了人们的瘟疫，大家都纷纷给她送礼物，奇怪的是，玉兔没有接受这些而是向各户人家要衣服穿。每治好一户人家的瘟疫，玉兔就换一身衣服。因为每家给的衣服都不一样，所以玉兔有时打扮成商贩的模样，有时像个书生，有时又像个威武的大将军。为了能够治好京城每个地方的瘟疫，她骑着虎狮跑遍了整个京城。在瘟疫消失时，玉兔也就回到了月宫中。

不知何时，玉兔下凡来救济百姓的事被传开了，人们为了纪念这位心地善良的玉兔，就开始用泥土来捏造它的形象。从每个人手中捏造出来的玉兔形象都不一样，有男的有女的，有老的也有少的，这样就衍化出了兔儿爷、兔儿奶奶和兔子兔孙了。

后来，兔儿爷逐渐成为一种儿童的玩具。明末清初时，就有儿童在中秋节拜兔儿爷的记载。被做成玩具后，又衍化出可以牵线操纵的兔儿爷，十分的活泼可爱。

您见过老北京的毛猴吗

说起毛猴，即使是现在的北京人，知道的恐怕也不多——那是一种老北京独有的民间艺术形式。毛猴全身都用中药材制作，体态小巧，形象乖觉，又名"半寸猢狲"。

相传清同治年间，在北京宣武门外骡马市大街有一家名为"南庆仁堂"的药铺，掌柜的尖酸刻薄，经常无缘无故数落店里的小伙计，小伙计是个小学徒，只好每天忍气吞声。

某一天，这个小伙计又莫名其妙地挨了一顿臭骂，心中愤愤，又无处

毛猴

发泄。到了晚上，百无聊赖的他在烦闷中摆弄药材，突然发现蝉蜕这味药跟人很像，不由孩子性起，当晚就用手头的中药材捏出一个"掌柜"来。这个"掌柜"其实挺寒碜的：脑袋是蝉蜕的鼻子，躯干是玉兰花越冬的花骨朵儿，四肢便是蝉蜕的前后腿。所以这个形象一出来，同侪的小伙计们一看，实在是更像一只尖嘴猴腮的猴子。这便是第一只毛猴的由来。

后来流传到坊间后，被有心的民间艺人加以完善，毛猴又戴上了"斗笠""草帽"，甚至披上了"蓑衣"之类的东西，更摆出各式各样的姿态，逐渐形成一种深受人们喜爱的手工艺品。

天桥八大怪都有哪些人

说起北京天桥，大伙儿都知道这是过去那些生活在底层的艺人耍把戏的地方，三教九流的集中地。他们为了维持最低限度的温饱需要，只

能在街上卖艺，他们或身怀绝技、技艺超群，或相貌奇特、言行怪异，给群众留下了深刻印象。在天桥，最有名气的就属天桥八大怪了。

八大怪按年代顺序共分为三代：出现在清末咸丰、同治、光绪年间的被称为第一代"八大怪"，他们是穷不怕、醋溺膏、韩麻子、盆秃子、田瘸子、丑孙子、鼻嗡子、常傻子等八位艺人；第二代"八大怪"出现在辛亥革命后的北洋政府时期，有训练蛤蟆教书的老头、老云里飞、花狗熊、耍金钟的、傻王、赵瘸子、志真和尚、程傻子；第三代出现在20世纪30到40年代，有云里飞、大金牙、焦德海、大兵黄、沈三、蹭油的、拐子顶砖、赛活驴。

天桥八大怪之一——穷不怕

"穷不怕"，原名朱绍文，清同治、光绪年间在天桥卖艺。他以说单口相声为主，也会唱。上地时带一副竹板，板上刻着一副对联："满腹文章穷不怕，五车书史落地贫"。穷不怕的艺名即由此而得。每天上地开说之前，他先用白沙子在地上撒字。他常撒的一副对联是"画上荷花和尚画，书临汉字翰林书"。他不但撒的字潇洒漂亮，说的段子也都是自己编撰的。

韩麻子，以说单口相声为主。他口齿清楚，说话伶俐，相貌怪异，很能吸引观众。他说完一段要钱时，向来不开口向观众求告，而是双手叉腰，往场中一站，眼睛向四周围一瞧，观众知道他是要钱了，就纷纷往场中扔钱。由于这种特殊举动，在天桥一带便流传着这样一句歇后语："韩麻子叉腰——要钱"。

赵瘸子，练杠子的，幼年练功因踢腿过猛，导致残废。他以一条半腿在杠子上，手脚灵活、腾上翻下做各种动作。所谓杠子就是在一条单杠上的杂耍，与今天体操中的单杠项目非常相似。如单手大顶、噎脖子、燕子翻身、哪吒探海等，变幻多样，常得到满堂喝彩。

赛活驴，原名关德俊，他经常观察小毛驴的动作，体验形象，因此在台上把小驴演得活灵活现。他有个驴型道具，是用黑布制作而成的，驴头描绘得很细腻，穿在身上栩栩如生。表演时，在场子中摆上三层三条腿的板凳搭成"旱桥"，然后他的妻子关金凤化了妆后骑在驴背上，走在"旱桥"上表演各种难度较大的惊险动作，其高超精湛的"驴技"，总能成为全场最动人心弦的精彩环节，不少人就是为了看小驴才去听戏的，无怪乎成千上万的观众送给这位"驴技"鼻祖恰如其分的绰号——"赛活驴"。

一百多年来，在天桥市场献艺的，除上述三代"八大怪"以外，还有很多自怀绝技的杰出艺人。他们如八仙过海般各显神通、各练绝招，在北京近代民间艺术史上留下了令人难以忘怀的一页。

北京的街桥地名

北京作为元明清三朝的帝都，其街桥地名大多具有浓厚的人文色彩。

这些街桥巷道与古都共同经历了历史的沧桑，随着朝代的更迭和城市的发展，有的已为历史所淹没，有的则不止一次地改名换姓。

北京的街桥地名纷繁复杂，不过它们的命名却也有据可循，如有的以自然万物——天地日月、山河井池、花鸟虫鱼、瓜果菜蔬等来命名，有的以生活饮食、服饰用品来命名，有的以东西南北、前后左右、奇数偶数来命名，还有的直接以人体部位来命名。

当您了解老北京街桥地名的命名规律后，就不会对那些复杂拗口、名字相近难辨的地名感到奇怪了。

北京的街桥

大栅栏是因街道两边的铁栅栏而得名的吗

大栅栏是北京最繁华的商业区之一，有着"京师之精华尽在于此，热闹繁荣亦莫过于此"的美誉，是著名的传统闹市。

大栅栏建于明永乐十八年（公元1420年）。弘治元年（公元1488年），为了防止京城内日益猖獗的盗贼，有位大臣上奏皇帝，提出在京城内外小巷路口设立栅栏，夜间关闭。得到皇帝的批准后，京城内许多重要街巷都设立了栅栏，每天到了夜里，各条胡同、街巷都会被栅栏关起来，有的地方还派人看守，到了清代光绪年间，城内外已经有了1700多座栅栏。

栅栏的修建多由富商大贾出资，现在的大栅栏地区，当年多是商店集中、栅栏高大之地，因此人们便称其为"大栅栏"。大栅栏以南的很多胡同，如王皮、蔡家、施家、干井儿等街巷，至今仍保留着明代的名称。

大栅栏之所以闻名，不仅是因为它有众多的

大栅栏

商店，还因为它有许多名扬中外的老字号。如明朝嘉靖九年开业的六必居，为京城酱园之首，再加上宰相严嵩为六必居题匾的传说，更提升了它的沧桑感和知名度。清康熙八年开业的同仁堂药店全国闻名，其首创人是皇宫御医，有些处方是传统的宫廷秘方，300多年来深得百姓信赖。还有嘉庆十六年开业的马聚源帽店，咸丰十三年开业的内联升鞋店，光绪十九年开业的瑞蚨祥绸缎皮货店，都是各自行业中的龙头。

如今，大栅栏地区已成为国粹商业区，以全新的形象展示在了世人面前。

王府街大街之前为何叫莫里逊大街

如今的王府井大街是北京城里最为繁华的地段之一，但您知道吗，王府井大街曾有过一个洋名字叫莫里逊大街。这个名称又是因何而来的呢？

说起莫里逊大街一名的由来，就不得不提一位澳大利亚籍英国人莫里逊。1897年莫里逊曾在北京担任英国《泰晤士报》驻北京办事处的记者，他刚来北京时住在东交民

王府井大街

巷，后来又在王府井大街买了一处房产。1912年时，他担任了袁世凯的政治顾问，为袁世凯复辟帝制四处奔波。袁世凯当上皇帝后，为了感谢莫里逊，就将他居住的王府井大街改名为莫里逊大街，并在街上立起了英文路牌。然而好景不长，随着袁世凯83天皇帝生涯的结束，莫里逊大街也成为了历史。

其实王府井大街这一名字，在历史上也几经更迭。辽、金时代，王

府井只是一座小村里的一条小街。元朝时，元大都的修建使此地人烟渐稠，而这条小街道也有了一个正式的名字——"丁字街"。到了明朝，此处成为了达官显贵的聚集地，当时有十位王府坐落于此，因此改称为十王爷府街。清代时，废除了十王爷的名字，改为王府街、王府大街。民国北洋政府时期，将王府井大街分为三段，南段叫王府井；北边叫王府大街；中间叫八面槽。后来，人们习惯称整条街为王府井大街，这个名字也一直沿用至今。

关于"王府井"名字的由来在民间还流传着一个趣闻。旧时，北京城居民的日常用水都是井水，但不幸的是城里的井大多是枯井。据说，有一年北京遇到了百年不遇的大旱，城里大大小小的水井都干枯了，唯独在一座王府的门外有一口井还在冒水。然而王府里的王爷却派人看住了水井，不让人们来取水。看守水井的老人非常同情受灾的百姓，就趁晚上王府里的人都睡着之后，让人们来取水。这件事后来被王爷知道了，王爷便审问老人为什么要这样做。老人对王爷说："王府里每天所吃所用的东西都要雇人运送，如果周围的人都被渴死了，以后王府的活不就没人干了吗？"王爷听后感觉很有道理，就不再派人看守水井，允许人们前来打水。之后，每天来王府打水的人渐渐增多，"王府井"这个名字也就传播开来。

长椿街上真的养过大象吗

长椿街的地名源于长椿寺古庙。明朝万历年间，归空和尚来到北京，相传他可以连续七天不吃饭。人们都把他当作是一位得道高僧。当时比较信奉佛教的孝定太后为他修建了长椿寺，明代以长椿寺命名的长椿街北段称长椿寺路，南段称西斜街。在清朝民国年间，南段又改为下斜街。新中国成立后，北京城整体规划时，将南北两段统称为长椿街。

长椿街在明清时还被称为象来街。这是因为明清时期东南亚一些国家曾带大象来华，向皇帝进贡，以示友好。明朝时，朝廷还将这些进贡来的大象集中于长椿街上，并设立了象房，对大象进行训练和饲养。每当太和殿举行庆典时，象群都会由象房迁入皇宫进行表演。清朝时沿用了明朝役使大象的制度与习俗不变，但到了清朝末年，清政府已经无力再出资用来驯养大象，随后这些大象也就逐渐病饿而死，仅留下象来街的名称。

苏州街是为乾隆皇帝的母亲修建的吗

北京苏州街南起紫竹院西侧的万寿寺，北至海淀镇西侧，至今已有250多年的历史。这条古老的街道是乾隆皇帝当年为其母亲修建的。为何乾隆帝将这条街道命名为"苏州街"呢？

乾隆十六年（公元1751年），乾隆皇帝到江南巡视，其母也跟随前往。皇太后当时已年近六旬，是第一次离开紫禁城来到江南。皇太后来到江南后，就被江南的秀丽景色所吸引。回宫后，皇太后念念不忘江南的那些秀丽景色。为了

苏州街

让皇太后欢心，在皇太后六十大寿来临之际，乾隆皇帝大兴土木，在万寿寺到海淀镇、畅春园之间修建了一条长达数百里的苏式"商业街"，取名为"苏州街"，并从苏州请来商人在此经商，整条街开满了具有江南风味的商铺，使人有身临江南繁华小镇之感。从此，每当皇太后想起当年江南的景色，就会来此游玩。

此后，历代太后、皇后都会乘轿出西直门，在绮红堂大船坞或乐善园上船。在长河上岸后，进万寿寺行宫小憩片刻，再经苏州街进海淀

镇，前往畅春园。公元1860年，英法联军烧毁了圆明园后，苏州街上的繁华景象也随之消失。

如今苏州街随着中关村科技园区的建设，又恢复了以往的热闹景象。

神路街上真的出现过神仙吗

北京市朝阳区朝阳门外的东岳大帝庙外，有一条神路街，因相传东岳大帝巡游时走过此路而得名。明清时，每年的农历三月二十八日，即东岳大帝生辰这天，人们除了去东岳大帝庙烧香之外，还有一个重要的活动，就是东岳大帝从神路街外出巡游。

神路街牌楼南边一公里左右是日坛公园。日坛公园是北京五大坛之一，是明清两朝皇帝祭拜太阳神的地方。皇帝每年春分时，都会来到日坛举行祭拜仪式，而神路街则成为了皇帝前往日坛的必经之路，因为皇帝自称为"天子"，皇帝在日坛的祭拜活动都与上苍的诸神有着密切的关系，因此这条路在民间就有了"神路街"这个名字。

花市大街上卖的都是什么花

如今在崇文门外有一条街叫花市大街，它为什么叫花市大街呢？

当时这里是售花商铺的聚集地，为定期集市。老北京民间有句俗话说："逢三土地庙、逢四花市集"，每月到了初四这天花市大街都会摆卖各种各样的花供人挑选，因此这条街有了花市大街这么一个美丽的名字。那么花市大街上所卖的都是些什么花呢？

明朝时有很多各种手工制作的纸花、绢花等假花在此出售，虽然都是些假花，但其制作精美，足以和真花相媲美。到了清朝，这里在出售"假花"的基础上，还大量地出售鲜花，当时在这里开花店的店铺足足有几十家。这些鲜花大多来自南城丰台黄岗一带。直到"卢沟桥事变"后，花市繁荣的景象才逐渐萧条下来，但花市大街这个名字却一直沿用至今。

卢沟桥上的狮子真数不清吗

人们常说卢沟桥上的狮子数不清，那么卢沟桥上的狮子真的数不清吗？

卢沟桥旧时称芦沟桥，位于北京市丰台区永定河之上，是北京现存最古老的石造联拱桥。卢沟桥始建于公元1189年，桥的两侧石雕护栏各有140条望柱，每根柱子上均雕刻着形态各异的石狮子，根据史料记载，石狮子原有627个，现存501个。如今我们看到的卢沟桥石狮多来自明清时期。清康熙年间，永定河发生洪水，卢沟桥受损严重，康熙皇帝便于公元1689年下令对卢沟桥进行整体的修缮，他本人还在桥西头

卢沟桥上的狮子

立碑，记录了修缮卢沟桥之事。桥东的"卢沟晓月"碑，为乾隆皇帝所立。公元1908年，光绪帝去世，计划葬于河北的清西陵。因送葬必要经过卢沟桥，而桥面又过窄，故将桥边的石栏全部拆掉。事后又恢复了原貌。

公元1937年7月7日，"七七事变"爆发，卢沟桥成为了中国全面抗战的起点。公元1961年，卢沟桥被列为第一批国家重点保护单位。如今，卢沟桥成为了北京的一处既是历史文化旅游又是爱国主义教育的景点。

北新桥下真的曾经有龙吗

北新桥，位于北京市东城区东北部，它虽然名字叫桥，但并没有桥，更没有桥翅儿，关于北新桥在民间一直流传着一个神秘的传说。

相传，北新桥下有个海眼，桥旁有座庙，庙里有口井，井里面锁着一条龙。北新桥就是为了镇住海眼，锁住这条龙而修建的。为什么这座桥要叫北新桥而不叫北旧桥呢？原来，这条龙是苦海幽州的老龙王，盘踞在北京不知多少

北新桥的海眼

年了。后来，朱棣修建北京城占了它的地盘，它一生气就在这个海眼处翻腾发起大水来。明将姚广孝在岳飞岳老爷的帮助下制服了龙王，并把它用大锁链锁在了北新桥的海眼里。姚广孝又在井旁修了一座桥，盖在了海眼上，因为桥下没有水所以桥也没修桥翅，是座无翅桥。之后姚广孝又在井旁修了一座精忠庙，也就是镇海寺。被困住的龙王问姚广孝自己何时能出来，姚说等桥变旧了就可以出来了。老龙王心想，桥旧了还不容易，没几年就可以了。可没想到，姚广孝给桥取名为"北新桥"，如此一来，桥总也旧不了，老龙王也就再也出不来，也不会发水了。这就是北新桥名字的由来。

酒仙桥是因为酒仙而得名的吗

在清代，酒仙桥一带多是些瓦窑工匠和赶骆驼、卖苦力的人，他们从事着老北京最下层的体力工作，在辛苦的劳动之余，最喜欢的就是喝酒。

中国人本来就好饮酒，北京又是北方的苦寒之地，因此饮酒的风气更盛。但酒仙桥一带偏偏没有什么好酒，那些个流动的酒贩子卖的酒又

太难喝，还总是往酒里兑水。因此这里的人们每次外出进城时，总是不忘带点好酒回来，与亲朋好友分享。据说，桥刚刚修好时，从这里过桥的人并不多，因为桥比较小，稍大点的车都通行不了。有一天，太阳偏西了，打老远来了个推独轮车的花白胡子老头儿，只见他推着小车不慌不忙地走着，小车两边还装着四篓酒，一边装两篓。突然，老头的小车向右一歪，两篓酒越过桥翅儿，"咚，咚"两声掉进了河里。过桥的人中有人忍不住大喊："酒篓掉啦，赶快捞啊！"没想到，老头儿瞧也没瞧，依旧飞快地推着小车，过桥到那边去了，转眼就不见了。

　　两大篓酒掉在河里，连瞧都不瞧一眼，还真是奇怪！人们议论纷纷，都觉得这个老头不是一般人，他会不会是天上的哪路神仙？就在大伙你一言我一语时，河水里忽然飘散出一股酒的香味，众人提鼻子一闻，都情不自禁地说道："好酒，好酒！"，大伙一致认为：一定是酿酒的神仙，专门把那两大篓子酒从桥上倒进了河里，这座桥可是酒仙走过的桥，干脆就把这座桥叫做酒仙桥吧。

北京的地名

老北京哪些地名是连皇帝都改不了的

　　古代皇帝都十分讲究且"迷信"。为了自己名号的神圣和自尊，会将很多地方改名。像广安门在明代时被改为广宁门，到了清代为了避讳道光帝的谥号又被改为广安门。不过老北京有一些地方的名字是连皇帝也改不得的。

　　颐和园附近有一个叫龙背村的地方。当时颐和园建好后，乾隆皇帝出宫微服私访时曾来到这里。有一次，他走到村口时，发现村口前立的石碑上写着"龙背村"三个大字。"隆"与"龙"同音，算是犯了乾隆皇帝的忌讳，而更让乾隆皇帝生气的是，"龙背"二字好像寓意着乾隆皇帝来到这里要走背字。于是，便下了一道圣旨，将"龙背村"改为"百福村"。不过当地老百姓并不买乾隆皇帝的账，依然称自己的村落为龙背村。

　　在朝阳区有一个叫龙道村的地方。据说，这里曾经来过一条巨龙，并在村子由东向西的路上留下一道深深的"龙道"。从此以后，村子每年都风调雨顺，五谷丰登。生活在这里的人为了纪念这条巨龙，便将村子命名为龙道村。相传，唐太宗李世民远征高丽时路过此地，得知这个村子叫龙道村后，他生怕这里再降临一位"真龙天子"与自己争夺天下，便下旨将龙道村改名为"龙到村"，寓意自己才是真正的"真龙天子"，真龙已经来过这里，其他的神龙就不必再来了。虽然圣旨已下，村里的人们虽说不敢抗旨，但最终也没有将本村改名为"龙到村"。直到现在这个地方仍然叫龙道村。

历代皇帝为了避讳字号，都执意将一些地方改名，但往往是皇帝一厢情愿罢了。

老北京的地名有哪些关于龙的传说

北京带"龙"的地名很多，粗略统计一下，就有二百多个。

这其中有的是街巷胡同，如龙头井街、龙家胡同、上龙巷等；有的是乡间村镇，如青龙桥镇、龙背村、龙湾屯等；有的是名山胜水，如九龙山、蟠龙山、龙骨山、大龙河、龙潭湖、白龙潭等；还有的是寺庙宫观，如龙王庙、龙泉寺、回龙观等。

带"龙"的地名，就有关于龙的传说，比如位于延庆的龙庆峡。

延庆地处北京西北部，三面环山，一面临水，有"夏都"之誉。辽金时期，延庆名叫缙山县，元朝仁宗皇帝便诞生于延庆境内的香水园，所以元仁宗即位后，便将缙山县升格为州，赐名"龙庆州"，意为"庆贺真龙天子降临圣地"。因为过去皇帝被视为"真龙天子"，所以皇帝的出生和登基自然都是喜庆之事。

龙庆峡风景

明朝初年，龙庆州被废除。永乐年间朝廷重新在这片土地上设州置县时，便将州名改成了隆庆州。即把"真龙天子"的"龙"改为"兴隆"的隆，因为在明朝统治者眼里，元代帝王决不能是龙，虽然只改了一个字，读音也一样，但意义却完全不同了。

到明朝隆庆年间，为避明穆宗年号"隆庆"之讳，又把隆庆州改为延庆州。元朝"龙庆州"虽已成为历史，但是它的美名，如今已然复活，成为了北京新十六景之一，这就是龙庆峡。

老北京哪些带龙的地名可以组成一条"地名龙"

北京关于龙的地名很多，但如果稍加分析，就会发现北京的一些带"龙"的地名可以组成一条"地名龙"。已消失的龙地名中就有一处地名叫"一条龙"，即今天崇文区的山涧口街。虽然一条龙已不复存在，但现存的龙地名还可以组成今天的一条龙。这些地名有哪些呢？

首先是龙头。大兴县礼贤乡有个村庄，相传是明朝建立的，名字就叫"龙头"，这个村名是怎么来的呢？原来这个庄的北面有一道沙岗，是历史上永定河泛滥淤积而成的。这道沙岗高四、五米，占地十余亩，横卧如龙，人称"龙身"。后来人们在沙岗前建了一座庙，庙前有两个泉，如同龙眼。后来庙的周围渐渐形成村庄，就以"龙头"作为了名字。

另外，西城区有一条西北东南向的斜街，名字就叫"龙头井街"。据说这条街原来有一眼水井，叫"人头井"，井的附近有座古庙，香火不太旺盛。清朝时有一年大旱，雨贵如油，但人头井的水却一直很旺。有一天有人来井上提水，见井里有一个龙头在晃动，好像正在吐水，消息传开，人们争相观看，从此人头井便改名为龙头井，原来的古庙也改为祭祀龙王的庙，香火大盛。

龙头上应该有龙嘴、龙眼、龙角和龙须。在北京的龙地名中，除了不见龙角以外，还真有龙眼、龙嘴、龙须的地名。昌平县高崖口乡小碾村有一常年吐着甜水的泉就叫"龙眼泉"；门头沟区大峪南附近有一座水库，名字叫"龙口水库"；而崇文区则有著名的"龙须沟"。

龙须沟在解放前是一条污物漂流、蚊蝇孳生的臭水沟，解放以后，人们对它进行了彻底的整治，使之成为了一条清水沟，作家老舍便以此沟的变化为题材，写下了著名的《龙须沟》剧本，后拍成电影。虽然现在的龙须沟已改造成了地下暗河，但其周边新兴的街道和居住区却仍以它的名字命名，如龙须沟路、龙须沟北里等。

龙头长在龙身上，北京的龙地名中，与龙身有关的地名有龙背村、龙骨山。龙骨山是驰名中外的一座山，在房山区周口店西，因山上盛产中药龙骨而得名。

这些龙骨是怎么来的呢？众所周知，大约在60万年前，在这座山上的天然洞穴里，居住着一种原始人类——"北京人"；距今约10万年前，这里又有"新洞人"活动；距今约18000年前，"山顶洞人"也生活在这里。北京人、新洞人、山顶洞人都是旧石器时代的原始人类，他们死了以后尸骨存留在洞穴中变为化石，同时，他们捕杀的大量动物的骨骸也在洞穴中堆积变成了化石。这些化石便被误认为是龙骨遗骸。

龙有龙爪，在北京的地名中，也有两个关于龙爪的地名，一个是宣武区的"龙爪槐胡同"，在陶然亭公园西边；一个是朝阳区的"龙爪树"，在小红门北。这两个龙地名的由来，都与树形有关。

既然北京的龙地名中有龙头、龙口、龙眼、龙须、龙骨、龙背、龙爪，这不就是一条"地名龙"了吗？

西单、东单、西四、东四的名字与牌楼有何关系

东单、西单和东四、西四是北京城较为繁华的街道。那么，它们为什么叫东单、西单和东四、西四呢？这"单"和"四"是怎么回事呢？

东四和西四一带在元朝时统称为大市街，是北京城三大商业中心之一。当时，人们在今东四十字路口处的东西南北四个街口，各建了一座"三间四柱三楼"的冲天式大牌坊；相对应地，在今西四十字路口处的东西南北也各建了一座大牌坊，于是老百姓就称"大市街"为东四牌楼

西单牌楼

和西四牌楼，再后来索性直呼"四牌楼"。20世纪50年代扩建马路，牌楼被拆，人们干脆就只叫"东四""西四"了。

东单、西单也是如此。"单"是因为这儿的牌楼只有一个，所以被称为东单牌楼和西单牌楼。20世纪50年代牌楼被拆后，人们也就只叫"东单"和"西单"了。

也就是说，东四、西四和东单、西单是根据原有牌楼的数量而得名的。

菜市口和午门是一个地方吗

在影视剧中我们经常可以看到，那些犯了罪的人都会被拖出午门，在菜市口问斩。那么这菜市口和午门是同一个地方吗？事实上，菜市口和午门并不是一个地方。但两地的确都是过去惩治犯人的地方。

明朝时菜市口是京城里最大的蔬菜交易市场，在这里摆摊卖菜的商贩众多，四九城的人都会来这里买菜，菜市口因此得名。当然菜市口在北京众多的胡同里出名，还要得益于它曾经是刑场，菜市口刑场是在如今西城区菜市口百货商场附近，当年每年的冬至前，那些被判"秋后问斩"的囚犯，都会在天亮之前被推入囚车，经宣武门到菜市口被一一问斩。据说，当年在菜市口刑场被问斩的第一人就是南宋王朝的丞相文天祥，清朝时期，辛酉政变后，肃顺也在这里被斩，后来的"戊戌六君子"之一谭嗣同也死于这里。

午门则是故宫的正门，位于紫禁城南北轴线上，午门并不是斩首犯人的地方，也未设刑场。这里只是杖责那些触犯了皇帝尊严的大臣们的地方。尤其在明代，如果哪位大臣忤逆了皇帝，都会被押到此地施行杖责。起初只是象征性地责打，后来发展到打死人的地步。如明正德年间，皇帝朱厚照想到江南挑选美女以充后宫，却遭到大臣们的劝阻，皇帝大发雷霆，将黄巩、舒芬等100多位大臣都押到了午门进行了杖责，其中有11位大臣被当场打死。

菜市口老照片

因此，老北京民间便有了"老百姓杀头在菜市口，大臣杀头在午门"的俗语。

珠市口以前是买卖猪肉的地方吗

珠市口位于前门大街与两广路交汇的地方，旧时这里曾经是老北京城外最繁华的地方之一。因为它正好处在南北中轴线之上，所以这里人来人往，甚是繁华。

明朝时这里的确是买卖猪肉的集市，因此又叫做"猪市口"。后来，因为皇帝每年出巡或去天坛、先农坛等地祭祀时都要经过这里，而买卖猪肉市场的气味让皇帝无法忍受，因此皇帝下旨将猪市口改为珠市口，并将买卖猪肉的集市移到了东四地区。

珠市口曾经的确是买卖猪肉的地方，但这里从来没有出现过珠宝商业的买卖。

公主坟安葬的究竟是哪位公主

公主坟是北京一处有名的地方，据说这里曾经是安葬公主的地方。那么是哪位公主安葬于此呢？

近年随着电视剧《还珠格格》的热播，人们对位于北京西三环上的公主坟曾经埋葬的是哪位公主议论纷纷，有人说埋葬的那位公主就是电视剧中乾隆的义女还珠格格，也有人说是金泰之妻，还有人说是奇女子孔四贞。其实公主坟内埋葬的是哪位公主，早在1962年修建地铁，文物部门对公主坟进行考古挖掘时，就已经给出了答案。经过考古学家们的推断，公主坟内埋葬的是嘉庆皇帝的两位公主，即庄敬和硕公主与庄静固伦公主。

和硕公主雕塑

庄敬和硕公主生于乾隆四十六年（公元1781年），并于嘉庆六年（公元1801年）下嫁给蒙古亲王索特纳木多布济，卒于嘉庆十六年（公元1811年）。庄静固伦公主，为嘉庆四女，生于乾隆四十九年（公元1784年），于嘉庆七年（公元1802年）下嫁蒙古族土默特部的玛尼巴达喇郡王，卒于嘉庆十六年（公元1811年）。因清朝祖制，下嫁的公主，不能葬入皇陵，也不能进入婆家公墓，所以这两位公主在去世后，被葬于如今的公主坟。至于传言最多的说公主坟内安葬的是孔有德之女孔四贞，是因为明末清初时，原明朝大将孔有德降清后，屡建战功，所以在顺治时，孔有德的女儿孔四贞被孝庄太后封为和硕公主，成为了大清朝第一位汉族公主。因为她的封号和硕与嘉庆的女儿庄敬和硕公主一样，所以被人们误认为是同一人。

"八王坟"里埋的究竟是哪位王爷

八王坟，位于今天东四环四惠桥西南侧的通惠河北岸。这里，曾经埋葬着清朝的"八王爷"阿济格。

阿济格，生于明万历三十三年（公元1605年），他是努尔哈赤的第十二个儿子，和十四子多尔衮、十五子多铎是同父同母的亲兄弟，都为太妃阿巴亥所生。

阿济格骁勇善战，顺治元年（公元1644年），阿济格在摄政王多尔衮的带领下和多铎一起夺取了北京城，为大清立下了汗马功劳，因此被封为英亲王，他在王爷中排位第八，人称"八王爷"。公元1651年，多尔衮病死，阿济格想密谋承袭摄政王之位，事情泄露后，遭到孝庄和顺治的幽禁，不久被赐死。死后，他的骨灰埋葬在通惠河畔一个荒凉的地方，即后世所谓的"八王坟"。

康熙登基后，开始重新重视阿济格的开国功勋。乾隆十一年（公元1746年），清廷重新修葺八王坟，有了宫门、享殿、宝顶、墙圈、驮龙碑。正坟、土坟主次分明，更有"东衙门""西衙门"之别，占地面积达一顷数十亩，规模宏大，显示了墓主人身份的高贵。据见过它的老人回忆，地宫大门后有两道弯槽，内有两个石球；关门时，石球顺着弯槽滚至门后，大门就无法推开了。

1911年辛亥革命后，王爷坟的宫门、享殿均被拆除，卖作砖瓦木料，整座坟墓遭到严重破坏。日伪时期，乱世下的王爷坟在劫难逃，多次被盗。其中，"东衙门"里埋有大量的殉葬品，更是被洗劫一空。到了解放初期，八王坟随着年代的久远，已经破败不堪。

今天的八王坟，已经是京东近郊地区极其重要的交通枢纽。SOHO现代城、蓝堡国际中心等一系列现代高楼拔地而起，更使昔日的八王坟旧貌换新颜。

五棵松地区真有五颗松树吗

五棵松位于西四环以西，是今天京西一带的标志性地区之一。1965年修建的地铁1号线也由此经过，并且从地铁的西北口出来会看到五棵大松树，那么这五棵松树就是古时的松树吗？五棵松一名的由来是否与这五棵松树有关呢？

如今我们在五棵松看的这五棵松树，已然不是当年的那五棵了。五棵松的历史要追溯到清朝时期，当年在这里有一处叫"葛老坟"的地方，埋葬着一家五兄弟，每座坟墓前都栽有一棵松树。

五棵松地名起源地

当年京城里的煤炭、山货、药材都要商贩们从门头沟走阜成门运送到城里，而五棵松是这条进城路上的必经之处。当时阜成门外一带人烟稀少，经常有强盗土匪出没。所以，运送货物的商贩们都不敢独自行走，都会约上三五人同行。而众人相约的地方就在这五棵大松树下。就这样一来二去五棵松成为了人们相约入城的地方，五棵松的名字也就此传开了。

公元1965年在修建地铁时，原来的那五棵松树，经不起工程的挖掘，相继都死掉了。地铁修建完工后，人们又在此处栽种了五棵新的松树。如今，新"五棵松"也长得十分繁茂。

九棵树那儿真有九棵大树吗

与地铁1号线相接的地铁八通线上有一个"九棵树"站，位于通州城区南部。然而地铁1号线上的五棵松站外确实种着五棵松树，难道九棵树站外也有九棵树吗？

关于"九棵树"的来历，有两个版本。

一是说"九棵树"在清代时形成村落，最初只有赵、张、金、苗四姓，因该村位于进出通州城的大道旁，从村口到旧城南门的路边一共种有九十九棵树，所以被称为"九十九棵树村"，后来人们觉得"九十九棵树村"叫着拗口，就简称为"九棵树"。

二是说早年间"九棵树"附近曾有九棵高大的杨树。相传，这九棵树下有一口水井，人们常在树下乘凉。有一次乾隆皇帝微服私访路过此地并在树下乘凉。随从还从树下的水井中打上水来给他喝。乾隆喝完水后，顿感凉爽，便即兴为此井赐名"琼池"，并将为他遮阳的九棵杨树封为"九君树"。但人们觉得这个名字过于文雅，便直接称"九棵树"，村名也因此而得。

潘家园曾经是砖窑吗

潘家园一带是北京城有名的旧货市场，闲来无事的人都喜欢来潘家园旧货市场逛上一圈，然后买上几种自己喜欢的工艺品、小装饰品等。那么，您知道潘家园这个名字是怎么来的吗？

早年间，潘家园一带都是砖窑瓦场，有一个姓潘的人家也在此开设了一家专门烧制砖块的窑场，因为窑主姓潘，所以叫潘家窑。据说这位姓潘的窑主，原来就是烧制琉璃瓦出身，来到京城后，本想也经营一家烧制琉璃瓦的窑场，可是这里的土质太疏松，不宜烧制琉璃瓦，所以改烧砖块。当时因这一带大大小小的砖窑有几

潘家园旧货市场

十家，彼此竞争很激烈，这位潘窑主又是初来乍到，所以经营效果一直不好。但他并没有放弃，私下里到各个砖窑转了几天后，决定先提高砖的质量，再在经营上下功夫。

北京的街桥地名

潘窑主每次烧砖的时候都会严格把握各个环节，绝不偷工减料，所以烧出来的砖成色好，硬度高，不易破碎。而且在销售时都会为顾客打折优惠，还自己雇佣马车给十里以内的客人送货上门。于是潘家窑场生意越做越大，在这里做工的人最多的时候有三五百人，后来这里就逐渐成为了村落，便以窑场之名，得地名潘家窑。

到了民国后期，这一带的土被用得差不多了，只留下很多水坑和洼地，潘家窑场也经营不下去了，不久便搬到了房山地区。

解放后这里的水坑洼地被逐渐填平，并开始修建居民区，没过几年这里搬来了大片居民，并继续沿用潘家窑这个名字。但叫了没多久人们感觉这个名字不够雅致，因为老北京人通常叫妓院为"窑子"，所以改名为潘家园。1992年后，潘家园一带逐渐形成了一个旧货市场，短短几年内便发展成为全国最大的古玩旧货市场，并吸引了大批淘宝爱好者和游客来此淘宝。如今的潘家园已经不仅仅是一个街道的名称，而是成为北京城古玩市场的代名词了。

北京城里有趣的数字地名知多少

西汉时期，卓文君面对丈夫司马相如的见异思迁以及他的那封"十三字"书信——"一二三四五六七八九十百千万"（唯独缺少一个"亿"，即"无意"），满怀怨恨地回了一首《怨郎诗》："一别之后，二地相悬。只说三四月，又谁知五六年。七弦琴不可弹，八行书无可传，九连环从中折断，十里长亭望眼欲穿。百思想，千系念，万般无奈把郎怨。"丈夫看后，羞

百花深处胡同

愧地回到了妻子的身边。这首数字诗也成为了卓文君的经典之作。

以数字入诗，自然别具风味，如果把数字用于地名，效果又如何呢？这一点，听听北京这些地名就知道了：一亩园，二里沟，三间房，四道口，五里店，六里桥，七里庄，八大处，九道湾，十字坡，百望山，千福巷，万泉寺……

老北京"有名的胡同三千六，无名的胡同赛牛毛"，其中以数字开头的地名就数不胜数，相比于外国那些简单机械排列的数字地名，北京的地名多了一分历史的厚重，而且每个数字后面，都带有自己的故事。下面一起来看看北京的数字地名。

一字篇：一顷庄、一棵松、一亩园、一间楼、一尺大街等；

二字篇：二龙路、二龙闸、二里沟、二合庄、二老庄等；

三字篇：三里屯、三元街、三岔河、三眼井、三义里等；

四字篇：四块玉、四槐居、四统碑、四平巷、四川营等；

五字篇：五塔寺、五棵松、五道营、五路通、五四大街等；

六字篇：六郎庄、六里屯、六铺炕、六王村、六合胡同等；

七字篇：七贤巷、七圣路、七王坟、七里庄、七井胡同等；

八字篇：八王坟、八宝坑、八步口、八道湾、八里桥等；

九字篇：九龙山、九道湾、九亩地、九江口、九孔闸等；

十字篇：十字坡、十里堡、十里河、十间房、十方院等；

百字篇：百果园、百合园、百子湾、百万庄、百花深处等；

千字篇：千福巷、千章胡同、千竿胡同等；

万字篇：万泉寺、万寿路、万泉河、万明路、万福巷等。

这些数字地名中，有一个地名，堪称北京最为优雅的一处地名。您知道是哪个吗？

答案是"百花深处"。百花深处胡同地处新街口南大街路东，相传在明朝，有姓张的夫妇在这里种菜为生，有了积蓄之后，便将菜园改为花园，吸引了大批文人雅士前来游赏，文人们遂将这里称为"百花深处"。在光绪年间的《京师坊巷志稿》中，就已经有"百花深处胡同"

北京的街桥地名

的记载了。

北京的大街小巷都偏爱数字地名，致使北京城里的数字地名多如牛毛，这样就免不了会有相似或重名。所以当您走在北京的街道上，如果看到数字地名，千万看仔细了才是，可别走错了路。

木樨地是因桂花而得名的吗

木樨地位于北京西城区，长安街西延线上，是原来由北京外围地区进入中心城区的一个要塞，如今地铁1号线也通过此地。在木樨地周围有中华全国总工会、中国军事博物馆、北京八中分校、首都博物馆新馆、复兴医院、复兴商业城、长安商场等，可说是在北京占有极为重要的地位。那么木樨地这一名称是如何而来的呢？

关于木樨地名字的由来，有很多种说法。一种说法认为，木樨地在明代时曾经是种植苜蓿的地方，这些苜蓿是为皇宫的马提供的饲料。到了清代，这里逐渐形成了村落，并取名为苜蓿地，到了民国时期苜蓿地被讹化为木樨地。

第二种说法认为，当时从门头沟进城的骆驼队多出阜成门，因当时木樨地一带长了很多的苜蓿，所以商贩们来到这里的都会在此休息，以便给骆驼喂些草料，时间一久这里就被称为苜蓿地，后来改为木樨地。

第三种说法认为，曾经这里种植过很多的桂花，因为桂花树统称木犀，而"犀"与"樨"同音。所以这里被称为木樨地。

还有一种说法认为，此地原来是白云观的菜园，并以盛产黄花菜而闻名。黄花菜即金针菜，俗称木樨。所以这里有木樨地这个名字。

但根据史料的记载，第一种说法最为可信。根据《明世宗实录》记载，明朝时，人们就在此处大面积种植过苜蓿，并且每月都要按时采集苜蓿，给皇宫内的御马作为饲料，而其他的说法却无从查起。

烟袋斜街在旧时真的是买卖烟袋的地方吗

烟袋斜街是位于什刹海前海东北的一条小巷，它是北京最古老的商业街，也是具有北京特色的巷子之一。它东起地安门大街，西邻什刹海前海，全长约有300米，在2007年被北京市列为八条特色商业街之一。那么烟袋斜街为何会有这样一个奇怪的名字呢？在旧时的北京城它是否真的是买卖烟袋的地方呢？

根据清朝乾隆年间刊刻的《日下旧闻考》一书记载，此街之前叫"鼓楼斜街"，到了清末才被改为"烟袋斜街"，这是因为当时住在北城的八旗子弟闲来无事时都有抽旱烟或水烟的习惯。因抽旱烟或水烟的人越来越多，烟袋的市场需求量也就不断地增加，所以在烟袋斜街上出现了一户户买卖烟袋的店铺。当时在烟袋店铺中最有名的当属在烟袋斜街东北口的"双盛泰"烟袋铺，这家烟袋铺门前竖着的木雕大烟袋，足有一人多高，饭碗般粗，金黄色的烟袋锅上还系着条红绸穗，十分醒目。这"双盛泰"烟袋店铺算得上是当时全北京城同行业里最有名的头号大烟袋了。

烟袋斜街

除此之外，整个烟袋斜街从外观上来看就宛如一只细长的烟袋。长长的街道就像烟袋杆儿，街头的东头入口像烟袋嘴儿，西头入口则折向南边，通往银锭桥，看上去活像烟袋锅儿。也许正是因为这个原因，才有了烟袋斜街这个奇怪的名字，再加上当时烟袋斜街真的是买卖烟袋的地方，所以这烟袋斜街的名字也就越叫越响，一直流传到了今天。

如今的烟袋斜街经过几次整修后，街道两侧古朴典雅的明清建筑显得格外夺人耳目，穿梭在这古老的街道上，会给人一种穿越时空的感觉。在这里您既能看到古代商业街的景象，又能体会到现代都市的繁华，真可谓是一条古中有今、今中带古的老北京街道。

南锣鼓巷是老北京的"富人区"吗

南锣鼓巷位于北京的中轴线东侧的交道口处，它北起鼓楼东大街，南至平安大街，全长786米。南锣鼓巷可以说是北京城最古老的街区之一，它与元大都同期建成，距今已有700多年的历史了。因为它地势中间高，南北低，像一个驼背的人，因此在旧时又叫罗锅巷，直到清乾隆十五年（公元1750年），清政府在绘制《京城全图》时，才将其改名为南锣鼓巷。那么，看起来如此普通的一条老街区为何会被称为老北京的"富人区"呢？

南锣鼓巷是元大都"后市"的主要组成部分，何为元大都的"后市"呢？原来元朝在修建北京城时是遵循"左祖右社，前朝后市"的城市格局修建的。元代时，以南锣鼓巷为轴心线，东边属于昭回坊，西边属于靖恭坊。明朝时又合二为一。清乾隆年间，南锣鼓巷则属于八旗中镶黄旗的驻扎地。因南锣鼓巷整体呈南北走向，呈"蜈蚣"状，且据说当年在其最北处还有两座常年干枯的水井，所以此地在过去又被称为"蜈蚣街"。

南锣鼓巷东西两侧的胡同是它成为老北京"富人区"的主要原因。西侧的八条胡同分别是：福祥胡同、蓑衣胡同、雨儿胡同、帽儿胡同、景阳胡同、沙井胡同、黑芝麻胡同、前鼓楼苑胡同；东侧的8条胡同是炒豆胡同、板厂胡同、东棉花胡同、北兵马司胡同、秦老胡同、前圆恩寺胡同、后圆恩寺胡同、菊儿胡同。

在这些胡同里有王府贵地，亦有名人故居，如炒豆胡同的77号院是清代僧格林沁王府的一部分；棉花胡同是中华民国代理国务总理靳云鹏的旧宅；雨儿胡同13号院曾居住过中国一代画坛巨匠齐白石；后圆恩寺胡同13号则是大文豪茅盾的故居；后圆恩寺胡同7号曾经是清代庆亲王次子载勇的府邸，后来又是蒋介石来北京的落脚处。

正是因为这些胡同和胡同里居住过的名人，让这一条看似简单而又古老的街区曾一度被称为老北京城的"富人区"。

国子监街中的"监"字怎么读

国子监街，位于北京市东城区安定门内，是一条东西走向的胡同，又名国子监胡同，因孔子庙和国子监皆建于内，故此处在清代亦被人称为"成贤街"。国子监，在中国古代既是国家最高行政管理机关，又是国家最高教育学府，具双重职能。后来其管理功能逐步弱化，逐渐向教育机构转化。来北京旅游的朋友是否知道，其实最早的国子监并非在北京，而是建于东吴永安元年（公元258年）的南京。北京的国子监建于元大德十年（公元1306年），亦是此后历代封建王朝的最高管理及教育机构，至今已有700多年的历史。

国子监街

来到文化底蕴甚浓的国子监街，您是否知道国子监街中"监"字的读音呢？也许您要说了，这还不简单，读"jiān"嘛，其实不然，监字在这里应该读四声"jiàn"。

原来，在古代，"监"字读jiàn，通"鉴"，引申镜子、借鉴之意。"监"字在甲古文中，有浓厚的象形、会意意味：其左边是一个人睁大了眼睛，仿佛以下跪的姿势在往下看，右下边则是一个器皿（后金文中又在器皿上加了一横，表示里面有水）。古人以水为镜，"监"字即一个人从镜中看自己的样子。可见，监查、监督是"监"字的本意。

其实，"监"字读jiàn，还用于古代官名或官府名，主要是取其监察的本意。最早将监字用于国家管理官职的是西周，《周礼·天官·大宰》记载："乃施典于邦国，而建其牧，立其监。"这里的"立其监"是派人监管、监视的意思，"监"指诸侯。在秦朝和三国时，分别设有监御史和中书监，负责监察地方官员和掌管中央机密。监察制度发展到隋唐时期，渐趋成熟，后来相继出现了名目繁多的各类机构或官职名称，如牧马监、钦天监、国子监，监官（国子监、钦天监等官署的官员）、监候（封建时代天文官署的官员）、监院、监主、监事、监御、监统、监临、太监等。

此外，"监"字读jiàn，在古代还用于人的姓氏。春秋战国时期卫国的卫康叔为连属之监，所以其后代以此为姓。

"监"读jiàn，多用于现代，如用作动词，可组成词语为监督、监察、监考、监听等。用作名词，如监狱、监禁等，此时已不再是监字的本意，而是其变化之意了。

国子监即是古代管理和教育机构的名称，那么国子监街中"监"字的正确读音就应为四声"jiàn"了。

国子监内为何会种有很多的槐树

位于安定门内的国子监和孔庙的修葺事宜现已基本完工，正在以焕然一新的面貌迎接来自五湖四海的游客们。

在观赏国子监街和国子监内的时候，里面的广植古槐总会引来游客们奇怪的目光，这是为什么呢？国子监是当时北京城的最高学府，有着既崇高又神圣不可侵犯的地位，它始建于元大德十年，东邻于孔庙，符合古时"左庙右学"的国礼建筑理念。就历史而言，国子监俨然已是北京最古老的学校。

成片的古槐就像坚挺的士兵一样，执着地守护着历史悠久的国子监。这种形式，它渊源于周代的"面三槐，三公位焉"之说，"三槐"具有象征意义，分别象征着太师、太傅、太保的官位。因此当时槐树被称为"公卿大夫之树"，而国子监里的槐树，则暗示监生们能榜上有名，顺利通达高官仕途之路。科举制度始于隋唐时期，其考场叫作"贡院"，即皇帝广纳贤才之地，因此贡院里也种有大面积的槐树。

据说，明清时期的贡院里有一株元朝时种植的古槐，名曰"文昌槐"，传说此槐原为文昌射斗之地。在我国民间传说中，文昌帝是专门负责考试的神仙，因此在古代电视剧或电影里我们时常会看到很多的考生在科考之际前往文昌帝庙参拜，保佑高中状元。

始建于元代的北京城和广植槐树的国子监至今已有七百多年的历史了，而槐树也一直被北京人民所钟爱，槐树被人们作为了行道树，走在路上，一排排浅白带点儿绿的槐花与浓密的树叶相互挑逗着。微风拂过，落英缤纷的槐花，恰似一只只美丽的蝴蝶在空中翩跹起舞，俨然成为了北京一道亮丽的风景线。

您听说过国子监里的"吉祥槐"吗

虽然国子监的名气远远大于吉祥槐，但"吉祥槐"的故事在京城内却妇孺皆知。

走进国子监，在彝伦堂西侧的拐角处便可看到"吉祥槐"那勃发的英姿。"吉祥槐"躯干高15米左右，从

吉祥槐

主干中分出的两根支干，好似一对相濡以沫的恋人并肩而立，彼此环抱

着枝桠，向观赏的游客们展示着他们梦幻而又动人的爱情故事。

"吉祥槐"的出现要归功于元朝国子监的第一任祭酒许衡。至于为何取名为"吉祥槐"，则有着这样一段佳话。

相传，明末时期此槐已经枯竭而死，但在清乾隆十六年的一个夏天，枯死的枝干上竟然长出了新嫩的芽孢。这一幕被国子监的师生们发现后，槐树枯而复荣的事便传遍了北京。

当日恰巧是乾隆皇帝生母慈宁太后的六十大寿，由此百姓们认为这是吉祥的预兆，所以为其取名"吉祥"。至此朝廷内外的文武百官纷纷吟诗作对联、泼墨绘丹青，以表祝贺。

这年正逢蒋溥前往孔庙拜祭先师，蒋溥听闻此事后，竟夜宿国子监，倾力发挥画树的特长，潜心绘制了一幅幽幽苍健古槐图，并呈给当时的圣上观赏。乾隆皇帝看后大为赞赏他的神来之笔，并作《御制国学古槐诗》与之呼应，一时为人传颂，如今乾隆皇帝当时所作的古槐诗和蒋溥彻夜绘制的古槐图及众大臣的诗文还刻在石碑上，立在树旁。当时朝廷还专门下了一道圣旨把古槐用琉璃围墙隔开保护起来。公元1956年，古槐诗画碑与《十三经石刻》一起，被迁至孔庙西侧。

《日下旧闻考》提到的"槐市"是有据可循的。周朝的学校附近皆种有槐树。当时的学士和太学生每逢初一、十五，便聚会于此，各自带着家乡的土特产或藏书等，互通有无，互相买卖。因大部分是文人墨客之间的交易，因此气氛比较融洽。此后槐市便泛指国子监。

每逢节假日，众多的游客们会围绕在"吉祥槐"的周围，沾沾吉祥的气息，品味着它一路走来的风雨历程，并用手中的相机记录下这传奇的景象。

北京的美食小吃

民以食为天，来到北京怎么能不尝一尝老北京特色的美食小吃呢？

北京是世界第八大"美食之城"，北京小吃俗称"碰头食"或"菜茶"，融合汉、回、蒙、满等多民族风味小吃以及明、清宫廷小吃而形成，品种多，风味独特，很多小吃以前可都是宫廷专享，慈禧太后的最爱，"民间难有几回闻"呀。

这些北京美食小吃中，尤以豆汁儿、豆面酥糖、酸梅汤、茶汤、小窝头、茯苓夹饼、果脯蜜饯、冰糖葫芦、艾窝窝、豌豆黄、驴打滚、灌肠、爆肚、炒肝等为代表。

每一种美食小吃，其做法、吃法都蕴含着深刻的哲理和老北京人特有的审美意趣，可以说，一种小吃就是一个故事，只要您细细品味，地道京味犹存。

北京老字号美食

您知道老北京的满汉全席有哪些菜品吗

满汉全席是清朝宫廷菜最高级别的菜系，也是山珍海味的代名词，同时又被誉为中华菜系文化的最高境界。在满汉全席中菜品各异，口味不同，有荤、有素、有酸、有甜、有辣。那么您知道满汉全席里一共有多少种菜品吗？

满汉全席菜品最起码要有108品，其中包括南菜54道，北菜54道。全席有冷荤热肴196品，点心茶食124品，所以满汉全席的菜品共计320品。满汉全席中最为经典的当属那108品菜式，其中这108道菜式又分

满汉全席

为：蒙古亲潘宴、延臣宴、万寿宴、千叟宴、九白宴、节令宴。这六大宴适用于不同的宴会，招待的宾客也各不相同。

满汉全席作为清朝宫廷菜的最高盛宴，一直以来都为老北京人所津津乐道，人们经常谈论它的吃法和做法，如今的满汉全席已经走出宫廷进入民间，逐渐被大家所熟知。

吃老北京烤鸭为什么要分季节

老北京烤鸭是老北京的一道招牌美食，它的前身是南京板鸭。明朝初年，朱元璋在南京建都，他对口感肥而不腻的南京板鸭赞不绝口。据说，朱元璋要"日食烤鸭一只"。宫廷的御膳房怕皇帝吃腻了就发明了新的做法，叉烧烤鸭和焖炉烤鸭就是在此时发明的。朱棣迁都北京后便将南京板鸭带入了北京，后来南京板鸭就成为老北京烤鸭，并成为了老北京的一道招牌美食。那么您知道吗？在吃老北京烤鸭时是要分季节的。

北京烤鸭

最适合吃老北京烤鸭的季节是春、秋、冬三季。春、冬二季鸭肉比较肥嫩，而秋天天高气爽，无论是温度还是湿度，都利于制作烤鸭。而且秋天的鸭子长得也比较肥壮，就是谚语中所说的"秋高鸭肥，笼中鸡胖"。唯独夏天是最不适宜吃烤鸭的季节，这是因为夏天天气炎热，人们本来在这个季节就不喜欢吃比较油腻的食物，再者夏季并不适合鸭子的生长，因为鸭子比较怕热，所以到了夏天都会掉膘减重，还有就是夏天空气的湿度比较大，鸭坯上常会湿漉漉的，这样烤出来，鸭皮易发艮不松脆。

因此，您想吃到最正宗、口感最鲜美的北京烤鸭最好不要选择夏季。

东来顺的涮肉为何被誉为"中华第一涮"

东来顺的涮羊肉自古就有"中华第一涮"的美誉，东来顺也是中华老字号。它始建于光绪二十九年（公元1903年），名字的意思是"来自京东，一切顺利"，北京的涮羊肉很多，为什么只有"东来顺"会有"中华第一涮"的名号呢？

这是因为它是我国最早的涮羊肉老字号，而且东来顺的传人们在秉承传统的同时，还博采众长，精益求精，创造了最独特的"东来顺涮羊肉"。其中最大的秘诀就在于羊肉，东来顺的羊肉只选用内蒙古地区锡林郭勒盟产羊区所产的经过阉割的优质小尾绵羊的上脑、大三岔、小三岔、磨档、黄瓜条五个部位的肉，这五个部位的肉不但鲜嫩而且涮完后吃起来很爽口。不仅要挑选优质羊肉，对羊肉的切法东来顺也很讲究，切出的肉片薄、匀、齐、美，且片片对折，纹理清晰，形如薄纸、匀如晶、齐如线、美如花，投入海米口蘑汤中一涮即熟，吃起来又香又嫩，不膻不腻。

东来顺肉片

除了羊肉质量好加工精致，东来顺的佐料也有精细的讲究，这些佐料包括芝麻酱、绍酒、酱豆腐、腌韭菜花、卤虾油、酱油、辣椒油及葱花、香菜等。香、咸、辣、卤、糟、鲜等口味齐全，再加上自制的白皮糖蒜和芝麻烧饼，吃起来醇香味厚，口感独特。

此外，东来顺特制的紫铜火锅也是原因之一，炉膛大、放炭多、开锅快、通风口合理、燃烧时间长，无烟、耐烧、火旺，使得涮出来的羊肉格外好吃。

都一处一直是卖烧麦的吗

都一处烧麦馆是北京有名的百年老店之一，位于前门大街36号，始建于乾隆三年（公元1738年），距今已有270年的历史。那么都一处一直从来都是卖烧麦的吗？

都一处之所以这么有名还要从乾隆皇帝那说起。都一处是在乾隆年间由一位山西姓王的商人在北京开设的一家经营烧饼、炸豆腐的小店铺。在乾隆十七年（公元1752年）的大年三十晚上，乾隆皇帝从通州微服私访回京的途中经过前门，当时所有的店铺都关门了，只有这家"王记酒铺"还在营业，就进店用膳。乾隆觉得这家店招待周到，酒味浓香，小菜可口，就问酒店

都一处烧麦

叫什么名。店主回答："小店没名"。乾隆听后说："此时京城开门的就你一家，就叫都一处吧！"乾隆回宫后还亲笔题写了"都一处"店名并刻在匾上，几天后派宫里的人送来这块虎头匾。从此，"都一处"代替了"王记酒铺"，生意十分红火。

在抗战时期，都一处虽然没有像其他店铺那样惨遭破坏，但经营状态一直不是很景气。直到新中国成立后，都一处才逐渐恢复了以往的风光，在1996年都一处被重新修缮，1998年重新开张后都一处生意变得空前地红火，后来还被誉为"中华名小吃"。

您吃过泰丰楼的一品锅吗

泰丰楼，开业于清同治十三年，位于大栅栏煤市街，外观并不起眼，然而里面极轩敞，有房百余间，可同开席面六十多桌，为南城一时之最。后来酒楼几次易主，但字号与风味依然，驰名京师。菜主要为山东风味，名菜有沙锅鱼翅、烩乌鱼蛋、葱烧海参、酱汁鱼、锅烧鸡等，

尤以"一品锅"最为著名。

"一品锅"是徽州山区冬季常吃的一种火锅。相传，此菜由明代石台县"四部尚书"毕锵的一品诰命夫人余氏创制。一次，皇上突然驾临尚书府作客，席上除了山珍海味外，余夫人还特意烧了一样徽州家常菜——火锅。不料皇上吃得津津有味，赞不绝口。席上得知美味的火锅竟是余夫人亲手所烧，便说原来还是个"一品锅"！菜名就由此而来。"一品锅"的烹调比较讲究，在火锅里，锅底铺上干笋子，第二层铺上块肉，第三层是白豆腐或油炸豆腐，第四层是肉圆，第五层盖上粉丝，缀上菠菜或金针菜，加上调料和适量的水，然后用文火煨熟。

一品锅

安福楼里胡适之鱼是因胡适而命名的吗

关于安福楼的资料记载少之又少。只在崔普权先生的《旧京饭庄八大楼》中略见叙述："安福楼是安蕴卿在王府井开的山东菜馆，系承父业。以糟熘鱼片、沙锅鱼唇、盐爆肚丝等为名肴。今在朝外关东店重新开业的安福楼，在原鲁菜的风格上，又同时操作川菜，原安的孙辈曾一度在此操办灶厨。"

又金受申在《老北京的生活》中记载："王府井大街的安福楼，前身为承华园。当其鼎盛时，许多文人常在此诗酒流连。哲学博士胡适之曾到这里大嚼，发明用鲤鱼肉切成丁，加一些三鲜细丁，稀汁清鱼成羹，名'胡适之鱼'"。

由此可知，安福楼里的"胡适之鱼"的确是因胡适而得名的。

正阳楼的烤羊肉有什么独特之处

正阳楼老字号饭庄始建于清道光年间，距今已有160多年的历史。是北京著名的"八大楼"之一。历史上的正阳楼饭庄以经营山东风味菜为主，民国初期增添了别具一格的"螃蟹菜"和"涮羊肉"等，一时誉满京城。"螃蟹菜"我们表过不提，单来说一说它的"涮羊肉"。

正阳楼

每年一到立秋，正阳楼的菜单里就添上了"涮羊肉"一栏。所用的羊，都是专门从口外购买的，在永定门附近设有羊圈，赶来的羊要先放入羊圈中喂养一段时间之后再行宰杀。先剥皮，然后按部位把肉切下来放在冰上，上面再压一块冰，压了一天一夜，羊肉内的腥膻杂味都被去除了，这才开始切肉。切肉这一环节要求也很高，非刀工极好的老师傅不可。

而在正阳楼吃涮羊肉，最讲究的是佐料全。这里的佐料有小磨香油、芝麻酱、酱豆腐、韭菜花、酱油、米醋、卤虾油、辣椒油、花椒油、料酒、糖蒜、白菜、香菜、酸菜、粉丝等近二十样，火锅里还要放上鲜蘑。只有有了这些佐料，才可以称得上是正宗的"涮羊肉"。其他经营涮羊肉的餐馆众多，但极少有正阳楼的考究，因此籍籍无名。

老北京的传统小吃

老北京人为何独爱炸酱面

俗话说"冬至饺子夏至面"，每年到了夏至这天老北京人都会全家围在一起吃上顿炸酱面，不仅在夏天，在春、秋、冬三季炸酱面也是老北京人餐桌上常见的主食，那么炸酱面有何独到之处，能够成为老北京人最喜欢的主食之一呢？

老北京炸酱面

老北京人都喜欢自己在家里做炸酱面，做炸酱面首先最重要的是炸酱，老北京人做的炸酱讲究用六必居的黄酱配天源酱园的甜面酱；炸酱时选用的肉则挑选半肥半瘦的五花肉，再配上葱、姜、蒜等佐料。除了这些之外，老北京炸酱面还要配菜码，一般家庭所备的菜码有黄瓜丝、豆芽、胡萝卜丝等。关于老北京炸酱面的菜码在老北京民间还流传着一首有意思的童谣："青豆嘴儿、香椿芽儿，焯韭菜切成段儿；芹菜末儿、莴笋片儿，狗牙蒜要掰两瓣儿；豆芽菜，去掉根儿，顶花带刺儿的黄瓜要切细丝儿；心里美，切几批儿，焯豇豆剁碎丁儿，小水萝卜带绿缨儿；辣椒麻油淋一点儿，芥末泼到辣鼻眼儿。炸酱面虽只一小碗，七碟八碗是面码儿。"不同的菜码和炸酱、调料放在一个个小碟子里。等到面煮好了，盛入大碗里，一小碟一小碟的菜码围着大碗的炸酱面摆好后，就可以上桌吃了。

老北京炸酱面既然有这么多的菜码，那么它所含的营养价值一定是极高的，可谓是老少皆宜，北京又地处中国的北方，本来北方人就喜食面食，所以老北京炸酱面就成了老北京人最喜欢的面食之一。

豆汁与豆浆是一种食品吗

豆浆是人们每天早上必备的食品，豆浆不仅喝起来口感香甜而且还富有很高的营养价值，那么老北京人喜欢的豆汁和豆浆是一种食品吗？

虽然豆汁与豆浆都属于豆类食品，但这两种食品却是口味完全不一样的食品。豆汁在《燕都小食品杂咏》记载："得味在酸咸之外，食者自知，可谓精美妙绝伦。"由此可见，豆汁的味道是一种酸咸味道，对于那些喜欢喝豆汁的人来说是一种极大的享受，但对于不懂豆汁的人来

豆汁

说，简直是难以下咽。那么到底豆汁是一种什么味道呢？如果用一句话来形容可以说豆汁味同泔水味。有着如此味道的豆汁到底是谁发明出来的呢？

据说，豆汁在宋代时期就出现了，当时有一位做绿豆淀粉的人无意中将做豆粉的剩余汁液发酵，发现了十分可口的豆汁。后来他将这些豆汁煮熟卖给附近穷苦的百姓，就这样这种味道独特的豆汁就问世了。据相关史料记载，豆汁在清乾隆年间传入宫廷，并成为了宫廷御膳中的一种。据说当年咸丰帝每当外出体察民情回到宫中后，第一件事就是让御膳房为自己盛上一碗豆汁来喝。

豆汁可以说是北京最独特的一种小吃，如果您来北京旅游不妨喝上一碗，体验一下这豆汁的味道。

驴打滚因何得名

驴打滚，又称豆面糕，是一种以江米皮裹上红豆馅再放入黄豆粉中翻滚而成的满族传统甜食。驴打滚在清朝时曾被列为宫廷食品，后随着清廷的覆灭流入民间，成为北京的著名小吃。因为驴打滚外观颇似小毛驴在土地上打滚后浑身沾满黄土的样子，故而得名"驴打滚"。

关于驴打滚的记载最早出现于元人的《燕都小食品杂咏》里："红糖水馅巧安排，黄面成团豆里埋。庖厨呼作'驴打滚'，食客闻香纷纷来。"可见，驴打滚正式被叫做"驴打滚"的历史已有四百多年了。

驴打滚

传说，驴打滚是2000年前的东汉名将马武发明的。马武作为汉光武帝刘秀"云台二十八宿"之一，曾率军在现今的北京郊区上口村位置驻守。其间，战士们因为长期食用黏黄米馍的缘故，普遍产生厌食情绪，严重危及到军队的战斗力。而生性幽默的马武受到毛驴在地上打滚浑身沾满黄土样子的启发，创制出了黄黏米外滚黄豆粉的"驴打滚"。结果，战士们看到这么滑稽的食物，纷纷胃口大开，品尝后还赞不绝口，战士们的厌食情绪得到很大缓解。

艾窝窝真的是皇帝最爱的小吃吗

"艾窝窝"是北京的一种传统糯米黏食，也称"爱窝窝"，每年农历春节前后，北京的小吃店要上这个品种，一直卖到夏末秋初，凉着食用。所以艾窝窝也属春秋品种，现在一年四季都有供应。

《燕都小食品杂咏》中写道："白粉江米入锅蒸，什锦馅儿粉面搓，浑似汤圆不待煮，清真唤作爱窝窝。"这种类似大汤圆的艾窝窝，黏软香甜，颇受人们的喜爱。明万历年间内监刘若愚的《酌中志》中就有"以糯米夹芝麻为凉糕，丸而馅之为窝窝，即古之'不落夹'是也"的记载，可见艾窝窝在明万历年间就有制作，而且原来

艾窝窝

只叫窝窝。相传后来某位明朝皇帝特别爱吃它，动不动就吩咐说"御爱窝窝"，后来传到民间，百姓不敢提起代表皇帝的"御"字，便简化成了"爱窝窝"，时间久远了，人们还以为是某位艾姓人家发明了这类食物，于是想当然将其叫成了"艾窝窝"。

糖耳朵是麻花吗

糖耳朵又称蜜麻花，是北京传统小吃中的经典甜食，色泽棕黄油亮，绵润松软，甜蜜可口，因为它做成后外形与人的耳朵相似而得名。前人有诗云："耳朵竟堪作食耶？常偕伴侣蜜麻花，劳声借问谁家好，遥指前边某二巴"。其原料有面、红糖、花生花生油、饴糖、蜂蜜、碱，繁而不杂。

糖耳朵

糖耳朵适宜在春、秋、冬季食用，唯独不适合夏季吃，这是因为夏季天气炎热，糖耳朵上的糖容易化掉，粘手不说还容易脱落。但这是老话了，现代人家家都有冰箱，

买来之后吃不完往冰箱里一放，想吃的时候就可以随时解馋了。

老北京炒肝有何历史

老北京的传统小吃炒肝近年来可谓是"风风火火"了一把。2011年，时任美国副总统的拜登在中国访问期间专程到鼓楼附近的姚记炒肝店吃炒肝，并竖起大拇指。最让老北京炒肝声名远扬的，还是在2013年12月28日中午，习近平总书记来到北京市西城区庆丰包子铺月坛店，吃包子，就炒肝。习总书记的吃法最是正宗，因为在老北京人眼中，炒肝就应该是就着包子一起吃的。

炒肝儿

话说回来，这一下子红遍大江南北的炒肝有着怎样的历史呢？其实，北京的炒肝可以追溯到宋代的民间食品"熬肝"和"炒肺"。而炒肝的正式出现是在一百多年前，前门鲜鱼口胡同会仙居的掌柜刘氏三兄弟在之前白汤杂碎的基础上，去掉猪心、猪肺，并用酱与淀粉勾芡而发明了炒肝。炒肝这一小吃甚至产生了许多有趣的歇后语，如"猪八戒吃炒肝——自残骨肉""天兴居的炒肝——没心没肺"等。

麻豆腐和豆汁是"系出同门"么

麻豆腐是老北京的家常菜，北京人家常将麻豆腐加羊尾巴油、红辣椒、黄豆、雪里蕻一起炒，味道微酸，入口即化。因为羊油的膻味很重，所以有时候人们也用素油烹调麻豆腐。麻豆腐是绿豆制品，所以也具有一定的清热去

麻豆腐

火、美容养颜的功效。

麻豆腐的历史可以追溯到明朝，是当时粉坊用绿豆制作粉丝过程中的下脚料。绿豆在加水磨粉后，经发酵滤去上层顶稀的液体豆汁，残留下的黏稠物装入布袋加热并滤去水分，就是麻豆腐了。所以说，麻豆腐与豆汁是"系出同门"的。虽然是地地道道的下脚料，但是麻豆腐可不乏名人大腕儿的追捧，著名京剧大师马连良便是其中的代表。

褡裢火烧见证了怎样的北漂传奇

褡裢火烧是北京的一种传统小吃，因为外形酷似传统服饰上的褡裢而得名。褡裢火烧是一种油煎食品，色泽金黄，鲜脆可口，制作时用面片装入馅，两面折起包住馅，另两面不封口，放入油中煎熟至金黄即可。

褡裢火烧

褡裢火烧还见证了一段北漂传奇。相传清朝光绪年间，从顺义县城来京的"北漂"姚春宣夫妇在北京的东安市场开了一个做火烧的小摊。一开始，由于火烧这种食品在老北京司空见惯，所以夫妇俩的生意并不算好。后来姚氏夫妇看到往来行人肩上搭着的褡裢，灵机一动，做出外形酷似褡裢的火烧。夫妇俩做出的褡裢火烧细长金黄，外焦里嫩，鲜香美味，很快便打出了一片市场。小摊的生意越发红火，姚氏夫妇终于开起一家名叫"瑞明楼"的专门经营褡裢火烧的小店。

吃门钉肉饼有何讲究

若想知道吃门钉肉饼有何讲究，就得了解它。

焦黄的面皮、鲜美的肉馅，香浓的汤汁，这就是传说中的门钉肉饼。"门钉"也即"门丁"，是颇有盛名的老北京回民小吃，馅是牛肉大葱的，牛肉是上好的上脑或腰窝且要肥瘦相间，大葱的分量与用到的牛肉一样多，并从中加入油、姜、花椒等辅料调拌而制。

门钉肉饼皮薄馅多，是高约3厘米，直径5厘米的圆柱体，和一般的肉饼相比小且厚。门钉肉饼是用牛油做的，油水很大，并且牛油很容易凝结成块状，凝固了的肉饼味道就不怎么鲜美，因此最好趁热吃，那样吃起来的口感才好，一口咬下肉饼，那充满着外焦里嫩的面皮，清香润

门钉肉饼

口的汤汁，还有极致的牛肉瞬间占领着舌尖，咀嚼之时，味蕾得到升华。但是趁热吃时，千万莫要心急就直接地一大口咬下去，因为那样很容易烫着嘴，并且还会滋一身的油，因此在吃门钉肉饼时得注意，不要把一种享受变成一种尴尬。

在北京，门钉肉饼被称为小吃十三绝之一，这跟慈禧太后也有着千丝万缕的关系。据说有一日，御膳厨房的师傅给慈禧做了一道带馅的点心，慈禧尝过后，感觉味道很适宜，甚是喜欢，便询问身边的厨子是什么食物。由于当时还没有名字，可是太后问，厨子又不敢直接明说不知道，怕惹来杀身之祸，于是，厨子想到了宫廷大门上的钉帽，就战战兢兢地说："这叫'门钉肉饼'。"从此，流传到民间，渐渐地成为现在充满着北京风味的名小吃。

吃过门钉肉饼的人，只要一想到在焦黄的面皮里面，饱含着浓浓的汤汁，集合了牛肉的鲜和大葱的香，就顿时感觉着实地诱人，毫不夸张地"口水直流三千尺"。

萨其马一名到底是怎么来的

北京的名小吃多种多样，并都有着各自的特色和寓意，而"萨其马"则是一种充满着老北京风味的糕点名称，原意是"狗奶子蘸糖"，

它原本是满族祭祀的祭品，用冰糖、奶油和白面制作而成，形状有点像糯米，经烤熟后切成方块状，即可食用。有关"萨其马"一名的由来众说纷纭，在野史记载中曾有三种说法：

说法一充满着浓厚的民族色彩，民间传闻在清朝有位姓萨的将领，他经常外出狩猎，每次狩猎回府时都要吃些点心，甚至还苛刻地吩咐厨房制作点心不能做重样，否则要实行惩戒。一次，厨房里的一个厨子不小心将蘸了鸡蛋清的点心炸碎了，内心感到十分惶恐不安，而此时，厅堂里的大将军已在催着要上点心，无奈只好端了上去。原以为会被责罚，不料将军吃了赞不绝口，还特意问这道点心的名字，厨子看到一仆人牵走的马就随口说道"杀骑马"，后来这道点心的名字被记载成文字，也即为"萨其马"。

说法二，古时候有一位做了一辈子点心的老翁，一天突发奇想地想创作一种口味独特、形状新颖的点心，他在另一种甜点蛋散中得到了灵感，起初还没来得及为此点心命名，便被迫不及待的妻子催着去市场上卖。由于半道中下雨，老翁便到了大宅门口避雨。不料那户人家的主人骑着马回来，把老翁放在地上盛放点心的箩筐踢到了路中心，点心便撒了一地，湿漉漉的。后来老翁再次做了那点心去卖，结果广受民众欢迎，那时有人问到这个点心的名字，他回想起那日的情景就咬牙切齿地答道"杀骑马"，而后随着时间的不断推移，便被后人将名字雅化成"萨其马"。

说法三，最有依据和最有说服力的讲法便是满语的音译，在清朝乾隆年间，大学士傅恒等编撰的《御制增订清文鉴》一书中曾有过详细的记载，由于当时一时半会儿找不到合适的汉语代称，便直接将满语音译，所以一直都有着各式各样的"沙其马""赛其马"等等的称呼。经过历史的变迁，清王朝的统治渐渐地稳定下来，满族民众入关后，与汉族文化相互交融磨合，而萨其马作为一种特色的满族风味食品，也就渐渐地被汉民所接受。因此萨其马的名字也就顺理成章地成了满汉人民共同使用的名称。

这些版本的真假，已不重要了，重要的是它带给我们的历史气息、味蕾的满足感和心里的猎奇感，现今"萨其马"这一小吃已然被广大中外民众所追捧，而传说为它蒙上更为神秘的面纱。来北京，吃萨其马，也许会是一个不错的选择。

慈禧太后长寿真的与吃茯苓饼有关吗

　　北京有一种薄薄的"纸饼"，叫做茯苓饼，也叫茯苓夹饼，是一种滋补性传统名点。因为饼皮很像国药中的云茯苓片，故称"茯苓饼"。慈禧太后尤其爱吃茯苓饼，特别是到了晚年，每天必吃，并以此养生保健，更让人觉得此饼非同一般。

茯苓饼

　　茯苓饼所含的茯苓，俗称云苓、松苓、茯灵，为寄生在松树根上的菌类植物，形状像甘薯，外皮黑褐色，里面白色或粉红色。古人称茯苓为"四时神药"，功效广泛，不分四季与各药配伍，不论寒、温、风、湿等症，都能发挥其独特功效。在《神农本草经》中，茯苓更是被列为上品，并指出其"久服安魂养神，不饥延年"。茯苓饼的制作系以茯苓霜和精白面粉做成薄饼，中间夹有用蜂蜜、砂糖熬溶搅匀的蜜饯松果碎仁，其形如满月，薄如纸，白如雪，珍美甘香，风味独特。

　　据说慈禧太后能活到74岁与她长期食用药膳有直接的关系。在已经公布的13个慈禧补益方中，茯苓饼的使用频率最高。

　　慈禧为什么晚年特别爱吃茯苓饼呢？传说北京香山的法海寺，有个老方丈素有"老寿星"之称。来此进香的人，早就听说老方丈已99岁了，但是精神特好，每天除了坐禅、练功，就是上山采药。他除了吃松子，便是吃自己亲手烙的不知名的小圆饼。

　　这一年，慈禧在香山行宫养病，看着自己年纪大了，又得了心疼病，生怕自己活不长久了而终日忧愁。御医给她开了很多方剂，也没有多大起色。于是有人进言可以向法海寺的老方丈求医。慈禧便将老方丈请进了香山行宫，老方丈则向太后进献了自己亲手制作的小圆饼数枚，让她服用。方丈走后，慈禧连吃三枚，味道鲜美，而且感觉精神也清爽了许多。服用几天后，心疼病竟然一扫而光。

为了打探这小圆饼的奥秘，次日清晨，慈禧只带一二随从来到了法海寺。一进庙门，但闻奇香扑鼻而来。她也不让随从声张，径自走向方丈禅房。这才发现老方丈正在烙制自己前日吃过的小圆饼呢。见太后驾临，方丈急忙迎接。慈禧好生慰问一番，方才请教此物底细。老方丈说："人生在世不求仙，五谷百草保平安。此饼乃是老衲所采茯苓所制，名曰'茯苓饼'，有养生健身奇效。"说着，他便取来自己采集之物给太后观看，太后连声称赞，并熟记在心。

慈禧回来之后，把御医和御膳房名厨叫来，如此这般一说，限令他们试制"茯苓饼"。时隔不久，精美饼食即奉献于太后面前了。御医研讨后的制作方法，被载入太医院"仙方册"中。御膳房制作"茯苓饼"的名厨也得到了重赏。据一些在慈禧太后身边服侍多年的人回忆说，老佛爷自从进食"茯苓饼"后，不仅很少犯心疼病，而且头发也由白变黑了。

豌豆黄儿为何会有"粗""细"之分

在北京，豌豆黄儿是春夏季时典型的应季必需品，每到农历三月初三就得吃豌豆黄儿，它原来是民间食品，后来被传入宫廷。现今北京豌豆黄儿广受大众喜爱，并于1997年12月被中国烹饪协会授予首届全国中华名小吃的称号，至此在全国名声大噪。

当你来到北京的时候，就会奇怪的发现豌豆黄儿竟有"粗"和"细"之

豌豆黄

分，其中当然有一定的人文因素。"粗豌豆黄儿"源于民间，其制作工艺和材料都极为普通简单，它的材料常用白豌豆，去皮后焖熟放糖，并与石膏水和红枣进行搅拌，冷却后切成菱形块状。它常见于北京春季时盛大的庙会上，那时候大块的大块的豌豆黄儿探着头好像是给人们报春讯，带着浓浓的暖意。

而"细豌豆黄儿"是清朝时期的御膳房根据民间的"粗豌豆黄儿"进行的改良品。有一回慈禧太后正休息之时，忽闻街上传来敲锣打铜吆喝声，心感纳闷，忙令身边伺候之人前去打探，当值太监回禀是卖豌豆黄儿。慈禧一听略感饿意，遂传令将此人带进园来。来人见了老佛爷急忙双膝跪地，并小心翼翼地双手捧着豌豆黄儿，敬请老佛爷赏光。慈禧尝罢，赞不绝口，并将此人留于宫内，专为她做豌豆黄儿。宫廷的豌豆黄儿制作工艺精细，材料选用上等，因此口味与民间的豌豆黄儿有着天壤之别。

豌豆黄儿成品色泽浅黄、细腻、纯净，有点像芒果布丁，且入口即化，味道香甜，清凉爽口，食入豌豆可利于小便、止渴，和中下气，并有清热解毒、消炎、辅助降血压、减肥的功效。

老北京面茶和茶汤是一种小吃吗？

"清晨一碗甜浆粥，才吃茶汤又面茶"，这首《都门竹枝词》生动具体地描写了老北京人的生活状态，其中的面茶和茶汤同是北京炙手可热的民间小吃，并被人们冠上"八宝"这一称谓，虽然名字里都带有"茶"这个字眼，但却不是同类的食品。

面茶是一种面食，它是北方人在冬季和春季时候常用作早餐和夜宵的一种食品，清朝《随园食单》中就曾有过记载，面茶是玉米面加上小米面合煮成的黏稠粥糊物，放些碾好加了盐的芝麻粒儿，并在其表面上转着圈地浇着已和了香油的芝麻酱，还可以适当地放些花椒盐，另加两勺果子蛋，一起吃味道极佳。面茶在老北京讲究的是喝它的方法。当地人喝面茶不用勺不用筷，只要一手拿碗即可，首先把双唇拢起，紧贴着碗的边沿，转着圈儿喝，因为面茶很烫，碗里的面茶和着麻酱一起流到碗边再用绝技吸溜到口中，每一口里都包含着麻酱还有芝麻，香浓飘逸，妙趣无穷。

茶汤相传于明朝，因仅靠热水冲食，犹如沏茶，因此被称为茶汤。"茶汤"也叫"扣碗茶汤"和"龙茶"，被称为"扣碗茶汤"是因为将碗翻过来并且茶汤不洒出，而叫"龙茶"则是因用龙头嘴的壶冲泡而制。"茶汤"是北京的一种甜饮食，有些像藕粉一样，它们的原材料采用的都是糜子面。茶汤讲究的是一鼓作气一次冲熟，并且厚薄要合乎所规定的要求范围，忌加水再次冲泡，因为那样不仅流失了茶汤的营养成分，还淡化了它味甜香醇的口感。茶汤成品须是色泽杏黄，味道细腻耐品方可为正宗。北京的"聚元斋"和"茶汤李"卖的茶汤乃是上品。

茶汤除香甜外，还有谷物的朴实之气，给人以一种亲近自然的感觉。

将时间的镜头拉长定格在北京阳光明媚的早晨，会看到一群服装迥异的男女老少正其乐融融地在各种小吃店里，悠闲地享受着美味的"甜浆粥、茶汤、面茶"，那种恬静平淡和欢声笑语幻化成一条红丝带，高高地挂在北京历史门前的那棵枣树上随风飘扬。

"漏鱼"是一种与鱼有关的北京小吃

"漏鱼"也俗称"娃鱼"，但它并不是一种鱼，也不是跟鱼有关的食物，而是北京汉族人民的名小吃。它是用地瓜粉或是绿豆粉制作成的半透明状物，煮熟之后因外形酷似鱼，而被当地人取之名为"漏鱼"。其名一是取之于形，二是充满着生动活泼的乡土气息。在古时

漏鱼

的北京曾有人称赞道："冰镇刮条漏鱼窜，晶莹沁齿有余寒。味调浓淡随君意，只管凉来不管酸。"

美食的诱惑对天生爱吃的人来说是抵挡不住的。早年老北京吃"漏鱼"并非必去店里，其实在家里也可以动手制作出色泽洁白剔透，嫩滑鲜香酸辣的"漏鱼"。

制作"漏鱼"的时候要注意淀粉和水的比例，还有它外形的精致小巧。首先要将放置淀粉的盆里用水进行调和成水淀粉，随后在往锅内倒些清水并进行加热，比例调为1:7左右，然后把白矾压成面放入锅里进行溶化，并把水淀粉倒入锅内，用木棍进行顺时针和逆时针的搅拌，再把芝麻酱用凉开水调散开来，把洗净的胡萝卜切成丝，分别有序地摆放在厨房的桌子上，便于接下来步骤的实施。最后在盆内加少许的凉水，把搅拌好了的熟淀粉糊倒入盆内的漏勺上，用木棒轻敲专门制作"漏鱼"的工具，让淀粉糊顺其自然流下，吃时捞入碗内即可。按照北京人的习惯，在盛入"漏鱼"时洒些榨菜，放些辣椒油和脆香的花生米，再添加独家配方调制的大料水，当然也可以根据个人喜好搁些适当的醋和糖。

当有一碗"漏鱼"出现在面前的时候，莫要狼吞虎咽地只顾填饱肚子，得细细品尝，在吃之时，享受着嗞溜一下滑入腹中的快感和口齿间遗留的"鱼"香，着实令人流连忘返，回味无穷。

您吃过正宗的老北京焦圈吗

焦圈形如女士们佩戴的手镯，其色泽金黄，酥松蓬脆，是一种北京古老的小吃，它稍碰即碎，别有一番风味，并深受北京群众喜爱。老百姓们喝豆汁时爱就着焦圈，再来几碟小菜，倍感满足惬意。且贮存十天半个月，口感依然酥脆不变。

上等正宗的焦圈，评判有技术含量的标准就是炸出来的颜色是否金黄，是否油亮光滑小巧玲珑？在老北京做焦圈用的面，不能随随便便都成，讲究的是张家口一带的口麦磨的面，因为口麦红皮圆粒，炸出来的焦圈不仅个儿大还倍加香脆，配料中还要添加盐、块碱、明矾、花生油等十多种必备材料。刀工也有讲究，首先将和好了的面团平摊在桌子上成块状，并用专门制作焦圈的刀具切成一寸多长的小条，然后取其中的两个小条并重叠起来，再顺着长度从中间切出一条缝，不可将两头都切开，因为那样炸出来的形状就不像圆形手镯了，然后放到油锅里，当小条在热油中膨胀浮起时，迅速地将它翻个，然后再将筷子插入缝中，把缝碰宽，用筷子套着缝，在油中划上几个圆

焦圈

圈来，便形成了一个圈儿。出锅也是有学问的，内行讲究的是一两面出8个，一斤面出80个，不多不少刚刚好。

焦圈看起来不怎么吸人眼球，但也是皇家的传承之物，据传古代帝王都曾吃过，现今焦圈的风采一如初见，北京著名的护国寺小吃店和群芳小吃店出售的焦圈，于1997年12月获得首届全国中华名小吃的称号。

焦圈，象征着人们渴望生活的幸福圆满，传承着中国的饮食文化，一道道工艺都包含着辛勤劳动人民智慧的结晶，它不仅仅是一种舌尖上的享受，更是一种风情，一种历史的见证，一种文化的积淀。

附　录

名胜古迹
TOP 10:

故宫：

故宫是今天世界上规模最大、保存最完整的古代皇宫建筑群，位于天安门北侧，旧称紫禁城。其建成于明代永乐十八年（公元1420年），是明清两代的皇宫，先后共有24位皇帝在此生活和处理政务。它是汉族宫殿建筑之精华，是无与伦比的古代建筑杰作，与法国凡尔赛宫、英国白金汉宫、美国白宫和俄罗斯克里姆林宫并称为世界五大宫殿。

整个故宫建筑分为"前朝"和"内廷"两部分，四周有城墙围绕，城外有筒子河环抱，城的四角都有角楼，四面各开一道大门，正南是午门，为故宫的正门。

2014年，故宫设立了古建修缮技艺传承基地，部分恢复造办处功能。

颐和园：

颐和园的前身是清漪园，位于北京西郊，距城区15公里，占地约290公顷，与圆明园毗邻。颐和园是中国现存最完善的皇家行宫御苑，被誉为"皇家园林博物馆"，是北京著名景点。

颐和园是乾隆十五年（公元1750年）乾隆为孝敬母亲动用448万白银所修建的，园内所有的景点都以杭州西湖为蓝本，是汲取江南园林的设计手法而建成的一座大型山水园林。咸丰十年（公元1860年），清漪园被英法联军焚毁。光绪十四年（公元1888年）重建，改称颐和园。光绪二十六年（公元1900年），颐和园又遭"八国联军"的破坏，珍宝被劫掠一空。清朝灭亡后，颐和园在军阀混战和国民党统治时期，又遭破坏，可谓是命运多舛。

1961年，颐和园被公布为第一批全国重点文物保护单位，1998年11月被列入《世界遗产名录》。2007年5月8日，颐和园由国家旅游局批准成为国家5A级旅游景区。

天坛：

天坛公园是世界文化遗产、国家5A级旅游景区、全国重点文物保护单位。距市中心3公里，位于北京正阳门东南方向，为明、清两朝皇帝祭天、求雨和祈祷丰年的专用祭坛，是世界上现存规模最大、最完美的古代祭天建筑群。1918年作为公园正式对外开放。

地坛：

地坛又称方泽坛，是古都北京五坛中的第二大坛。始建于明代嘉靖九年（公元1530年）是明清两朝帝王祭祀"皇地祇神"的场所，也是我国现存最大的祭地之坛。坛内总面积37.4公顷，呈方形，整个建筑从整体到局部都是遵照我国古代"天圆地方""天青地黄""天南地北""龙凤""乾坤"等传统和象征传说构思设计的。地坛现存有方泽坛、皇祇室、宰牲亭、斋宫、神库等古建筑。

日坛：

日坛又名朝日坛，位于北京朝阳门外东南，国家3A级旅游景区、国家级文物保护单位。是明清两代帝王祭祀大明之神"太阳"的处所。1951年北京市人民政府决定将日坛扩建，开辟为公园。今年，日坛公园增建了部分基础建设，重修了马骏烈士墓及纪念室，修建了游乐中心。园中林木成荫、路面整齐、古朴典雅、景色幽静，是个修身养性的好去处。

月坛：

月坛公园位于北京市西城区南礼士路西，月坛北街路南。月坛原名

"夕月坛"，是北京五坛之一，建于明嘉靖九年（公元1530年），是明清两代帝王秋分日祭夜明神（月亮）和天上诸星宿神祇的地方。钟楼、天门、神库等古建筑均保存完好，是北京市文物保护单位。月坛于1955年辟为月坛公园；1969年在公园内建筑了电视铁塔；1983年在外坛修建了天香书院、揽月亭、爽心亭和嫦娥奔月雕塑等；1987年又增建了月下老人祠和碑墙。月坛公园占地8.12公顷，分为北园和南园两个部分。

先农坛：

先农，远古称帝社、王社，至汉时始称先农。魏时，先农为国六神之一（风伯、雨师、灵星、先农、社、稷为国六神）。藉天祭先农，唐前为帝社，祭坛曰藉田坛，垂拱年（公元685～688年）后改为先农坛。至此祭祀先农正式定为封建社会的一种礼制，每年开春，皇帝亲领文武百官行藉田礼于先农坛。

天安门：

天安门坐落在北京市中心，故宫的南端，与天安门广场隔长安街相望，是明清两代北京皇城的正门。设计者为明代的御用建筑匠师蒯祥。

天安门始建于明朝永乐十五年（公元1417年），最初名叫"承天门"，寓"承天启运""受命于天"之意，是紫禁城的正门。清朝顺治八年（公元1651年）更名为天安门。既包含了皇帝是替天行使权力、理应万世至尊的意旨；又寓有"外安内和，长治久安"的含义。

1925年10月10日，国立故宫博物院成立，天安门开始对民众开放。1949年10月1日，在这里举行了中华人民共和国的开国大典，它也被设计入国徽的图案中，并成了中华人民共和国的象征之一。1961年国务院公布天安门为第一批全国重点文物保护单位之一。

天安门以其500多年厚重的历史内涵，高度浓缩了中华古代文明和现代文明，同时它还是新中国的象征，成为了中国人心中向往的地方。

长城：

长城，从东到西绵延万里，从古至今，其延续不断修筑了两千多年。凭临登攀，越是到悬崖绝壁人踪罕至处，越可见其建造的艰辛奇特。它那雄伟的风姿、美学的价值、防御的功能及所蕴含的军事谋略，都是世界文化遗产中少见的。它是伟大的世界奇迹，深受各国人民的仰慕和赞叹。

站在长城上，不论是春花秋月、夏云冬雪，还是看长城内外苍茫的远山、连天的衰草，都有一股浓重的思古幽情油然而生。也许，我们已经忘记当年这个古战场上飞扬的胡笳羯鼓和闪烁的刀光剑影，但我们不会忘记在历时两千多年间千千万万修筑万里长城的先人；他们惊人的智慧、惊人的坚守以及惊人的创造力，不仅使我们受到巨大的震撼，也给予了我们深深的启迪。

明十三陵：

明十三陵是中国明朝皇帝的墓葬群，坐落在北京西北郊昌平区境内的燕山山麓的天寿山。这里自永乐七年（公元1409年）五月始作长陵，到明朝最后一帝崇祯葬入思陵止，其间230多年，先后修建了十三座皇帝陵墓、七座妃子墓、一座太监墓。共埋葬了十三位皇帝、二十三位皇后、二位太子、三十余名妃嫔、两位太监。

名山胜水
TOP 10：

景山

景山原名煤山，相传明代兴建紫禁城时，曾在此堆放煤炭，故有"煤山"的俗称。它地处北京城的中轴线上，原为元、明、清三代的皇家御苑。景山高耸峻拔，树木蓊郁，风光壮丽，为北京城内登高远眺，观览全城景致的最佳之处。景山后来被开辟为景山公园，其中有绮望楼、山脊五亭、寿皇殿、永恩殿、观德殿等旅游景点。

万寿山

万寿山，位于北京颐和园内。它的南坡（即前山）濒临昆明湖，湖山联属，构成一个极其开朗的自然环境。前山接近园的正门和帝、后的寝宫，是颐和园苑林区的主体。但它本名不叫"万寿山"，早在辽金的时候，这里只是一处帝王游猎的天然园囿，当时的山叫"金山"，上面建有金山行宫，水域叫"金海"。

香山

北京的香山又叫静宜园，是中国四大赏枫胜地之一，位于北京海淀区西郊，香山之名源于佛教经典。据载，佛祖释迦牟尼出生地迦毗罗卫国都城（即父城）近处有座香山，为大悲观世音菩萨得道的地方。佛教传入中国之后，香山之名也随之传入。所以，中国以观音为主祀的佛教寺庙大都名为香山寺。

雾灵山

雾灵山本名伏凌山，曾叫过孟广硐山、五龙山，到明代时因大乘天真圆顿教第三代祖天真古佛将此山作为"求道灵山"，加之此山常年有云雾缭绕其上，始称雾灵山。雾灵山是燕山山脉主峰，现已成为距京、津、唐、承最近的一所天然公园和避暑旅游胜地。雾灵山迷人的景色，早已被古往今来的名人志士誉为"京东第一"。内有歪桃峰、七盘井、莲花池、仙人塔、龙潭瀑布、清凉界碑、雾灵云海、雾灵积雪等美景。

东灵山

东灵山风景区面积60平方公里，北靠官厅湖，南与北京市门头沟灵山风景区毗邻，主峰海拔2303米，是屏护首都的最高峰，所以被誉为京西的"珠穆朗玛"。

这里气候独特，春季繁花似锦，夏季碧野葱葱，秋季野果盈盈，冬季雪谷挂冰，位于海拔1700米以上的空中草甸是华北最大的空中草原。因为海拔高度适宜牦牛生长，所以1982年以后就从西藏、青海、甘肃等地引进了几百头牦牛，此后，"牦牛迎客"就成了该景区的一大亮点。

海坨山

海坨山位于北京延庆与河北赤城交界处，是北京第二高峰，海拔1800米以上，是大草甸类型的植物带，有金莲花、黄花菜、手掌参、地榆、拳参、山丹等。南侧断裂升降显著，山势险峻，截云断雾，夏季时有骤雨如飞，古称"海坨飞雨"，又名"吞奇吐秀"，为妫川八景之一。

百花山

百花山位于门头沟区，属于小五台山支脉，是北京第三高峰。百花山上有百花山主峰景区、百花草甸景区、望海楼景区、百草畔景区四大景区，这里风景独特，气候宜人，群山环抱，奇峰连绵，溪水潺潺，并有奇花异草、稀禽珍兽分布其中。

每到盛夏，在百花山顶的千亩百花草甸，百鸟争鸣，百花齐放，让人叹为观止。置身于百花山的无限风光之中，更有"长岭松涛""白桦林""石林花径""燕溪跌水""百花瀑布"等多处景观，让您流连忘返。

永定河

永定河位于北京的西南部，是北京的最大的水系，在北京地区的永定河上虽然没有很著名的旅游景区，但永定河一直备受北京人的关注，它还曾被称为北京的"母亲河"。

莲花池

莲花池古称西湖、太湖、南河泊，位于北京市区西南部丰台区湾子莲花池公园内，湖内种植各种莲花，湖上筑长堤，堤上有曲桥、拱桥、凉亭等点缀其间，已成为北京城区西南部的一处休闲乐园。莲花池有着悠久的历史，相传从北京城之始的蓟城一直到辽金的都城，都是依于莲花池而生存发展的。如今它已成为北京城内一座典型的城市水系遗址公园。

什刹海

什刹海，位于市中心城区西城区，毗邻北京城中轴线，是北京市历史文化旅游风景区，也是北京内城唯一一处具有开阔水面的开放型景区，同时还是北京城内面积最大、风貌保存最完整的一片历史街区，在北京城规划建设史上占有独特的地位。什刹海包括前海、后海和西海（又称积水潭）三个水域及临近地区，与"前三海"相呼应，俗称"后三海"。什刹海景区内有着众多的旅游景点，如恭亲王府花园、醇亲王府、宋庆龄故居等。

北京烤鸭

北京烤鸭是老北京的一道招牌美食，它的前身是南京板鸭。明朝初年朱元璋在南京建都对口感肥而不腻的南京板鸭赞不绝口。据说，朱元璋要"日食烤鸭一只"，宫廷的御膳房怕皇帝吃腻了就发明了新的做法，叉烧烤鸭和焖炉烤鸭就是在此时发明。后来，朱棣迁都北京便将南京板鸭带入了北京，南京板鸭就成为老北京烤鸭。

胡适之鱼

据金受申《老北京的生活》记载："王府井大街的安福楼，前身为承华园。当其鼎盛时，许多文人常在此诗酒流连。哲学博士胡适之曾到这里大嚼，发明用鲤鱼肉切成丁，加一些三鲜细丁，稀汁清鱼成羹，名'胡适之鱼'"。

豆汁

豆汁与豆浆虽都是豆制品，但口感迥异。据说，豆汁最早时在宋代就已出现，当时有一位做绿豆淀粉的人在无意中将做豆粉的剩余汁液发酵，发现了十分可口的豆汁。后来他将这些豆汁煮熟卖给附近穷苦的百姓。就这样这种味道独特的豆汁就问世了。

艾窝窝

艾窝窝是北京的一种传统糯米黏食，也称"爱窝窝"，每年农历前后，北京的小吃店要上这个品种，一直卖到夏末秋初，凉着食用。所以艾窝窝也属春秋品种，现在一年四季都有供应。

糖耳朵

糖耳朵又称蜜麻花，是北京传统小吃中的经典甜食，色泽棕黄油亮，绵润松软，甜蜜可口，因为它做成后外形与人的耳朵相似而得名。前人有诗云："耳朵竟堪作食耶？常偕伴侣蜜麻花，劳声借问谁家好，遥指前边某二巴"。其原料有面、红糖、花生油、饴糖、蜂蜜、碱，繁而不杂。

麻豆腐

麻豆腐是老北京的家常菜，北京人家常将麻豆腐加羊尾巴油、红辣椒、黄豆、雪里蕻一起炒，味道微酸，入口即化。因为羊油的膻味很重，所以有时候人们也用素油烹调麻豆腐。由于麻豆腐是绿豆制品，因此也具有一定的清热去火，美容养颜的功效。

萨其马

"萨其马"是一种充满着老北京风味的糕点名称，原意是"狗奶子蘸糖"，它原本是满族祭祀的祭品，用冰糖、奶油和白面制作而成，形状有点像糯米，经烤熟后切成方块状，即可食用。

漏鱼

"漏鱼"也称"娃鱼"，它并不是一种鱼，也不是跟鱼有关的食物，而是北京汉族人民的名小吃，它是用地瓜粉或是绿豆粉制作成的半透明状物，煮熟之后因外形酷似鱼，而被当地人取名为"漏鱼"，其名一是便于好记，二是充满着生动活泼的乡土气息。在古时的北京曾有人称赞道："冰镇刮条漏鱼窜，晶莹沁齿有余寒。味调浓淡随君意，只管凉来不管酸。"

焦圈

焦圈形如女士们佩戴的手镯，色泽金黄，酥松蓬脆，是一种北京古老的小吃，它稍碰即碎，别有一番风味，深受北京群众喜爱。焦圈，象征着人们渴望生活的幸福圆满，传承着中国的饮食文化，它不仅仅是一种舌尖上的享受，更是一种风情，一种历史的见证，一种文化的积淀。

面茶

面茶是一种面食，北方人在冬季和春季时候常用作早餐和夜宵，清朝《随园食单》就曾有过记载，面茶是玉米面加上小米面合煮成的黏稠粥糊物，放些碾好加了盐的芝麻粒儿，并在其表面上转着圈地浇着已和了香油的芝麻酱，还可以适当地放些花椒盐，另加两勺果子蛋，一起吃味道极佳。